給焦慮世代的哲學處方

沃德・法恩斯沃斯
——著

李斯毅
——譯

跟著塞內卡、西塞羅、叔本華等10位斯多葛哲學家，
學習面對不確定年代的生命智慧

The Practicing Stoic

A Philosophical User's Manual

目次

第二章　對外在事物的依戀　69

第三章　改變視角　91

第十二章 學習 333

第十三章 斯多葛主義及其批評者 361

—推薦序1—

門廊上的哲學觀看

林從一／華梵大學校長、美國愛荷華大學哲學系博士

斯多葛學派（Stoicism）之名來自該學派創始人「季蒂昂的芝諾」的教學地點，芝諾常在可俯瞰雅典廣場的一個門廊講學，「斯多葛」便是「在門廊」的意思。斯多葛學派也因此稱為「門廊哲學」，用來對比柏拉圖學派的學院哲學、亞里斯多德學派的演講廳哲學和伊比鳩魯學派的花園哲學。

門廊哲學的重點就是「觀看」，斯多葛門廊的觀看不是theoria（理論）這個希臘字所建議的「遠觀」，保持距離置身事外的觀察，而是一種使內外事物獲得關照的專注，使事物變得真實的專注，讓心不再有黑暗的專注。

一、專注在你可以控制的東西

斯多葛式修養的第一個重點是區分，區分出你自己可以控制的事物和你無法控制的事物，然後專注（prosochê）在你可以全然控制的事物上。

斯多葛學人認為，你能全然控制的事物只有你自己的行動、信念和德性，除此之外的所有東西都不是你能控制的，天氣不能、交通不能、選舉不能、政治不能、別人要怎麼想不能，很多你以為你能控制的，事實上都不能，你只是錯覺，你常常很想去控制，但注定徒勞無功。區分你能控制的與你不能控制的，讓你避免因幻覺而產生的各種過度控制欲，以及伴隨這些過度控制欲而來的煩惱與挫折。

專注在你可以全然控制的事物上，通常會讓你更重視過程，讓你對結果更釋然。目的、結果很重要，人們為此常常用心準備，也難怪達不到結果時，會感到挫折，幾個挫折就能澆熄熱情、靜默心鼓。但是斯多葛學人認為，絕大部分的結果是你不能全然控制的，事物如何成就有太多偶然因素，可以控制的是你準備的過程，而那就是你的德性、信念與行動，因此專注在過程而非結果不僅是理性的，也能讓你在挫折多變的世界中保持熱情。

斯多葛弓箭手（The Stoic Archer）常用來比喻這種「重視過程，對結果釋然」的心態。射箭前，斯多葛弓箭手盡其所能準備，箭在弦上，腰桿挺直，屏氣凝神，全身放鬆，沉浸地感受風的線條，然後冷靜釋放箭矢。斯多葛弓箭手重視射箭前的準備過程，平常準備時，鬆手射箭時，箭在空中飛時，箭停止飛時，中不中的都不是他所關心的，結果從來不會煩擾他，因為他心裡知道，結果不是他能控制的。

二、扛起責任

緊接著「區分出你自己可以控制的事物和你無法控制的事物，專注在你可以全然控制的事物上」，斯多葛學人很合邏輯地建議，既然已界定出什麼是我們自己可以控制的，對於我們自己可以控制的事物，我們是具有照顧和實踐的責任的，有責任就得扛起責任。既然你能控制的是你自己的德性、信念與行動，你需要好好關照你的德性、信念與行動，那是你無可逃脫的責任。

斯多葛思想突顯主體性，斯多葛學人認為，我們只對自己負責，不對其他任何外在事物負責。他們強調的責任是一種「內向的責任」，是一種對自己的德性、信念與行動關照的責任，而不是「外向的責任」，不是回應外在要求的責任，不可控制的事物無法命令、要求斯多葛學人做什麼。

但這並不代表斯多葛學人主張自私，忽略公義與慈愛，公義與慈愛本來就根植於德性與信念內，重點在於德性、信念與行動都是自我要求、自我承諾的，不是受不可控的事物所控制的，無法卸責，只能承擔，這才是真正的責任。

「內向的責任」觀點不僅涵蓋內部狀態，事實上它關照內外。斯多葛學人有許許多多膾炙人口的金句玉言，其中最著名的或許是斯多葛學派的羅馬皇帝馬可．奧理略《沉思錄》（*Meditations*）中的這段話：

> 當你被外在事物所苦惱，讓你痛苦的不是那些外在事物本身，而是你對它們的判斷。而你有力量隨時撤銷你對外在事物的判斷。（If any external thing causes you distress, it is not the thing itself that troubles you, but your own judgment about it. And this you have the power to eliminate now.）

許多外在事物對你無法有直接的影響，它們必須透過「你對它們的評價、衡量、預估」來影響你，通常，你愈看重它們，它們愈能影響你。你對外在事物的看法決定了外在事物對你的影響，而你對外在事物的看法是你自己可以決定的，所以外在事物也好，內在事物也好，事物如何影響你都是由你自己的內在修為決定的。

三、專注使事物變得真實，專注的心沒有黑暗

區分出你自己可以控制的事物和你無法控制的事物，專注在你可以全然控制的事物上，承擔起照護你可以控制的事物（德性、信念與行動）的責任。其中專注是斯多葛學人很重要的一種修養方法。

可控制與不可控制兩者之間的界線是浮動的，專注是一種方法，讓你可以不斷迫近可控與不可控之間真正的界線。隨著專注的精進，有些以前你以為不可控的事物，你發現它事實上是你內在的事物，你決定負起責任好好對待它，有些你原本以為你自己可以控制的事物，原來不可控，你決定懸置它，隨它任它。

斯多葛的專注概念內涵豐富，歷來哲人的詮釋爭議不小，這裡只能談一些基本的。專注本身就是一個區分，而斯多葛的專注是專注在你自己可以控制的事物上，也就是你自己的德性、信念與行動，既然這裡的專注所涉及的都是自己的狀態，因而斯多葛的專注是一種「內省的專注」，一種觀照自己的狀態或過程。這是一種持續自我觀照的過程，自己可以控制的事物不是全然呈現在我們意識中，專注照亮這些被忽略的自我可控事物，使之浮現在意識中；縱然是自己內部的事物，也不是全部都屬於我們可以完全控制的，有些心思雜念就是不可控地紛沓而至，專注最終讓你處在一個你可以完全控制自己的狀態，但又可以關照、照護這些隨意、偶然進出你意識舞台的內外在事物，這是一個又脫離又關照的狀態，專注在你真正可以完全控制的事物讓你可以脫離你不能掌控的事物，卻最終又可以關照、照護這些你不能掌控的事物，至少以適當的方式關照、照護這些在心的專注旅途一開始刻意要忽略的事物。

專注使事物變得真實，專注的心沒有黑暗，光明的心讓生命豐饒，這就是從門廊哲學觀看到的幸福。

—推薦序 2—

哲學系通常沒教的實踐智慧指南

鄭凱元／哲學新媒體共同創辦人

曾經看過網路上流傳的迷因圖說，心理系學生被問到為何選擇該系就讀，嘴巴上講說是想要了解人類心理，但腦子裡想的是要解決自己的心理問題。老實說這圖的主角換成哲學系學生也毫無違和感：嘴巴上說想要求知愛智所以來學哲學，但實際上想要解決自己的人生問題。為了解決人生問題而選擇哲學專業，合適嗎？

學院哲學出身的人大概都會跟你說「不合適」。因為哲學系的訓練雖然會讓你獲得許多專業知識，但甚少教你能夠解決特定人生問題所需的實踐智慧。很有可能的結果是，四年畢業後，你仍然和其他科系的畢業生一樣，無法有效應對學業與工作壓力、不曉得如何與人好好相處，或者對於人生方向仍然徬徨。而很自然的，對於社會快速變遷、政治與經濟動盪、戰爭威脅、氣候變遷等這些外在大環境的議題，也同樣容易感到難以負荷與焦慮不安。

問題點在於，將知識轉變成人生智慧，需要深入的理解與不斷的練習。專業哲學訓練往往著重知性論證與分析，對於如何在人生中實踐、在實踐時需要注意哪些問題、採取什麼步驟這些事，則甚少著墨。相較之下，斯多葛哲學或許是哲學史上少見、以達致幸福為目標同時又重視實踐方法的哲學派別（哲學系不太開這類的課程，或許是因為很難設計出一個可以測驗出人生智慧增減的期末考試？）。

古希臘和古羅馬的斯多葛哲學家曾深入研究人類本質，提供了許多應對人生苦痛與生活疑難雜症的解方。本書作者法恩斯沃斯指出，經過了兩千年的反覆考驗，這些解方對現代的我們而言可說是「超前部署」——非但不過時，甚至更加適用。面對變動不羈與難以捉摸的未來，面對他人帶給自己的負面情緒與挫折、面對自己的人性弱點與缺陷、面對人生逆境與苦難，乃至終有一天會到來的死亡，斯多葛主義教我們要發揮本有的理性能力，看穿事物的表象與自我招致的幻覺，了解世間運行的根本之道，並在這個基礎上，以具體的實踐去培養品格與美德，最終目的是將自己從痛苦、憂懼與幻想中解放出來，獲得心靈上的平靜與自由。

法律學者出身的法恩斯沃斯以系統性的架構，重新編整多位斯多葛哲學家的文本節選與主張，輔以近代與當代思想家的迴響與評論，讓讀者能夠據實掌握到前述斯多葛主義的精髓。本書內容絕非乍看之下的「格言大全」或「讀書筆記」，而處處透顯出作者的文獻考察與哲思功力。或許是因為沒有學院哲學的包袱，這本書與其他介紹斯多葛哲學的書籍不同，作者有意撰寫一本講求方法、旨在實踐的指南手冊，讓讀者可以透過循序漸進的閱讀，深入了解斯多葛哲學的洞見與實踐智慧。尤其書中大量引述哲學家直白清晰的話語，值得我們反覆咀嚼；若你讀來發覺某段文字特別打動自己，建議抄寫下來放在身邊，時刻提醒自己。

如果你正在尋找人生的方向，想更了解自己，或者正苦於生活、工作與人際關係帶來的各種煩惱，這本書提供了絕佳的指引，讓你可以擺脫焦慮，一步步成為自己生命的主人。

—自序—

斯多葛哲學——一門人性管理的學問

這本書的內容是關於人性及人性管理。古時候（或者說從古至今）在這門學問的研究者中，最有智慧的就是斯多葛學派。關於如何思考及如何生活，他們提供的建議不像現代英語中會讓人產生冷酷無情聯想的「斯多葛學派」（Stoics）一詞。最初的斯多葛學者是足智多謀的哲學家及心理學家，而且非常務實。他們為日常生活中的疑難雜症提供解答，並針對人們應該如何克服自身的不理性提供建言。那些解答和建言至今依然切題，而且深具助益。後面的章節將介紹十二堂最有用的斯多葛課程。

以上所言就是這本書的簡介。如果你覺得這些資訊已經足夠了，可以直接從第一章開始閱讀。如果你還想進一步了解本書內容的邏輯依據，以下有較為完整的陳述。

摘錄經典，真正了解斯多葛哲學

一、斯多葛主義的思想體系對任何時代而言都是最傑出也最經得起時間考驗的智慧。斯多葛學者深入研究欲望、恐懼、社會地位、情感，以及從數千年前就折磨人類至今的諸多事物。他們是腳踏實地的哲學家，試著透過洞察力幫助一般人從痛苦和幻想中得到解放。當然，斯多葛學者並非全能，他們的某些信念如今已經不再普及，但也有一些觀念遠遠領先那時的年代，留下許多金玉良言。

斯多葛的教誨在現今仍具備和當初相同的趣味與價值——或許現在的趣味與價值更高，因為經過了兩千年，他們所說的諸多道理都已得到證實。我們這個年代發生的種種愚蠢、不幸和令人沮喪的事，雖然看似新奇，但只要讀一讀經典對話中關於這類事件的描述，就會知道這些並非新鮮事。斯多葛學派的主張之一，就是人類的故事與問題永遠不會改變，只會戴上新面具。補救方式也是一樣。現今被人隨口說出或者被寫進暢銷書裡的有用建議，通常都只是再次陳述或重新挖掘出斯多葛學者在很久之前以更簡約、更聰慧且更睿智的方式說過的話語。讀者直接求教於古代的智者可以獲益更多。

二、這本書所提到的斯多葛主義，是古希臘和古羅馬哲學家發展出來的思想。我要重申前面提過的——因為說再多次都不夠——斯多葛主義一詞對古希臘和古羅馬哲學家的意義與我們現在的認知不同。在現代英語中，「斯多葛主義」通常是指吃苦且不埋怨，然而斯多葛主義在這本書裡有別的意思，而且含義更廣。斯多葛哲學家確實不常抱怨，但這只是他們的一小部分特質（假如抱怨有助於某件事，斯多葛學者會非常樂於抱怨）。「斯多葛學派」一詞有時候也被認為是嚴肅無情之意，但這種解讀方式同樣不夠精準，因為以適度幽默回應被其他人認為嚴肅無情的事物，是斯多葛學派的特色。有些人想像斯多葛學者喜歡離群索居，並認為這是一門退隱靜修的哲學。同樣的，事實正好相反：斯多葛學者非常積極參與公共事務。這些誤解讓想要學習斯多葛哲學的人產生小小的困擾，因為大部分的人都不清楚斯多葛主義到底是什麼，而且他們不知道自己不懂。

斯多葛主義之名來自該學派的創始人季蒂昂的芝諾[1]。芝諾的教學地點位於可俯瞰雅典廣場的公共柱廊或門廊，因此斯多葛主義也被稱為門廊哲學（The Philosophy of the Porch），以與伊比鳩魯學派的花園哲學（The Philosophy of the Garden）、柏拉圖學派的學院哲學（The Philosophy of the

Academy），或亞里斯多德②學派的演講廳哲學（The Philosophy of the Lyceum）區隔。這些名稱都是指稱傳授學派教義的場所。因此，倘若「斯多葛主義」一詞因現今流傳的意思而令人生畏，你不妨對家人說你在研究門廊哲學，他們可能會比較喜歡這種說法。對本書主題有興趣的讀者，可能要習慣經常向別人解釋自己所談論的斯多葛主義是指以前的那種。

三、由於市面上已經有許多關於斯多葛學派的書籍，因此我應該說明為什麼我還要再寫一本，以及這本書有哪些內容是其他書籍沒提到的。

斯多葛主義主要透過西元一世紀和二世紀的三位哲學家流傳後世：塞內卡、愛比克泰德和馬可・奧理略。塞內卡和馬可・奧理略是羅馬人，愛比克泰德雖是希臘人，但也在羅馬生活和接受教育一段時間。這三位哲學家留下的作品都很混雜，大部分是未整理先後順序的筆記，不然就是分類方式對多數讀者而言不具意義，而且他們的作品都沒有互相對照。因此，斯多葛學派針對特定主題的教誨，不容易從單一出處直接找到，更別說想要一次找出他們三人對於同一議題的見解。塞內卡對某議題的評論可能分散在三封信和一篇文章中，相同的議題則可能出現在愛比克泰德講道內容的開頭和結尾，或者在馬可・奧理略日記裡幾個不同的段落。這種現象可能有其優點（有時候缺乏系統性反而比較好），但是對於想要研究斯多葛學派的人而言並不方便，因為他們可能想針對特定議題完整檢視斯多葛思想，或了解某一位斯多葛學者對於該議題的看法，或者比較每一位學者對該議題提出的觀點。

這本書主要具備三項可解決前述狀況的特色。首先，這本書嘗試以富有邏輯的方式組織斯多葛思想，這種方式可稱為循序漸進法：先討論基本原則，然後再討論相關的應用。我將依序列出一系列應用，然後在相關情境中深入複雜的問題。本書各章之排序、各章標題之先後，以及標題下方的討論順序，也都大致反映這種循序漸進法。如果你不在意循序漸進，可以任意跳讀各章的內容，因為每一章都是獨立的，不需要先閱讀前一章才能理解後一章，然而本書建立的框架可讓讀者更易於看出這門哲學各部分間的關係。

其次，本書旨在彙集斯多葛學派不同學者對於各項議題及各議題分支最重要的觀點。有時候這些學者會針對某議題的不同面向發表意見：塞內卡著墨於其中一部分、愛比克泰德討論另一部分；有時候所有的斯多葛學者也可能針對同一主題進行探討。在這種情況之下，比較他們的見解以及他們如何陳述其觀點，就會十分有趣。本書的編排方式能讓他們彼此交談。

第三，這本書大部分是用斯多葛學者自己的話語來呈現斯多葛教義——或者更精準地說，是將見解最佳的學者所說的話語翻譯出來。安排在自序之後的各章內容摘要，以及每一章的開頭引言，都可為有需要的讀者提供內容摘要。第一章的解說比其他各章多，畢竟是這本書的起頭，但是讀者可以跳過這些摘要和解說，在閱讀上不會有任何影響。只想閱讀斯多葛主義內容簡單重述的讀者，可以選讀其他書籍，有一些新書都還不錯。這本書的目的是精簡呈現斯多葛學者自己所說的話。對於喜歡斯多葛學派的人而言，從原始來源汲取斯多葛教義是一種截然不同的樂趣。當我們發現斯多葛學者在兩千年前就已經對這個世界有著敏銳又準確的觀察力，能讓我們獲得一種特別的力量。隨著時間流逝，真相就愈來愈清楚。

第四、本書切割了斯多葛學者的長篇作品，以摘錄方式呈現，難免會犧牲上下文的脈絡。例如塞內卡寫給盧基里烏斯③的一封信，信中的某些句子當然無法捕捉到塞內卡所欲表達的宏大目標，更遑論那封信的完整要旨，或者那封信在塞內卡作品系列中代表的地位。遺漏這類的小細節著實難免。概括說來，挑選、編輯及安排不同作家的文字一定會影響讀者的理解，因此這本書的編排方式也會有同樣的問題。這本書透過可憑直覺領會的一系列標題來呈現斯多葛主義——起碼對我們而言是可以憑著直覺領會。希臘人或羅馬人不會使用這種陳述架構（不管怎麼說，沒人這樣做過）。

簡而言之，本書選用的內容及安排的順序，相當於對斯多葛主義的解釋。對已經熟悉斯多葛學派的讀者來說，這樣的選擇簡單明瞭，因此我之所以強調這一點，是為了讓不熟悉斯多葛學派的讀者能夠理解。我希望喜歡這本書、但尚未讀過斯多葛學者原始作品的人也能讀一讀那些作品。

第五、這本書可提供讀者一套主要由斯多葛學者傳授的斯多葛主義短期課程。不過，在我所想像的課堂中，偶爾也會邀請客座講師，例如蒙田便是本書中經常出現的訪客。我們會讀到他與其他被視為斯多葛學派傳承者的見解，因為他們都明顯受到斯多葛學派的影響。傳承者通常在某些理論上會背離斯多葛主義，不過針對本書提到的觀點則意見一致。這些傳承者以令人印象深刻的方式表達斯多葛學派的教義，同時提供關於那些教義的修正意見，有時候甚至全然改變那些教義。他們的作品幫助我們將斯多葛主義視為一種超越其古典起源的思想傳統，因此深具啟發性，值得我們閱讀。

我們也會順便聆聽一些希臘和羅馬作家的聲音，他們本身不屬於斯多葛學派，但是以我們會感興趣的方式認同斯多葛學者的觀點。通常就是這樣：論點相近的哲學派別會彼此爭論生命的意義或宇宙的本質，或其他更大的問題，但是他們對於與我們比較立即相關的議題有同樣的看法，例如如何看待金錢、名譽、困境或死亡，而且他們的傳承者最後會漸漸趨於意見一致。

總而言之，這本書將愛比克泰德、塞內卡和馬可．奧理略視為權威的來源。如果他們說過某句話，我就放進這本書裡，並將之視為斯多葛學派的教義，無論該言論是否源自希臘人之前說過的話

（後面將對此有更詳細的解說）。而確認某項命題之後，本書還會不時停下來分享其他作家（像是斯多葛學派的旁支或傳承者）對該議題的看法，或者對該議題的舉例說明或詳細闡述。

本書僅保留斯多葛作品中的部分重述。假如不同作家都說過類似的話語，表示他們的認知一致；假如某位作家以不同的方式表達同一觀點，那是因為他每一次重述都能為該觀點的研究者提供具有價值的細節。覺得已經受夠某項主題的讀者可直接跳往下一個主題閱讀，絕對不會因此受到懲罰。

第六、斯多葛主義起源於古希臘，然而這本書未關注早期的希臘斯多葛學派。遺漏芝諾、克里安西斯④、克律西波斯⑤及該學派其他的創始成員，卻納入剛才提到的後進作家，這麼做似乎既不公平也很可惜，但本書的困難點在於希臘的資料只有少數保存下來。雖然蓋倫⑥、西塞羅⑦、普魯塔克⑧等人的作品都有提到早期斯多葛學者所說的話，但我們缺少足夠的早期斯多葛作品。即使目前的二手資料已經可供研究者拼湊出斯多葛學派最早期的諸多主張，但不適合用在本書這種類型的書籍。

本書採行的方式是將後期的斯多葛學者視為權威，這種方法當然有缺點。最好是從斯多葛主義最古老且最一致的戒律來定義這門哲學，而非憑藉後來作家的觀點，因為有時候後來的作家會被指控為異端。在後期的斯多葛作品中，我們確實發現有些內容背離希臘人說過的詁語，或是與希臘人的觀點對立，或者完全離題。從這個角度可知悉，**並非斯多葛學者所說的一切都等於斯多葛主義**，本書的某些段落可能不夠資格被收錄進來，因為那些話語未堅守斯多葛哲學的核心原則。

不過我個人認為後期的羅馬斯多葛主義有其值得關注與讚揚之處。毫無疑問，它在理論上並不像希臘人發展出來的斯多葛主義那般精緻和獨創，但依然具備其他優勢。後期的斯多葛學者不僅是將早期學者所說話語發揚光大的人，也是將早期理論應用在日常生活中的創新者。確實，我們手上沒有太多希臘斯多葛學者所寫的作品（也沒有羅馬斯多葛學者所寫的全部作品），然而就我們所知，這門哲學的後期版本比早期版本更加務實，因為與希臘斯多葛學派相比，羅馬斯多葛學派似乎更傾向實用面。因此，晚期斯多葛學者的作品算是獨立的個體，有其自身的優勢與重點選擇，能讓我們在閱讀之後獲益良多，毋須因為它可能與希臘版本不同而感到不妥。

關於這點，我應該直接舉出最重要的例子：我在書中列出一些塞內卡的觀點，並且將之稱為斯多葛學派。有些人可能會認為那些觀點背離了斯多葛主義，但是根據我的判斷，塞內卡對於某些主題（尤其是情感相關的主題）的觀點，比其他斯多葛學者的觀點更有益於人們也更具有說服力。喜歡塞內卡言論的讀者不該被稱為「塞內卡主義者」或其他奇怪的稱呼。塞內卡是最多產的斯多葛作家，他的作品也是斯多葛文獻中保存數量最多的。我認為將他的教誨當成某種版本的斯多葛主義非常合理，不應將其視為精確與失誤的混合體，即使它們偶爾會偏離希臘斯多葛學派的教義。倘若非得要給它一個名稱，那麼就稱之為改革派的斯多葛主義或者類似的稱呼吧。

第七、由於斯多葛主義涵蓋許多議題，因此必須討論一下哪些主題應該放進這本書裡、哪些主題應該被省略。首先，這本書主要是關於倫理學。在現代的非正式用法中，「倫理（ethics）」通常意味著規範哪些行為是對的、哪些行為是錯的，尤其在我們討論應如何對待他人的時候。然而就哲學之目的，這個詞彙也意指行為舉止如何表現以及美好生活之意義等更大範圍的問題。以下大部分的內容都屬於這種面向，儘管斯多葛學派對倫理學的一些想法和他們大部分的理論都沒有被收錄在這本書中。

本書的主題也可以被描述為心理學。雖然我們認為心理學與哲學應該是分開的，但是斯多葛學派並沒有將心理學與哲學加以區隔。本書大部分章節都把人類的非理性面向當成主題，並探討如何將之馴服。斯多葛學者在這方面的探索可以吸引一些對現代認知心理學感興趣的讀者。了解自己的心靈有助於我們意識到自己的誤判——多一些感知、多一些自我意識，也可少一點愚蠢。就某些方面而言，認知心理學家也可算是斯多葛哲學家的傳承者，我們將讀到斯多葛學者早已預料到認知心理學家的一些發現。雖然斯多葛學派在方法上沒有那麼嚴謹，但是他們在嘗試回答的問題上更具雄心。他們提出了對於生活方式的建議。

因此，本書的斯多葛主義相當於哲學與心理學的綜合體，而且更偏於後者。這一點十分重要，因為從我們現在的角度來看，斯多葛學派有時候比較像是不朽的心理學家，而非哲學家。他們認為最重要的某些哲學主張，例如：怎樣才算依循自然的生活方式，以及為什麼應該這麼做……已經顯得過時，但他們對於思維如何背叛我們的觀察，反而經得起時間的考驗。無可否認，這種重點選擇有失也有得。因為這裡對於一些道德基本原則、形而上學避開不談，斯多葛學派有些教義看起來可能不夠完整或令人不滿。無論如何，我希望讀者能掌握斯多葛哲學的基本原則，並理解斯多葛學派的建言大致上與這些基本原則是契合的。

除了倫理學和心理學之外，原始的斯多葛主義還包含許多學理。古人認為邏輯學和物理學都是斯多葛的附加主題。在物理學方面，他們放入了我們可能會覺得隸屬宇宙學和神學的理論，還有一些如前所述幾乎無人保留的論點。斯多葛學派相信宇宙中充滿道理，並認為大自然就是智慧，每個事件都是仁慈天意的闡明。本書沒有介紹那些教義，也未提及它們與這裡討論的觀點有什麼關係，因為那會需要更長的篇幅說明，而且今日大多數讀者都不相信斯多葛神學，也不需要透過它們來學習斯多葛學者所說的其他內容。本書的論點是：斯多葛學者的著作之所以保有生命力，不是因為人們對他們的宇宙信仰仍有共鳴，而是因為他們對人性的洞見。

我無意暗示斯多葛學派對人生最大之疑惑沒有值得探討的見解。相反的，斯多葛主義之所以對我們有益，一部分的原因是它和許多宗教一樣談論了某些與如何生活有關的問題，而且有時候還得到相似的結論，不過它只透過觀察和思考就能做到這點。或者更確切地說，它可以做到這點。如我所言，斯多葛學派確實包含神學，但是你可以將神學的柱子移走，斯多葛學派的聖殿依然屹立不搖，因為他們的分析與建言在沒有那根柱子的情況下仍然不受影響。換句話說，斯多葛學者在討論本書議題時，有時候也能登上和其他哲學信徒或宗教傳統一樣的高峰，但他們以不同的樣貌登上高峰。他們的方式適合現代的許多讀者，是一條具有人性邏輯、反思與知識的道路。

第八、這本書的書名意味著你可以不止一次閱讀。剛才的介紹已表明本書背後的意圖。我認為斯多葛哲學的實踐者在處理生活事務及思考各種想法時，會試著記住斯多葛學者的智慧——被斯多葛哲學吸引的人不會把它當成一種教條或者一門神學，而會將它視為具有價值的忠告和洗滌精神的方式。換句話說，這本書是為了想要實踐斯多葛主義勝過只學習其理論的人而寫（當然，我無意排擠熱愛斯多葛主義崇高理論的人，他們也應該大量閱讀——但這本書所引述的內容他們應該都已經讀過了）。

這本書的書名也暗示著謙卑。實踐斯多葛哲學之人可被認為是正在嘗試練習斯多葛的教導，但還不足以宣稱已經成功。這本書不是要精通斯多葛哲學，而只是實踐斯多葛哲學，最多只能說到這個程度了（「你是斯多葛學者嗎？」「不，不——我只是想要實踐斯多葛哲學」）。

第九、斯多葛主義多年來一直飽受批評，這本書的讀者應該要對那些批評有所了解。我在這裡提出來的，不是那些來自學者或敵對哲學家的技術批判，那種批評我會退讓或留給專家處理。我比較感興趣的是斯多葛學派在文學對話中遭受的抨擊，因為這類批評更接近本書探討的主題。第十三章指出這類批評中最常見的三種，並且加以評論。對於想了解斯多葛哲學的人來說，看看不喜歡這個學派的人說些什麼並思考該如何回應，會有所幫助。

我在這裡提出我的觀點：我認為許多對斯多葛主義的批評是不仁慈的，那些批評者緊抓著斯多葛學者所說的最極端事項，卻不解釋那些見解的適用情況。那些批評者還會以斯多葛學派中最不討人喜歡的追隨者、特色或特定時刻來評斷這門哲學。這麼做很惡劣，不僅對斯多葛學者不公平（但他們不在乎），而且會讓人忽略斯多葛學者所說的金玉良言。然而批評者總是緊盯著斯多葛學派不放。許多對斯多葛主義有偏見的人，意見都是基於他們聽來的消息，可是他們聽到的都是誹謗。他們可能在聽說斯多葛主義時，就把某些讓他們印象深刻的主張聯想在一起，因為那些主張讓他們覺得刺耳。如果你研究斯多葛哲學，並且與沒有研究過這門學派的人討論，你很快就會親眼見證我所說的。對斯多葛主義有偏見的人與認識斯多葛主義的人比例大約為一百比一。

批評者可能會說我犯了相對錯誤，認為我刻意展現斯多葛主義中比較吸引人的部分，並且忽略其餘部分。這點可能沒說錯。我嘗試在適度的篇幅裡公平地介紹晚期斯多葛學派的應用倫理學和心理學，如果斯多葛的教誨中有好幾篇意思相差不大的教材可選用，我會選用讀起來最佳的那篇教材，因為我想盡量透過這種方式介紹斯多葛學派優秀的一面，目的不是為了說服任何人對斯多葛主義產生好感，而是為了寫出一本有用的書。

第十、我在前面最後幾項注釋的坦承，招來了我所希望、預期的專家批評：這本書根本不算是斯多葛哲學，它的內容並非斯多葛主義或哲學。這本書不算是斯多葛主義，因為遺漏太多斯多葛學派認為必要的教義；這本書也不算是哲學，因為它遺漏太多基礎觀念。或許這本書可以算是還不錯的忠告，但僅僅只是忠告而已。

這種區別對於外行的讀者而言可能很無聊，但對於研究學者來說具有意義。身為一名學者，我能深深理解。不過，鑑於撰寫這本書的目的，這種區別幾乎不會有什麼影響。我試著為那些對斯多葛學派關於人類挑戰之恆久價值感興趣的人寫一本書，但如果因為我省略了更深層的戒律或者收錄了偏離中心的思想，導致這本書讀起來不像斯多葛主義或者哲學，那麼你可以把這本書的主題當成是關於曾被稱為斯多葛學派的實踐教義。除此之外我別無所求。

無論如何，應該沒有人會介意自己是不是被稱為斯多葛學派，畢竟據我所知這門學派沒有會員福利。如果我們想讀到斯多葛學者所撰寫的精神，最好把重點放在他們優先考量的問題上。他們並沒有試著提升斯多葛在哲學流派的地位，也無意決定誰才可以加入他們。他們只想幫助人們看得更清楚、活得更明智，以及在承受生活的負擔時可以更輕鬆。讓我們來看看他們如何做到這些事。

本書最常出現的十位重要哲學家

認識斯多葛學派的教師群是學習這項主題的獨特樂趣。如果你還不熟悉他們，以下是本書最常出現的作家簡介。

一、本書主要引用的哲學家

本書中有三位斯多葛作家占主導地位。他們三位會針對某些議題發表評論，而在某些議題上，其中一位可能會比另外兩位更專業。

1. 塞內卡（Lucius Annaeus Seneca, 4 B.C.–65 C.E.）

塞內卡生於西班牙，父親是一位修辭學老師，因為與他同名，因此人們將其父稱為老塞內卡。這位兒子——我們的塞內卡——年輕的時候就搬到羅馬，還在埃及生活過一段時間。他早期擔任律師和政治家，被放逐至科西嘉島後，當上尼祿皇帝的家庭教師和顧問。尼祿是一位聲譽不佳的羅馬皇帝，但塞內卡因此變得非常富裕。

塞內卡在西元六五年被指控加入皮索黨（Pisonian conspiracy），該黨密謀刺殺尼祿皇帝失敗，尼祿皇帝命令塞內卡自殺，於是塞內卡割開自己的血管，坐進裝滿熱水的澡盆裡。但有人說他最後是被蒸氣熱死的。電影《教父2》在劇情中巧妙地提到這件事。

塞內卡撰寫了關於哲學議題的信件、對話和散文，還有一些戲劇。在斯多葛主義現存的實質文獻中，他的作品占了大部分，因此成為本書最主要的資料來源。由於他的財富和仕途，他有時被譴責為生活與教義不符的偽君子，本書第十三章的一篇短文討論了這個問題。

2. 愛比克泰德（Epictetus, 55 C.E. – 135 C.E.）

愛比克泰德的出生地為現今的土耳其。由於他的前半生大都在羅馬度過，因此我有時將他視為羅馬的斯多葛學者之一。在哲學家被圖密善皇帝⑨放逐時，愛比克泰德就搬到希臘，並且在那裡建立了一所學校。

愛比克泰德沒有留下任何作品，他的話語都來自他學校裡一個名叫阿里安⑩的學生所寫的筆記。我們從阿里安那裡得到了愛比克泰德的《語錄》（*Discourses*）及《師門述聞》（*Enchiridion*），或稱《手冊》（*Handbook*），阿里安以希臘語寫成。我們還有一些由活躍於大約西元五百年的約翰尼斯．斯托拜烏斯⑪所保存的片段，但無法確定真偽。當你閱讀愛比克泰德的文章，不妨想像自己正在瀏覽他於課堂中所說話語的粗略筆記。

愛比克泰德的人生與我們其他的主要作家截然不同。他瘸了一條腿，而且一出生就是奴隸。他後來獲得釋放，使得他與塞內卡產生一種奇妙的連結。正如前面所述，塞內卡被指控參與謀殺尼祿皇帝，該陰謀有一部分是由尼祿皇帝的祕書伊帕弗羅狄托斯⑫所揭露。伊帕弗羅狄托斯是愛比克泰德的主人，釋放愛比克泰德的人可能就是伊帕弗羅狄托斯，不過，這件事以及愛比克泰德人生中的其他許多事都只是後人憑臆測而來（伊帕弗羅狄托斯後來因為沒能阻止尼祿皇帝自殺而遭處死刑，那是一個艱難的年代）。

愛比克泰德在羅馬時受教於另一位斯多葛學者莫索尼烏斯．魯弗斯，莫索尼烏斯．魯弗斯本身沒有留下著作（但我們在後面也會讀到他的一些話語）。莫索尼烏斯．魯弗斯最聞名的事蹟可能是主張女性和男性同樣適合接受哲學訓練。

3. 馬可・奧理略（Marcus Aurelius Antoninus Augustus, 121 C.E. – 180 C.E.）

西元一三八年，哈德良皇帝[13]收養了安敦寧・畢尤[14]，讓安敦寧・畢尤成為他的繼任者。哈德良皇帝還安排安敦寧收養當時還是青少年的馬可・奧理略。安敦寧・畢尤隨後登上王位，並且擔任皇帝二十多年。安敦寧於西元一六〇年去世之後，馬可・奧理略成為皇帝，在位超過二十年——前八年他與他的義弟路奇烏斯・維魯斯[15]一同執政，最後幾年則與他的兒子康茂德[16]合作，不過康茂德這個人不提也罷。在中間那段時間裡，馬可・奧理略獨自治國。雖然難以置信，但馬可・奧里略這個當時在全世界最有權勢的人，可能也是最聰明的人。

馬可・奧理略人生的最後十年雖然都在作戰，但是他用希臘文寫下哲學筆記以自我反省，我們將之稱為他的《沉思錄》（*Meditations*）。他在著作中從未把自己描述為斯多葛學派，然而他是該學派的忠實研究者，長期以來一直被視為斯多葛學派的重要作家之一。

我們從前述的資料可明顯看出這三位羅馬的斯多葛學者雖然生存年代有所重疊，可是重疊時間不長，第一位在第二位年輕時就過世了，第二位也在第三位年輕時離世。據我們所知，他們彼此之間沒有任何聯繫，不過馬可・奧理略曾感謝他的一位斯多葛教師尤尼烏斯・魯斯蒂克斯[17]送他一本愛比克泰德的《語錄》。馬可・奧里略偶爾會引用這部作品的話語。

二、其他經典作家

其他一些古典作家——不完全是斯多葛主義者，而是他們的朋友或旁支——偶爾也在本書中露臉。

1. 伊比鳩魯（Epicurus, 341 B.C.–270 B.C.）

理所當然，他屬於自己所創的哲學派別：伊比鳩魯學派。在聲譽上，伊比鳩魯主義和斯多葛主義是全然相反的，伊比鳩魯主義被稱為感官享樂與縱欲的哲學，斯多葛主義是禁欲的哲學，然而這兩者都具有誤導性。現今的英語單字「Epicurean」讓人對伊比鳩魯學派產生的印象，就如同「Stoicism」這個單字讓人對斯多葛學派所產生的印象一樣不夠精確。這兩種思想學派確實在許多重要面向有不一樣的觀點，最顯著的就是關於美德與快樂之間的關係。伊比鳩魯認為尋歡作樂是人類唯一基於理性的目標，但斯多葛學者認為我們唯一正確的目標就是以美德行事——理性地生活並且幫助他人，如此快樂必將隨後到來，但只是附帶發生。不過，儘管存在著這些差異，伊比鳩魯學派和斯多葛學派在分析判斷力、欲望和其他一些重要議題時贊同彼此的見解。

就如同許多希臘哲學家一樣，伊比鳩魯創作的書籍和散文都沒保存下來，但我們確實擁有他一小部分的作品，主要是幾封信和一些引述。其中一套規模較大的作品是十九世紀在梵諦岡圖書館發現的手稿，即所謂的《梵諦岡格言》（*Vatican Sayings*）。其他的古典作家也在他們的著作中引述伊比鳩魯的話語。事實上，這本書裡許多伊比鳩魯的引文都是由塞內卡本人保存下來的，塞內卡認為這麼做不會引起尷尬。

> 我將繼續保留伊比鳩魯的引文，如此一來那些以別人的話語發誓之人、那些把價值放在說話者身上而非話語本身之人，就會明白最棒的主張是共有的財產。
>
> 塞內卡，《書信集》（*Epistles*）

本書也採取相同的態度。

2. 西塞羅（Marcus Tullius Cicero, 106 B.C.–43 B.C.）

他是羅馬最重要的政治家和哲學家之一，也是羅馬最擅長雄辯的演說家。他人生大部分的時間都以律師、財務官、執政官和領事身分從事政治活動。尤利烏斯・凱撒[18]遭到暗殺之後，西塞羅主張羅馬共和，但馬克・安東尼[19]取得後三頭同盟[20]的獨裁地位，便下令處決西塞羅，還把他的首級和雙手放在論壇上。

西塞羅在人生最後階段轉向哲學寫作，雖然他的主要目標及成就是保存希臘的哲學教育，但他自己也對哲學有所貢獻。直到近代，他的哲學作品仍是所有古代哲學著作中最被廣泛閱讀且影響力最深遠的作品之一。西塞羅能否被視為斯多葛學派一直存有爭議，因為他分享了斯多葛學派的某些論點，但又反對他們的部分見解。然而他在倫理學方面贊同斯多葛學派的諸多觀點，並且以易於理解的方式解說斯多葛原則。

3. 普魯塔克（Plutarch, 46 C.E. – 120 C.E.）

一位多產的傳記家和哲學家，最著名的作品是《希臘羅馬名人傳》（*Parallel Lives*）和散文集《道德小品》（*Moralia*）。他出生於希臘，一生大部分時間都在那裡生活，但後來成為羅馬公民。普魯塔克人生最後的二十五年都在德爾菲㉑的阿波羅神廟擔任祭司。他的哲學作品追隨柏拉圖的腳步，對斯多葛學者有諸多直接的批判，因此他可能不希望自己出現在一本關於斯多葛學派的書籍中，儘管他長期爭執的論點主要是關於早期的希臘斯多葛學派，與本書討論的主題無關。但無論如何，他的倫理學觀點有時候與晚期斯多葛主義的倫理學看法相同，我們在後面的內容中就可以讀到。

三、近代的斯多葛精神

本書有時候會提到比較近代的作家。如前所述，這些比較近代的作家可被視為斯多葛學派的傳承者，但他們不能被稱為斯多葛學者，因為他們在太多問題上與斯多葛學派有不同的看法。然而他們都讀過斯多葛哲學家的文章，並且在本書的某些主題表達過符合斯多葛學派的觀點。

1. 蒙田（Michel de Montaigne, 1533 C.E. – 1592 C.E.）

法國律師、政治家暨哲學家，他的文章都寫於他退出公共生活後的二十二年間，其通俗的寫作形式被認為具有文學價值。他寫作的主題非常廣，而且往往帶有個人見解。他針對斯多葛學派的某些基本原則進行更深入的探討，有時候甚至闡述得比那些原則本身還要清楚。蒙田從小學習的第一語言是拉丁語，他一生熱愛古典知識，曾被人稱為法國的塞內卡。他公開表示自己虧欠塞內卡和普魯塔克。

> 當我把別人的理論和主張移植到自己的見解中，並將它們與我的見解混合為一，我會故意隱瞞那些作家的姓名。我這麼做是為了控制那些對各類文學作品的魯莽批評，尤其是對當代作家的作品和使用一般語言書寫的作品——以一般語言書寫的作品，形同邀請所有人都來批評，會因此導致作品的概念和設計看起來也同樣平凡。我希望別人批評普魯塔克時是指著我的鼻子批評，辱罵塞內卡時也是對著我辱罵。
>
> 蒙田，《論書籍》（*Of Books*, 1580）

我們將在後面的章節中讀到這段評論的真相。

蒙田也為我們的目標帶來了一些挑戰，因為他自己產出了無窮無盡的思想，其中許多不屬於斯多葛學派。他是懷疑論者，因此不贊同斯多葛學派中較為理論性的主張，而且他的某些觀點會隨著時間推移而改變。我將一五八〇年視為他出版《隨筆集》的日期，但他花費了二十年的時間撰寫並修改這些文章。因此我大致依照前面解釋過的方式：先確認古代斯多葛學派的資料中是否發現某項主張，如果答案是肯定的，我有時候會再補上蒙田對該主張之重申或詳細闡述。

2. 山繆．約翰遜（Samuel Johnson, 1709 C.E.–1784 C.E.）

英國散文家、詩人、評論家及各類文體的作家。他是最知名亦最有趣之英語字典的作者，也是最知名亦最有趣之英語傳記的主人翁（詹姆士．博斯韋爾所寫的《約翰遜傳》）。雖然約翰遜偶爾被人描述為斯多葛學者，但最好不要替他貼上這種標籤，因為他整體的作品與斯多葛風格不符。他還曾在某些作品中貶抑斯多葛主義。不過，在倫理學方面的著作中，約翰遜經常認同斯多葛學派的觀點，並且稱讚其諸多想法。約翰遜常以一種現今眼光看來過於浮誇的風格書寫，喜歡使用花稍的詞彙，因此現在大多數人都無法忍受他的長篇大論。我們以長短適中的篇幅節錄他的文章。

3. 亞當．斯密（Adam Smith, 1723 C.E.－1790 C.E.）

蘇格蘭哲學家暨經濟學家。雖然他的哲學論點在諸多方面背離斯多葛主義，但他是斯多葛學派的忠實讀者，而且深受該學派影響。他在《道德情操論》中批評斯多葛主義，不過在某些議題上贊同該學派的觀點。

亞當．斯密與山繆．約翰遜活在相同的時代（而且他是詹姆士．博斯韋爾在格拉斯哥大學的教授），但我們不清楚他們是否見過彼此。有一則廣為流傳的軼事描述斯密和約翰遜在蘇格蘭的某場派對中首次也是唯一一次碰面，兩人還短暫地互相辱罵，但有人質疑該軼聞為不實傳言（可惜）。

4. 亞瑟．叔本華（Arthur Schopenhauer, 1788 C.E.－1860 C.E.）

這位悲觀主義的德國哲學家暨散文家曾寫過各式各樣的文章，其中大都與本書關注之議題無涉，但他晚年所寫的評論觸及我們的某些主題。他也沒有完全接受斯多葛主義，還會批評斯多葛主義，不相信能透過理性來實現快樂。不過他和這裡提到的其他人一樣，也仔細閱讀過斯多葛學派的文章，並在次要層面的問題點與他們有諸多共鳴。與這本書相似的書籍都應該提到叔本華，因為他對斯多葛思想的解釋方式，不同於我們所列的其他作家，比較具備現代的智慧。

還有一些作家也會出現在本書中，包括蒙田那個時代的法國當代作家紀堯姆・杜・維爾[22]。紀堯姆・杜・維爾曾嘗試調解斯多葛主義與基督教信仰（這項運動有時候被人稱為新斯多葛主義），我們偶爾會提到他的闡述。至於其他人因為在本書中出現的頻率不高，所以不在此特別介紹。

由於這本書是為一般讀者而寫，我沒有引用文獻。如果有解釋性評論值得採用，我就直接放入內文，主要是對斯多葛學者或其友人引述的古人之簡短注釋。我們這個議題有一部分的樂趣在於可接觸及學習古典世界，並探索我們極有魅力的祖先。

本書採用的英文譯本說明

這本書的諸多引文最初都不是以英語寫成，那些文字的英譯版現為公有領域的智慧財產，只要那些譯文契合這本書的目的，我就毫不猶豫地使用。特別感謝洛布古典叢書的諸多珍貴譯作，以及湯瑪斯・貝利・桑德斯（T. Bailey Saunders）翻譯的叔本華作品。不過，本書中的譯文大都經過修訂或重譯，以更清楚的現代英語來表達忠於原文的含義。我還要感謝麥可・卡卡林（Michael Gagarin）、卡爾・加林斯基（Karl Galinsky）、安德魯・庫爾（Andrew Kull）與艾胥莉・佛克斯（Ashley Voeks）等優秀的同事，他們的才華及熱情協助讓我得以完成這項任務。

斯多葛學者有時候在表達觀點時會帶有性別歧視，我沒有刪改他們的字句，因為我的目標是盡量精確呈現他們所說的話語，希望讀者可以忽略這方面的爭議。雖然斯多葛學派的政治觀點不在我們的討論範圍內，但他們以歡迎女性實踐其哲學而聞名，並且在其他方面支持女性享有與男性平等的權利，在那個年代可以說是某種程度的激進派。

在手稿指正方面，除了要感謝上面提到的同事之外，還要謝謝安雅・畢德威爾（Anya Bidwell）、雀兒喜・賓漢（Chelsea Bingham）、丹尼爾・坎特（Daniel Cantor）、羅伯特・切斯尼（Robert Chesney）、亞莉珊卓拉・戴爾普（Alexandra Delp）、安・法恩斯沃思（Anne Farnsworth）、珍妮特・法恩斯沃思（Janet Farnsworth）、山姆・法恩斯沃思（Sam Farnsworth）、大衛・格林沃德（David Greenwald）、亞倫・葛雷格（Aaron Gregg）、哈里斯・克爾（Harris Kerr）、露西・利佛德（Lucy Lyford）、布萊恩・培瑞茲達波（Brian Perez-Daple）、瑞德・鮑爾斯（Reid Powers）、威廉・鮑爾斯（William Powers）、伊翁・拉裘（Ion Ratiu）、克里斯多弗・羅勃茲（Christopher Roberts）、泰德・史基爾曼（Ted Skillman）和布蘭登・華許（Brendon Walsh）。倘若本書內容有任何錯誤，責任都在我。我還要感謝卡爾・斯卡伯（Carl W. Scarbrough）為這本書設計內頁和封面，他是這個領域最優秀的設計師。

注釋

① 芝諾（Zeno of Citium, 334 B.C.–264 B.C.）是古希臘哲學家，創立了斯多葛學派。

② 亞里斯多德（Aristotle, 384 B.C.–322 B.C.）是古希臘哲學家，柏拉圖的學生，亞歷山大大帝的老師。

③盧基里烏斯（Lucilius, 180 B.C.－103 B.C.）是古羅馬的諷刺作家。
④克里安西斯（Cleanthes, 331 B.C.－232 B.C.）是斯多葛學派哲學家。
⑤克律西波斯（Chrysippus, 280 B.C.－207 B.C.）是斯多葛學派哲學家。
⑥蓋倫（Galen, 129 C.E.－216 C.E.）是古羅馬的醫學家及哲學家。
⑦西塞羅（Cicero, 106 B.C.－43 B.C.）是羅馬共和國晚期的哲學家、政治家、律師、作家暨雄辯家。
⑧普魯塔克（Lucius Mestrius Plutarchus, 約 46 C.E.－125 C.E.）是生活在羅馬時代的希臘作家。
⑨圖密善皇帝（Domitian, 51 C.E.－96 C.E.）為羅馬皇帝，名聲不佳。
⑩阿里安（Arrian, 86/90 C.E.－146/160 C.E.）是一位希臘歷史學家和羅馬時期的哲學家。
⑪約翰尼斯・斯托拜烏斯（Stobæus）是匯集一系列珍貴希臘文選的編者。
⑫伊帕弗羅狄托斯（Epaphroditos, 大約 20/25 C.E.－95 C.E.）是一個自由民暨羅馬皇帝尼祿的祕書，後來因未能阻止尼祿自殺而被處決。
⑬哈德良（Hadrian, 76 C.E.－138 C.E.）是羅馬帝國五賢帝之一。
⑭安敦寧・畢尤（Antoninus Pius, 86 C.E.－161 C.E.）是羅馬帝國五賢帝之一。
⑮路奇烏斯・維魯斯（Lucius Verus, 130 C.E.－169 C.E.）是羅馬帝國的皇帝之一。
⑯康茂德（Commodus, 161 C.E.－192 C.E.）是羅馬帝國的皇帝之一。
⑰尤尼烏斯・魯斯蒂克斯（Junius Rusticus, 100 C.E.－170 C.E.）是古羅馬教師暨政治家。
⑱尤利烏斯・凱撒（Julius Cæsar, 100B.C.－44 B.C.）是古羅馬的軍事統帥，史稱凱撒大帝。
⑲馬克・安東尼（Mark Antony, 83 B.C.－30 B.C.）是古羅馬政治家和軍事家，為凱撒大帝最重要的軍隊指揮官之一。
⑳後三頭同盟（Second Triumvirate）是指屋大維、馬克・安東尼和雷必達組成之官方政治同盟。
㉑德爾菲（Delphi）是古希臘的重要城鎮。
㉒紀堯姆・杜・維爾（Guillaume du Vair, 1556 C.E.－1621 C.E.）是法國作家暨律師。

各章內容摘要

—導論—

這篇導論粗略地提供本書各章內容的摘要。這麼做其實並非必要，但是對於想要先了解本書概述的讀者來說，這篇導論是便於獲悉資訊的管道。

一、我們這一生似乎都是直接對世界上的事件和各種事物做出反應，然而這種表象只是錯覺，因為我們是對自己的判斷和意見做出反應——是對我們關於事物的想法做出反應，而不是對事物本身做出反應。我們通常不會意識到這一點。事件透過我們熟悉的判斷來到我們面前，以致我們忘了自己戴著有色眼鏡。斯多葛學派試著去察知這些判斷、找出其中的不合理性，並且更加仔細地選擇判斷。

這種觀點就是斯多葛主義的基礎。有時候我們可以留意自己對事件的反應以看出其真實性，因為我們實際上是對自己告訴自己的話語做出反應（或許我們可以說點不同的事）。不過在其他時候，我們很難看出判斷在反應產生時所扮演的角色，因為這些判斷早已根深柢固，所以我們認為理所當然。斯多葛學者研究了這些反應——感覺像是必然產生的反應——他們將自己的反應與別人在不同情境下對相同事物的迥異反應進行比較（或者與我們自己在不同情境下產生的不同反應進行比較）。斯多葛學者因而推論我們對任何事物的反應其實取決於自身想法及信念，無論這些想法及信念被埋藏得多深。既然這些信念和想法來自我們本身，應該就有可能加以改變，而且應該接受比平常更加理性的審查。我們對這世界的體驗是我們自己造成的，不是世界造成的，因此斯多葛學派認為我們應該自己負起責任（第一章）。

二、應該把自己的幸福押在我們能控制的事物上，並且放下對於無法控制之事物的執著。我們通常沒有辦法控制事件的發生或是別人的意見與行為，或是我們自身以外的任何事物。斯多葛學派因此認為金錢、名聲、災禍等都是「外在事物」，並且以超然的態度看待它們。不過，斯多葛學者仍對外在事物有所偏好，他們希望可以避免不幸，也希望可以擁有財富而非沒有財富。然而他們認為對欲望或恐懼的情感依戀必定會使人焦慮，而且也如同被主宰那些外在事物之人所奴役。總而言之，擔心自己無法控制的事物違反了斯多葛學派的教義。我們所能控制而且應該加以關心的，是自身的判斷和行動（第二章）。

歸結前面兩點所言：因為讓情感依附在無法控制的事物上，所以我們感到痛苦；我們經常忘記可以控制自己的想法，如果善加管理自己的想法，就能帶來平靜。斯多葛主義試著讓我們意識到這兩件事，並且翻轉它們。

三、斯多葛學者告訴我們，思維與判斷創造經驗，因此可以著手改變它們。他們使用兩種策略來達成這個目標，我們可以將之描述為**分析法**和**直覺法**。分析法包括理性的論證——以理性和證據來證明物質欲望的徒勞、各種恐懼並沒有必要，諸如此類。直覺法旨在從特定角度來看待人生。雖非論證，但效果類似；只要從嶄新的角度看待事物，就會產生不同的反應。我們可以說斯多葛學派嘗試用文字和畫面來說服人。

先從直覺法談起，也就是利用畫面。每個人都有那種自發冒出來的尋常觀點：從我們的內在往外看，以相應的角度看待世界。這種觀察角度使我們受困於一長串的欺瞞。斯多葛學派從比較不符直覺的角度來看待事件，以便從前述的狀況中解脫——將事物或事件與全世界或時間長河的規模加以比較，或者從遠處觀看，或者從旁觀者的視角來看待你自身的行為，或者將發生在你身上的事情當成發生在別人身上。斯多葛學者具備從鼓勵謙卑和美德的角度來看待人生的技巧，這種觀點消除了我們長期倚賴的錯誤判斷（第三章及其他章節）。

斯多葛學派不僅努力克服對死亡的恐懼，還將死亡視為另一種視角和靈感的源頭。意識到生命有其盡頭能幫助我們以嶄新且崇高的視野看待日常生活，正如同思索宇宙或時間長河的規模（第四章）。斯多葛學者還會練習思考比較，以避免像嫉妒心重之人那麼神經質。我們通常會因為神經質而陷入困擾（第五章）。以上這些都可算是藉由調整自身觀點以尋求智慧的例子。

四、接著要討論分析法：斯多葛學者剖析我們內在人生的一切——欲望、恐懼、情感、虛榮和其他種種心態。這些心理狀態都是我們思考方式的產物，而且大都是錯誤的。透過檢視，我們就能發現其後的判斷虛妄又愚蠢。斯多葛學派的補救方式大致上是透過前述第一點與第二點的應用——我們不是對事物本身做出反應，而是對我們關於事物的判斷做出反應——但這些判斷通常是因為遵循慣例或者基於各種愚蠢或虛構的理由。斯多葛學者嘗試拆解我們所依循的腳本，才能以更好的方式與自己談論相關議題。

本書的中間部分都是關於斯多葛學派針對欲望、恐懼和感知的更具體分析，我們在此無法全部概述。其中大部分內容涉及對人性的精確觀察，並且記錄其中的非理性。舉例來說：我們渴求自己沒有的東西、蔑視已經擁有的一切，並且以武斷又沒有意義的比較來判斷自身狀況與成功與否。我們追逐金錢與快樂的方式無法帶來真正的滿足；我們追求別人眼中的名聲，這對我們沒有真正的好處；我們因為對事物的恐懼而折磨自己，但其實比起感到憂慮不如坦然接受。我們不斷忽視現在，因為全神貫注地想著未來，然而當未來已至，又會被我們忽視。還有很多例子，不過這些已經暗示了斯多葛學派如何判斷、分析事物。簡而言之，我們的信念讓自己煩惱困惑，而且這些信念大都沒有被意識到。這種信念不知從何而來，往往又會讓人感覺痛苦又荒謬。只要更深入、努力思考我們思維的運作方式，就可以從各種微妙的瘋狂中得到解脫。

有人可能懷疑剛才描繪的分析法是否真的能夠改變人們對事物的看法。你或許認為人們既然不是因為受到勸誘而產生習慣和感覺，當然也無法被勸離。但有時候真的可能。除此之外，斯多葛主義實際上認為我們的感覺經常在沒有意識的情況下，被我們的文化和我們自己所勸誘（第五章至第九章）。

五、斯多葛學派對逆境的看法與傳統見解不同。他們不尋求痛苦或艱困，但追求一種不會因為痛苦或艱困而煩亂的心態，這種心態能將壞事變成好事。面對不盡人意的遭遇是生活中無可避免的重要部分也往往能造就偉大的功績、強健的性格，並迎來那些我們真正希望發生的事物。因此，斯多葛主義意欲將想像力應用在看似討厭的事態發展上，並將那些壞事當成建築材料。無論發生任何事情，斯多葛學派都能夠欣然接受且加以利用（第十章）。

六、剛才提到的某些斯多葛學派分析法具有強烈但否定觀點的特徵，能夠理性地消除對我們沒有益處的錯誤信念。斯多葛學者認為這些不應該讓人感到絕望，相反的，我們可以從這種智慧中找到比幻想更加持久且更令人滿意的歡娛、更少痛苦。斯多葛學者提出的是一種可謂遁入現實而非遠離現實的方法，讓我們清楚地看待這世界、正確地理解生活，並且擺脫令大多數人瘋狂的虛構——斯多葛學者認為這就是美好的人生（第六章和第十一章）。

斯多葛學派也提倡享受自然的快樂，而不是彷彿困在倉鼠輪上，不斷追趕人造的快樂。一般的斯多葛目標是節制且超脫地享受或回應或去做世界上大多數人所享受、回應或去做的事（第六章）。超脫並不代表不予關注或缺乏興趣，這應該要被認為是節制的一種面向，也就是在我們與外在事物的關係上有所節制。斯多葛學派會避免欣喜若狂、心煩意亂，或者因為外在事物而情緒激動。事實上，極大部分的斯多葛主義可能被視為是對德爾菲的阿波羅神廟入口上方兩句著名銘文的解釋：認識自己，凡事節制。斯多葛學者將這兩句格言變成一種精確詳盡的哲學實踐。

七、斯多葛主義還提供一種對人生目標強烈肯定的願景：追求美德。以具有美德的方式過日子意味著以理性過生活，斯多葛學者認為理性就是誠實、善良、謙卑、為大多數人的利益有所貢獻，以及參與公共事務，以各種可能的方式幫助別人。斯多葛學者不是為了滿足欲望而活，他們認為自己應該努力為大眾貢獻一己之力，這麼做可以獲得極大的喜樂，儘管這種喜樂與得到東西或者被他人認可並不相同。斯多葛學派追尋的快樂是幸福（eudaimonia），意指美好或健康的人生，美德帶來的副產品就是這種快樂。斯多葛學者認為這是長保愉悅的唯一可靠途徑（第十一章）。

八、斯多葛主義必須加以實踐，而不只是一套令人欽佩的主張。實踐斯多葛主義很困難，因為我們的許多判斷及伴隨判斷出現的恐懼和欲望都已經成為習慣，難以改變或棄絕，而且我們的環境與慣例會不斷強化我們的恐懼和欲望。以理性來馴服心靈，要像學習武術或其他嚴格的身體訓練一樣投入。至於回報，斯多葛主義會帶給你快樂、平靜和理智（第十二章）。

九、斯多葛主義被批評為提倡冷酷或缺乏同情心、要求其學生做不可能做到的事，而且（因為斯多葛主義無人能做到）那些聲稱遵循斯多葛主義的人都是偽君子。第十三章對這些批判做出了一些答覆。總結如下：

斯多葛學派可被視為以理性代替時間和經驗。他們試圖回應誘惑和苦難的方式，宛如他們已經經歷過一千次誘惑和苦難。面對大多數事物，斯多葛學派建議要像經驗豐富之人的自然反應。以這種方式看待斯多葛主義，比較不致超脫世俗。這門哲學可被視為一種努力的成果，幫助我們達到自己可能要花更多時間才能臻至的心態，而不是讓我們變得缺乏人性。透過這種方式看待斯多葛主義，也澄清實踐斯多葛哲學並非讓人變得冷酷或冷漠。斯多葛學派回應他人苦痛的方式就像已經見識過各種情況的好醫生：他會以行動和同情心回應，儘管可能不帶有太多情感。

毫無疑問，完美的斯多葛主義不可能達成。**我們應該將斯多葛學派樹立為榜樣的「智者」當成一種理想，「智者」只是為我們提供方向，而非我們要抵達的目的地**，因此不必太過大驚小怪。許多哲學派別與宗教傳統都會呼籲他們的信徒朝無人能完全企及的理想而努力，因此問題不在於是否有人達到終點，而是我們在嘗試達到終點的過程中有沒有得到幫助。

認為斯多葛主義虛偽的主張，通常源自於對斯多葛目標的誤解。斯多葛主義的目標是幫助學習這門哲學的人，而不是給予學生用以批判他人的依據。斯多葛教師的告誡有時候會讓人留下不同的印象，然而解釋斯多葛主義和實踐斯多葛主義是不一樣的。如果想要學習斯多葛主義，可能需要別人教導，但是實踐斯多葛主義與思考和行動有關，而不是說教。倘若斯多葛主義的學徒讓人覺得這門學派虛偽，那麼這些學徒可能是不好的斯多葛學者，並非因為他們的行為不夠純淨，而是因為他們說得太多。

❖ ❖ ❖

本書各章的安排大致依循上述討論的順序。許多關於斯多葛主義的討論都是從美德在哲學中的定義及位置開始，但是在這本書裡，美德在哲學中的定義及位置被放在比較後面——並不是因為放在前面討論的其他內容比較重要，而是因為（我建議）一旦讀者明白斯多葛學派認為理性是什麼以及有哪些要求，就更易於理解這門哲學，所以前面幾章的主題都是斯多葛學派對於理性之意義與要求的觀點。我特別提出這點，以便讀者依照個人興趣的順序自由閱讀以下內容，無須將主題的順序視為斯多葛學派的論點或者我的論點。章節順序之安排是為了幫助讀者閱讀，而非不容動搖的本質。

第一章　判斷如何影響生活

一、一般原則
二、斯多葛哲學的實踐
三、比較法
四、美食的真相
五、隱喻和類比
六、斯多葛哲學的基本信念

實踐斯多葛主義的第一項原則：我們不是對事件做出反應，而是對我們對事件的判斷做出反應，這種判斷取決於我們自己。接下來我們會讀到斯多葛學派如何闡述這項主張，最典型的表達方式如下：

> 當你被外在事物所苦惱，讓你痛苦的不是那些外在事物本身，而是你對它們的判斷，而且你有力量隨時撤銷你的外在事物的判斷。
>
> 馬可・奧理略，《沉思錄》

換句話說，斯多葛學派主張我們的歡娛、悲傷、欲望和恐懼都涉及三個階段而非兩個階段——不是發生一個事件接著產生一種反應，而是發生一個事件，接著產生了一個對該事件的判斷或見解，然後才有針對該判斷或見解的反應。我們的任務是留意中間的步驟、理解它經常是不理性的，然後耐心地使用理性來控制不理性。這一章將從**留意**開始談起，後面的章節會討論不理性並且提供控制不理性的建議。我們先從留意開始，因為這一點是最基本的。斯多葛學者所說的其他內容，大都必須取決於此。我們很快就會讀到斯多葛學者對於「外在事物」、欲望、美德及其他諸多議題的論述，然而所有的一切都起始於一個概念，那就是我們藉著信仰、看法和思考建構我們對這個世界的體驗，簡而言之，就是透過我們的判斷，而且這判斷取決於我們自己。

對於斯多葛哲學的研究者來說，這第一項原則一開始是違反直覺的，但會慢慢令人信服，到最後則會真確無誤。這樣的過程可能會一再重複，因為我們的心智不斷給出一種顯得很有說服力的相反印象，那就是我們對任何事物的反應通常直接且自發，不像經過判斷，或者至少沒有能扭轉印象的判斷。斯多葛學派認為這是幻覺，可是這種幻覺很難消除，因為我們的心智像是個敘事者，告訴我們反應從何而來，卻並不可靠。心智僅告訴我們對外在事物做出反應——是對外在的事物，而不是對心智本身，但我們的心智必須學習更精準地觀察及描述自己的角色。斯多葛主義協助我們更加仔細思量自己的想法，並且教導心智理解自身，讓我們更明白周遭的一切。

斯多葛學派這項主張之為真理，在我們心智遭受嚴重冒犯時所做的反應顯得最清楚。假如有人辱罵你，那些侮辱的話語除了你自己賦予的看法之外，其實毫無意義。如果你感到不愉快，那肯定是因為你介意，這種介意就是判斷。相反的，你可以決定不介意，如此一來那些對你的侮辱便到此結束。所有讓你惱怒的事物都可以用同樣的方式來看待——吵鬧的鄰居、惡劣的天氣、壅塞的交通。如果被這些事情激怒，你是被自己對這些事情的判斷所激怒，因為你認為這些事情是壞事、這些事情很重要、你應該對這些事情感到憤怒。這些外在事件不會強迫你這麼想，只有你自己能決定這麼想。同樣的道理也適用於更大的挫折、欲望、恐懼，及我們所有的心理活動。我們總覺得自己會對世界上的事物有所反應，但事實上我們是對自己的內心想法做出反應。有時候，改變自己會比嘗試改變世界更有效也更明智。

如果我們的肉體感到痛苦或歡娛，就更難看出心智在我們形成反應時所扮演的角色。痛苦與歡娛似乎是不可動搖的事實，與思維無關，但是即便如此，斯多葛學派仍堅稱，是我們對這些感覺的判斷產生了歡娛與痛苦的經驗。沒錯，痛苦就是痛苦，是一種無論我們怎麼想都存在的感覺，可是痛苦造成我們多少困擾、引發多少關注、對我們具有什麼意義——這些都是判斷，由我們自己決定。我們談論感受的方式，或者某些因為太深層而無法說明的判斷（但那仍是我們自己的判斷），會讓痛苦或歡娛放大或縮小。我們低估了這些判斷，因為我們幾乎沒有注意過它們。斯多葛學者注意到了（關於痛苦的專題討論，請參閱本書第十章第十一節）。

如果「判斷」都被我們想像為出於意識和理性，那麼「反應取決於我們的判斷」這種想法就會變得非常奇怪。然而判斷可以有很多種形式，例如你判斷蜘蛛並不具有危險性，可是你還是會怕蜘蛛，這是否表示你的恐懼與你對蜘蛛抱持的觀點是分開的？不，這只能表示你的判斷彼此矛盾——蜘蛛是安全的，也是不安全的。後面這種判斷需要花點時間才能連根拔去，即使你已經決定它是錯的。換句話說，有些判斷只是我們對自己所說的話，這比較容易修正，但另一種判斷則根深柢固，而且不是以語言呈現。有時候斯多葛學者會把我們面對世界的反應納入「判斷」——有食欲或者沒食欲，會使得一盤食物看起來更好吃或更難吃。人生所處的狀態也可能產生同樣的效果。這些或許不容易改變，這也是斯多葛主義困難的另一個原因，所以沒有人能臻至完美。有些反應可能來自我們，但又不完全取決於我們，或者在理論上取決於我們，可是我們不具備改變它們的心理力量。

更廣泛地來說，斯多葛學者和現在的我們不同，他們沒有將思維區分為我們如今採行的各種判斷形式，例如：有意識的看法、無意識的態度、有條件的反射、化學反應的傾向、遺傳的癖性等。不過他們的確知道，上述這些判斷形式中，有一些相對容易改變。斯多葛學派表示，有些反應具有我們無法控制的自然基礎（請參閱第九章第一節）。塞內卡就承認，我們生來就有一些無法改變的性情特徵（請參閱第十章第十節），但我們對於事物的一般反應，也就是我們在平靜時的反應，大都被視為可以透過實踐斯多葛哲學加以控制的反應。任何人都知道，要完全控制自己的判斷有多困難：想想你最強烈的好惡，要運用思考來扭轉那些好惡會有多麼困難。不過，幸運且重要的是，斯多葛主義並不在乎我們的品味，也不打算扭轉我們的厭惡與渴望，只要求我們不過度執著於厭惡與渴望的感受。這點也不容易做到，但顯然比較可行。

無論如何，我們可以將「意識到自己如何判斷，並且盡可能加以控制」當成斯多葛學派的目標。由於我們現在懂得比古人多，因此明白人的能力可能受限，像是精神病患者不會僅僅憑靠愛比克泰德的幫助就康復。斯多葛學者即使承認這一點，仍會表示，我們藉著改變想法來改變經驗的能力，比想像中來得強大。他們敦促我們留意並重新思考的諸多判斷類型，其實並沒有那麼根深柢固，只是一些習慣和常規。

斯多葛學者並不期望人們對這些主張深信不疑，因此他們透過論證來支持這種主張。有時候他們會使用簡單的例子來說明，例如之前已經討論過的侮辱——任何人都能理解，這種事情只有當我們覺得嚴重的時候才會是大問題。但人們難免會有更頑強的反應，因此斯多葛學者經常使用**比較法**來表達他們的觀點。他們研究了人在不同環境、時間和地點對相同事件的不同反應。有些人非常害怕（而且無法想像有人竟不害怕）的事物，其他人一點也不害怕；有些人極度渴望的事物，其他人不屑一顧。而對於我們近乎殘酷的痛楚或悲傷，在其他情境和文化裡卻讓人有截然不同的感受。很顯然地，我們的反應並非無可避免，當然這反應是一定出自我們、取決於我們的判斷，因此能夠加以改變。

一、一般原則

斯多葛主義提出的觀點是，我們對這世界的感受（包括：反應、恐懼、欲望等等）不是由世界產生的，而是如斯多葛學者所言，由我們的判斷或看法所產生。

一切都取決於我們的看法。野心、樂趣、貪婪，全都來自看法。我們會因為自己的看法而受苦，每個人都像自己所認為的那麼可憐。

塞內卡，《書信集》

西塞羅對斯多葛學派這項論點的看法：

悲傷是對於眼前壞事的看法，認為垂頭喪氣和情緒低落才是正確的反應。喜悅是對於眼前好事的看法，認為興高采烈才是正確的反應。恐懼是對於即將發生且讓人無法忍受之壞事的看法。渴望是對於即將發生之好事的看法——如果已經發生了會更棒。

西塞羅，《圖斯庫路姆辯論》（*Tusculan Disputations*）

愛比克泰德是這麼說的：

為什麼要啜泣與嚎哭？因為你的看法如此。什麼是不幸？因為你的看法如此。什麼是不和、分歧、責備、指控、不敬、愚蠢？全都出於你的看法，沒有別的答案。

愛比克泰德，《語錄》

> 人不是被發生的事情所困擾，而是被他們對這些事情的看法所困擾。比方說，死亡並不可怕，因為如果死亡很可怕，對蘇格拉底來說也會是如此。我們倒不如說，「認為死亡很可怕的看法」才是可怕的事。因此當我們覺得諸事不順、心煩意亂或忿忿不平，不應該責怪別人，而應該責備自己——責備自己對此的看法。
>
> 愛比克泰德，《師門述聞》

愛比克泰德這段話語的第一行是蒙田的最愛。蒙田以希臘文將這句話刻在他書房天花板的橫梁上。

> 古希臘有句諺語，認為造成我們痛苦的不是事物本身，而是我們對該事物的看法。如果這項主張能夠隨時隨地得到證實，將是減輕人類悲慘處境的偉大勝利。倘若壞事除了透過我們自己的判斷之外無法困擾我們，我們就有能力拋開它們，或者把它們變成好事。
>
> 蒙田，《善惡的觀念主要取決於我們自己的看法》（*That the Taste of Good and Evil Things Depends in Large Part on the Opinion We Have of Them*, 1580）

> 事物本身可能有其重量、尺寸和特性，可是在看見它們時，我們的靈魂會按照自己認為適合的方式形成對它們的觀點。西塞羅覺得死亡很可怕，加圖①卻渴望死亡，蘇格拉底則對死亡漠不關心。健康、良知、權勢、知識、財富、美麗以及與這些事物相反的一切，在進入我們的身體時會脫去它們的衣物，從我們的靈魂中獲得一件具有新色彩的新長袍……因此，我們不要繼續從事物

的外在特質尋找藉口。我們對它們的看法都取決於自己，我們遇上好事或壞事與別人無關，而是取決於自己。

蒙田，《論德謨克利特和赫拉克利特》（*On Democritus and Heraclitusi*, 1580）

舒適與貧困取決於我們對它們的看法，而財富、榮耀和健康，只有擁有的人才會覺得它們美好與令人滿足。我們每個人都像自己所相信的那樣好運或倒楣，幸福的人是那些認為自己幸福的人，而不是被別人認為幸福的人。就是這樣，信念能讓自己的看法變得真切且實際。

蒙田，《善惡的觀念主要取決於我們自己的看法》（1580）

或者就如同蒙田在同一篇文章的其他地方提到的：「我們買下鑽石，才賦予鑽石價值。美德的價值，來自它的難度；奉獻的價值，來自受苦的經歷；藥物的價值，來自它的苦澀。」請參照：

哈姆雷特：……世間事無好壞，全為思想使然。

莎士比亞，《哈姆雷特》（*Hamlet*）

事物的價值不在於它們的客觀價值及本質，而在於它們對我們而言有什麼意義。在於我們對它們的看法，在於我們認為它們讓我們快樂與否。

叔本華，《人生的智慧》（*The Wisdom of Life*, 1851）

二、斯多葛哲學的實踐

如前所述，第一項教義可以當成理解心智運作及我們反應從何而來的一種方式。確實如此。但斯多葛主義和其他某些哲學傳統不一樣，因為它是一種行動，而不僅是一門理論。如果我們以這種方式看待本章的主張，斯多葛哲學就是一門為自己的想法負起責任的學問：**我們如何與自己交談**？這是有所選擇的。假如痛苦是來自對事物的想法而不是事物本身引起，我們應該試著放下那些想法，採納新的想法。

這種主張可能聽起來很簡單，嘴巴說說卻比實際去做容易，根本不值得一提。但是提出來有其必要，因為實踐斯多葛主義的核心就是把想法和判斷視為選擇，然而大部分的人很少這樣做，有些人甚至從來不這樣做。比較常見的情況是把進入腦中的任何想法和觀點都視為理所當然，當成我們呼吸的空氣，不仔細檢查。斯多葛學派試著將自己與這些心理事件充分隔離，以便加以控制——留意那些我們對自己述說的非理性想法，用更明智的想法來取代。有時候嘴巴說說確實比實際去做容易，或者甚至根本做不到；但有時候恰恰相反，實際付諸行動比聽起來的還要容易。只要你不再持續對自己闡述某種想法，改成另外的想法，接著就可能開始減少僅僅是語言形式的判斷。粉碎有害及傳統的想法是斯多葛哲學獲得滿足感的健康來源，也是一種會隨著實踐而逐漸提升的能力。

想一想馬可·奧理略以這種方式表達的第一個斯多葛教學範例——這不僅是一種值得思考的有趣主張，也是嘗試之後非常有用的實踐。

將你對這件事的看法移除，「我被傷害了」的感覺就被移除了。「我被傷害了」的感覺被移除之後，傷害就被移除了。

馬可．奧理略，《沉思錄》

推開各種令人心煩或不恰當的想法，立即置身於完美的平靜中，是多麼容易的一件事。

馬可．奧理略，《沉思錄》

我們可以選擇不對某個事物抱持看法，不被它干擾，因為該事物本身並沒有影響我們判斷的能力。

馬可．奧理略，《沉思錄》

塞內卡提出一個例子：

什麼才是重要的？將你的人生提升至超越偶發事件的高度，並記住這就是人生——如果你遇上好事，你知道它不會持續很久；如果你遇上壞事，你知道你不是真的倒楣，只要你不認為自己不幸。

塞內卡，《天問》（*Natural Questions*）

如果單獨閱讀這些段落，似乎有鼓勵大家放空的風險。然而斯多葛學派的目標不是要大家放空腦袋，而是清除腦中的愚蠢和誤判。接下來的章節會教大家識別愚蠢與誤判，與此同時，我們可能還記得，前面提到的作家都沒有尋求平靜或退縮之意，也不打算簡化心靈。這些作家在他們的年代可都是地球上最有影響力的人。

三、比較法

斯多葛學派宣稱我們對於萬物的反應是來自對它們的看法或更微妙的判斷。首先，為彰顯這個事實，他們要求我們更仔細地檢視自己。當我們以冷靜的心情自我檢視，會發現我們的某些反應顯然只是自身敏感所導致。

> 當歡娛的感受腐化心靈和身體，似乎任何事物都讓人難以忍受——不是因為痛苦太難熬，而是因為受苦者太軟弱。這就是為什麼我們會因為別人咳嗽或打噴嚏、忘了趕走蒼蠅、狗隻擋住我們去路，或僕人粗心遺失鑰匙而憤怒。
>
> 塞內卡，《論憤怒》（*On Anger*）

但有時候結論並不是這麼明顯。在這種情況下，斯多葛學派喜歡用比較法來證明本章的主張。如果某種自然反應在其他場合不會發生，也許這種反應就不是那麼自然，而能取決於我們。斯多葛學派先比較我們自己對類似事物在不同情況下的反應，證明這些反應即使在我們身上也不一定會發生。他們尤其喜歡考量我們對惱人事物強烈但不一致的反應，因為不一致的表現，顯示這些反應是出自我們自己，而不是來自那些討厭的事物。

你那雙眼睛——在家裡時甚至無法忍受大理石，除非大理石有各種顏色且剛拋光過……你那雙眼睛不希望地板鋪著石灰石，除非石灰磚比黃金更珍貴——然而到了外面，你那雙眼睛可以平靜地看著崎嶇泥濘的小路和經常遇到的骯髒路人，還有坍塌、龜裂、變形的破屋牆。在公共場所不會冒犯你雙眼的東西，在家裡卻讓你心煩意亂——為什麼你的看法在某個地方是隨和且寬容的，在家裡卻充滿批評且不斷抱怨？

塞內卡，《論憤怒》

西塞羅也採用同樣的方式解釋斯多葛學派的見解，他比較同一人對相同事物做出不同判斷時，會有不同的反應。

人們為國家而自願承受痛苦時，忍耐力會比因重要程度較低的理由而承受相同痛苦來得高。這個事實顯示痛苦的強度取決於受苦者的心智，而不是痛苦本身。

西塞羅，《善惡的盡頭》（*On the Ends of Good and Evil*）

蒙田的解釋更加具體：

外科醫生用手術刀在我們身上劃一刀的敏感度，高於我們在激烈戰爭中被敵人的刀劍割十刀。

蒙田，《善惡的觀念主要取決於我們自己的看法》（1580）

接著，斯多葛學者建議我們想一想對事件或刺激的反應比我們更強烈的人。從我們的角度來看，那些人都太過敏感。但我們以不同的角度看自己，因把自己的敏感視為理所當然，而從不自認太過敏感。當每個人都有共同的弱點，弱點看起來就不再是弱點了，而像是自然反應。

每個人都無力面對的事物，會被認為是艱難的，超出我們可忍耐的範圍。但我們忘了對許多人來說，戒酒或早起是多麼折磨人的事，可是那些事在本質上並不困難，是我們自己軟弱懈怠。

塞內卡，《書信集》

對於罹患黃疸病的人而言，蜂蜜嘗起來是苦的；對於罹患狂犬病的人而言，水是可怕的；對於小孩子而言，擁有一顆小皮球是很棒的事。那麼為什麼我還要生氣呢？你認為這種錯誤的思維對我們的影響會比膽汁對黃疸病患者的影響還小嗎？或者比瘋狗之於狂犬病患者的影響還小嗎？

馬可．奧理略，《沉思錄》

用功對懶散的人是一種折磨、禁酒對嗜酒的人是一種折磨、節儉對奢侈的人是一種折磨、運動對嬌弱慵懶的人是一種折磨。事情本身並非那麼困難或痛苦，而是我們的軟弱和怯懦使它們變得可怕。

蒙田，《善惡的觀念主要取決於我們自己的看法》（1580）

這種思維方式不僅可以應用在理解他人對於痛苦和煩惱的敏感程度，還可以應用在理解他人受信念驅使的行為（尤其是極端行為）——那些信念對我們而言可能很奇怪，但我們的信念對他們而言可能也是如此。

> 任何看法都可能重要得足以令人誓死守護。希臘人在對抗米底人②時，第一條誓言就是寧可用生命換取死亡，也不願希臘法規變成波斯律法。在土耳其人與希臘人的戰爭中，有多少人願意接受殘酷的死亡，但不願不接受割禮！
>
> 蒙田，《善惡的觀念主要取決於我們自己的看法》（1580）

或者想一想對某個事物反應不如你強烈的人。如果你看見他們忍受你所不能忍受的事物，會讓你更清楚地看出你的反應來自你自己。因此塞內卡與他自己的痛苦對話時，會藉著思考那些毫無怨言忍受相同痛苦或更糟際遇的人來減輕痛苦：

> 事實上，你只是痛苦——但你的痛苦會被那些患有痛風的可憐人、想吃美食但消化不良的人、勇敢承受分娩疼痛的女性所鄙視。
>
> 塞內卡，《書信集》

在這段文字和其他段落中，斯多葛學者經常談到鄙視和輕蔑痛苦及其他的外在事物。在英語中，「輕蔑」和「鄙視」這兩個詞經常被用來表達不同程度的仇恨，可是在這本書中，它們不一定有那麼細微的分別。斯多葛學者經常建議我們把事物當成小事或不重要的事，或者我們瞧不起的事。一個人可以不帶謾罵和厭惡就做到這一點。

當你看見斯巴達的孩子、奧林匹亞的年輕人及競技場的野蠻人受到嚴重傷害並默默忍受——如果你身上碰巧有一些苦楚，你會放聲哭泣嗎（？）……還是你寧願以決心和堅定接受你的苦楚？——而且不哭喊道：「那是讓人無法忍受的！大自然也無法忍受！」我聽見你說：男孩子之所以忍受，是因為被榮耀的期待所誘使；有些人之所以忍受，是因為覺得羞愧，還有人是因為恐懼——那我們還需要擔心大自然無法承受這麼多人在不同環境下所忍受的痛苦嗎？

西塞羅，《圖斯庫路姆辯論》

醫生與上帝都認為分娩造成的疼痛非常巨大，因此我們試著藉由許多儀式來減輕分娩的痛苦，可是有個民族完全不把它當回事。我們要討論的不是斯巴達人。而是在我們的步兵之間走來走去的瑞士婦女，分娩對她們來說根本不算什麼。生孩子對她們的差別，只在於當她們跟在丈夫身後疾行時，背在背上的嬰兒前一天還在她們肚子裡。

蒙田，《善惡的觀念主要取決於我們自己的看法》（1580）

正如這些例子所顯示的，斯多葛學派以從事非正式的人類學聞名——有時候非常隨意，讀者可能不會認為他們針對分娩的理解有多精確深刻，但重要的是他們進行這類探究的精神。常規與習慣對我們的判斷具有強大的影響力，我們慣常看見別人所做的事，以及自己慣於去做、去感覺的事，都足以讓事物變得正常、奇怪、無可避免，或僅僅是選擇的問題。這種影響力往往在無形中發揮作用，一旦我們接受了某種常規或習慣，它們所產生的判斷就會像是出於我們自己，而不是從外界植入，因此無法改變。我們必須打破這種因為熟悉而產生的魔咒，最好的方式是觀察對相同事物的廣泛反應：在不同的情況下，人們對那些看起來自然的事物有什麼反應。

四、美食的真相

關於剛才提到的比較，我們不需要從斯巴達或鬥劍來尋找好題材。在案例研究方面，本章的原則可以應用在食物上，因為食物是斯多葛學派經常思考的主題。我們吃東西時免不了會有反應，而且由於我們正在進食，所以產生的感覺似乎是來自食物而不是我們自己。不過，其實那些反應既來自餐盤中的食物也來自我們。斯多葛學者仔細研究了食欲，認為食欲會催生我們對食物的反應。

> 我的麵包師傅那裡沒有麵包了，可是我的工頭、管家或房客都可以提供一些麵包給我。「他們的麵包不好吃！」你說。等一下，麵包可以變好吃。飢餓可以使爛麵包的口感變得精緻，彷彿是最好的麵粉做出來的。基於這個原因，在飢餓向我們招手之前，我們根本不該吃東西。我會等到可以拿到好吃的麵包時，或者停止挑剔時才進食。
>
> 塞內卡，《書信集》

誰不知道食欲是最好的醬汁？大流士③在逃避敵人時喝了一些被泥沙和屍體弄髒的水，但他表示自己從來沒喝過比這更令人愉快的東西。事實上，他直到感覺口渴才飲水……對比於像肥牛一樣因為吃太多食物而流汗和打嗝的人（與那些適度飲食的人），你會覺得追求飲食快樂的人最不容易得到快樂，因為飲食的樂趣在於食欲，而非貪婪。

西塞羅，《圖斯庫路姆辯論》

本章的主題是我們自身的判斷或看法在產生經驗時所扮演的角色。如果將判斷視為我們形塑世間所有事物的內在反應，那麼食欲也可以被當成是這種判斷的一個例子。就某個角度來看，這是顯而易見的：一方面有食物存在——這是外在的事物，另一方面我們很想得到食物——這是我們自己的判斷。儘管如此，將食欲當成斯多葛學派所謂的「判斷」還是令人訝異，因為我們通常認為那是一項生理事實，畢竟飢餓或口渴都是身體感覺的呈現，不是腦子裡可以改變的想法。不過，斯多葛學者挑戰了這種印象。

首先，我們的食欲往往預先取決於我們自己。一旦食欲存在，我們就很難改變它們，但是關於它們是否存在以及如何出現有很多種說法。斯多葛學者不僅留意食欲如何影響我們的經驗感受，還更留意我們的選擇如何影響食欲，像是我們是否允許自己挨餓、是否運用比較和其他激發欲望的念想來誘發食欲。食欲的管理——何時產生食欲與如何培養食欲，以及何時不產生食欲與如何不培養食欲——是實踐斯多葛哲學的一部分（就如同塞內卡在前面所說的，學習從簡單自然的快樂中得到滿足）。這些都是斯多葛學派建議我們重新適應的例子：在獲得事物或逃避事物上花少一點精力，在理解為什麼想要獲得事物（或逃避事物）及我們的想法如何對此產生影響上花多一點精力。我們會在後面的章節繼續討論這些要點。

其次，斯多葛學派不承認食欲是完全超出心智所能控制的生理事實。當然，強烈的飢餓可能是生理事實，就像其他種類的痛苦和感覺。在這種情況下，我們很容易忘記心智可能強烈影響外在事物為我們創造的感覺。如果你聽說某種看起來美味無比的食物是以噁心的方式做成，這種食物就可能變得讓人無法下嚥，並且引起生理上的厭惡感（你可能會說「這讓人失去食欲」）。但如果你是在吃完之後才發現這個問題，情況也不會比較好——甚至可能更糟。

> 很多時候當人們愉悅地品嘗花稍的食物之後，如果突然發現（或事後得知）他們吃的食物不乾淨或不合法，這種覺察不僅會引起悲傷和痛苦，他們的身體也會因為這種想法而產生反感，出現劇烈的嘔吐與乾嘔的症狀。
>
> 普魯塔克，《論道德美德》（*On Moral Virtue*）

蒙田提供了一個更生動的例子。

> 我認識一位紳士，他在家裡招待一大群客人。幾天後，他說了一個笑話（但實際上不好笑）：他說他那天請客人吃了一個用貓做成的餡餅。參加那場派對的一位年輕女士因此受到驚嚇，出現劇烈的胃痛與發燒，結果一命嗚呼。
>
> 蒙田，《論想像的力量》（*On the Power of the Imagination*, 1580）

食物在另一個面向也引起斯多葛學派的興趣，他們將胃部的運作類比為大腦的運作。

> 例如胃部受到疾病的損害時會產生膽汁，改變它所接受的各種食物，並將各種食物變成痛苦的根

源。心智在違反常態的情況下，無論你託付它什麼，都會成為一種負擔，成為災難和不幸的根源。

塞內卡，《關於受惠》（*On Benefits*）

普魯塔克也經常提到這類的比較議題。在最重要的議題上，普魯塔克並非斯多葛學者，可是在這個議題及其他更切身的問題上，他與斯多葛學派立場相同。

發燒的時候，我們吃的任何東西似乎都變得苦澀，味道令人不愉快。可是當看別人吃同樣的食物卻沒有任何不適，我們就不再責怪那些食物和飲料了，而會責怪自己及我們的疾病。同樣的，如果看到別人愉悅且不受冒犯地接受某些事物，我們就不會再對相同的情境心生不滿。

普魯塔克，《心中的寧靜》（*On Tranquility of Mind*）

你有沒有注意過生病的人如何抗拒、嘔吐，並排斥最精緻也最昂貴的食物，儘管別人希望他們品嘗這些食物，甚至幾乎強迫他們嚥下這些食物？然而在其他時候，他們的身體狀況不同時——在他們的呼吸順暢、血液健康，並且體溫恢復正常時——他們就可以起床享用簡單的麵包、乳酪和捲心菜這些美味佳餚。這也是理性對心智的影響。

普魯塔克，《論美德與惡行》（*On Virtue and Vice*）

約翰遜博士延續這項主張，但是以顛倒的方式說明。

我們深信自己想要得到的東西，往往是因為我們腦中評估的價值折磨著我們，儘管這評估的價值遠遠超出它實際的價值。如有些疾病的患者渴望食物，這種罕見病症讓他極度飢餓，什麼東西都想吃。雖然他的器官會因此衰竭，可是這種飢渴無法抗拒，在得到安撫前都無法將之平息。心靈的貪婪欲念有著相同的本質，雖然經常因為小事而感到興奮，但真正的欲望也讓他靜不下心。羅馬人因為自己的七鰓鰻死去而哭泣，悲傷的程度好比其他應該落淚的場合。

約翰遜，《冒險家》（*The Adventurer*）第一一九期（1753）

約翰遜這邊提到普魯塔克講述的一個軼事。克拉蘇斯和多米提烏斯是羅馬的將軍。克拉蘇斯因為他一條類似鰻魚的魚死去而哭泣，結果被多米提烏斯嘲笑。克拉蘇斯回答，多米提烏斯的三個妻子過世時，所流的眼淚還不如克拉蘇斯為鰻魚流的眼淚多。

食物只是斯多葛學者思考熟悉事物的一個例子。日常生活中有許多事物都可以透過相同的方法加以分析。例如（為避免讀者認為普魯塔克過於關注食物），他在這裡開闢了一個不同的應用領域，同樣可適用剛才提出的諸多觀點：

另一個例子是關於我們私處的放逐與退縮。在那些我們沒有理由觸碰且法律不許我們觸摸的美麗女子和男孩面前，我們的私處必須保持冷靜。這種情況尤其會發生在墜入愛河的人身上，他們在無意間愛上了自己的姊妹或女兒。隨著理性的確立，欲望會因為恐懼而退縮，身體也會表現出符合判斷的得體與正派。

普魯塔克，《論道德美德》

五、隱喻和類比

斯多葛學派為心智提供一種願景，並將事物和事件轉化為我所經驗到的感受。我們沒有最適合的文字來形容這個角色，心智的機制對我們而言是無形的，所以我們無法精確地加以描繪。因此如我們剛才所見，斯多葛學派有時候會訴諸象徵性的比較和類比，好讓人們更容易理解他們的主張。以下是更多例子：

> 靈魂就像一碗水，水面被光線照射時，就好比靈魂得到印象。當那碗水被擾動，雖然光影也會因此波動，然而光線並沒有受到任何影響。
>
> 愛比克泰德，《語錄》

> 判斷大事需要靠偉大的心智，否則判斷會隱含來自我們本身的缺陷。同樣的，當完全筆直的物體沉入水中，該物體在旁觀者看來是彎曲或斷裂的。重要的不是你看什麼，而是你如何看它。在談論對現實的感知時，我們的心智就像處於迷霧之中。
>
> 塞內卡，《書信集》

普魯塔克的觀點：

> 衣服可以讓我們溫暖，但是無法自行發出熱量，因為每件衣服本身都是冷的，這就是發燒的人必須不斷換衣服的原因。相反的，包住我們身體的衣服可以保持身體發出的熱量，使其不致消散。

> 類似的例子可以參考某個欺騙了世人的想法：如果能住進大房子裡並擁有足夠的奴隸和金錢，就能夠擁有幸福的人生。然而幸福愉悅的生活並非來自表面。相反的，人們可以為自己周遭的事物增添歡娛和喜悅，他的性情才是各種感受的來源。
>
> 普魯塔克，《論美德與惡行》

六、斯多葛哲學的基本信念

本章介紹了實踐斯多葛主義最基本的信念：我們對所有事物的反應都是自己造成的，即便表面看起來並非如此。而且我們低估了自己擺脫那些不良影響的能力。我們可以在本章結束時針對這一點之基本性質進行反思。愛比克泰德表示：

> 留意哲學的開端！——察知彼此之間的意見分歧，並且找尋意見分歧的根源；拒絕並懷疑單純的看法，深入探究該看法是對是錯，並找出判斷的標準——就像我們為了解決秤重的問題而發明秤，或為了衡量筆直與歪曲而發明尺。
>
> 愛比克泰德，《語錄》

廣義而言，愛比克泰德的這段敘述確實可被視為斯多葛哲學如何誕生的一種解釋，也說明了對於研究者而言，它是如何開始的。我們看見別人說話、思考或行動的方式與我們不同，或與我們想像任何人可能會有的表達方式不同——這就是愛比克泰德所指的分歧，我們因而不把與我們相反的想法和常規視為那麼理所當然，並且認為它們比我們想像中的更取決於選擇與環境（這就是拒絕並懷疑單純的看法)。我們也要更努力地審視自己的思維,尋求更真實也更準確的基礎——這就是發明秤和尺的過程。最後的結果可能不是我們舊有的看法,也不是什麼讓人驚訝的替代方案,而可能是一種兼容兩者的看法,並且以某種方式提升我們的理解力。將這種過程重複一千遍,你就可以合理地以本章討論的原則做出結論。

我們已經讀了這種過程的一些具體事例,不過我們討論的要點遠遠超過任何一個特殊事例。不僅僅是對特定事物的反應來自我們自己的心智,應該是,我們對一切事物的經驗感受都是來自我們的心智,並且程度超出我們所想像。哲學的要務就是對自己的思想負責,並藉此將自己從情感依賴和錯誤判斷中解放出來,否則這種情感依賴和錯誤判斷將會操控我們的經驗。

另外還有兩種方式可以總結本章討論的要點:

注意自己對事物的感想,隨時隨地關注,因為你守護的並非微不足道的小事:是自尊、忠誠和沉著,也是不被情感、痛苦、恐懼、困擾糾纏的心智——簡而言之,是自由。

愛比克泰德,《語錄》

依我看來,在關於精神混亂的教義中,有一件事可以為這個問題做出總結:所有的一切都在我們的掌控範圍中,它們全都取決於我們的判斷,而且出於自願。因此我們必須根除錯誤的觀念,剃除錯誤的看法。而且,正如我們認為在遇上壞事時必須逆來順受,遇上好事的時候也應該如此:被我們認為很棒、很令人開心的事物,我們都應該更加冷靜地對待。

西塞羅,《圖斯庫路姆辯論》

我們可以將西塞羅對相關議題的結語當成本章的結論。

> 既然我們已經確知造成心智紊亂的原因——全來自基於看法的判斷，而且是出於我們的選擇——那麼這項討論可以到此結束了。此外，既然善與惡的界線已經被我們察知，我們應該明白在過去四天裡我們討論的哲學內容是最偉大也最有用的。除了對死亡灌注適當的蔑視並且使痛苦變得能夠忍受之外，我們還討論了撫平悲傷的方法。這些都是人類已知的壞事……悲傷和其他病痛有一種治療方法，而且答案一樣。各種壞事都是你自己的看法。而且正因為你認為這些壞事是正確的，所以才自願去做。這樣的錯誤是所有邪惡的根源，哲學要將它徹底除去。讓我們致力修養這種能力並甘心被治癒，因為只要這種邪惡附在我們身上，我們不僅無法感受到快樂，甚至無法正確地思考。
>
> 西塞羅，《圖斯庫路姆辯論》

注釋

① 馬爾庫斯・波爾基烏斯・加圖・烏地森西斯（Marcus Porcius Cato Uticensis, 95 B.C.–46 B.C.），又名小加圖（Cato Minor），以與他的曾祖父老加圖（Cato Major）區別。小加圖是羅馬共和國末期的政治家和演說家，亦是斯多葛哲學的實踐者。

② 米底人（Medes）就是古伊朗人。

③ 大流士大帝（Darius, 550 B.C.–485 B.C.）是西元前五二一年至前四八五年的波斯阿契美尼德帝國（Achaemenid Empire）君主。

第二章 對外在事物的依戀

一、我們無法決定的事物
二、好事與壞事
三、自由的意涵
四、不加油添醋
五、評斷他人
六、了解差異

斯多葛主義有很大的部分是在研究外在事物，包括什麼是外在事物、我們如何誤判它們，以及它們如何奴役我們。「外在」可被定義為我們自身或我們能力以外的事物，後面章節將會討論具體的例子，比方說金錢、名聲和災禍。然而在討論那些例子之前，本章將先探討兩項關於外在事物的斯多葛教義。

首先，斯多葛學派的一項主要目標，是除去對外在事物的情感依戀，因為情感會影響一個人的抉擇與發展，而那是我們要花精力去憂慮的。**如果要說斯多葛學者在日常事務方面有什麼與眾不同的策略，那就是他們拒絕擔心或煩惱自己無法掌控的事物**。沒有情感依戀也表示不會藉由獲得或逃避如財富或他人讚譽之類的外在事物來得到快樂。

然而有個條件：每個人對於剛才提及的外在事物當然都會有所偏好。斯多葛學派寧可擁有財富也不願意沒有財富，而且他們也希望自己一生順遂，不過我們必須區分偏好和依戀。藉著比較你對外在事物的渴求未獲滿足時的感受，就可以輕易看出偏好與依戀的差異。請試著想像：你非常想得到某個事物，不過最後沒得到它，可是你沒有非常沮喪。這種渴望就是我們所說的（純粹）偏好。能夠擁有你想要的東西很令人開心，無法擁有則會令你失望，但不會影響你的心靈平靜。當你不希望發生的事發生，也是同樣的情況，反正覆水難收——斯多葛學者以這種方式看待他們無法掌控的事物。依戀則不同，因為依戀會使你的快樂取決於目標是否達成，拉扯著你的心。這種區別在後面章節將有進一步的討論，我們現在只能先告訴你：斯多葛學者試著用他們的思維和行為來尋求一種平衡——這種平衡就是不依賴自己無法控制的任何事物。

關於外在事物，斯多葛學派的第二項教義是，我們很難精確地理解它們。外在事物會愚弄我們，或者說，我們也會因自己對外在事物的看法受到愚弄。斯多葛主義提供了一些方法來克服這類欺騙，例如從字面意義來檢視某個令人興奮或害怕的外在事物，或者將它拆解開來，如此一來就能看得比整體還要清楚。斯多葛學派以這種方式看待事物，也以這種方式看待他人。人們的聲譽或財富（或者缺乏聲譽及財富）會掩蓋我們對他們的判斷。斯多葛學派嘗試看清楚所有人事物的本質。

第一章的教義可與本章的教義彼此相連。第一章談到那些取決於我們自身的事物，本章則是關於無法取決於我們自己的事物。更完整地來說：第一章說明了我們對事物的觀點受到自己對該事物之判斷的影響，而非受到事物本身的影響，因此我們對自身經驗的控制力其實遠遠超出自己的想像。本章則是硬幣的另一面：我們將自己的情感依附在我們自以為能控制的外在事物上，但事實上我們根本無法控制那些外在事物。而且還經常欺騙自己——這些習慣導致不快樂和不自由。因此，事實上，這兩章暗示著一種逆轉。我們總是把精力浪費在那些不取決於我們自己的事物上，而且幾乎沒有意識到那些我們有所選擇的事物。斯多葛主義能夠扭轉這種局面，將我們的重心轉移到更有用的位置。

一、我們無法決定的事物

斯多葛學者們各有專長，本章以愛比克泰德為主角，因為他憑藉恆常的自制力阻斷了對外在事物的欲望和恐懼。

有些事物取決於我們，有些事物不取決於我們。可取決於我們的事物是我們的看法、欲望與嫌惡。簡而言之，就是我們自己的行為。不取決於我們的事物是我們的肉身、財產、聲譽與環境。簡而言之，就是不屬於我們自己的事物。

愛比克泰德，《師門述聞》

通往快樂的道路只有一條——我們每天早上、中午和晚上都必須牢記這一點：不要依戀那些不取決於你的事物。

愛比克泰德，《語錄》

人們的困惑都與外在事物有關，都與我們無力操控的外在事物有關。我們應該怎麼做呢？事情會如何演變？結果又會如何？真希望這件事或者那件事不要發生！這些都是人們擔心不由自己決定的事物時所發出的吶喊。但也有人說：「我該如何避免相信錯誤的事情？我要如何不錯過真理？」如果有人因天性純良，而對前述問題感到焦慮，我只會提醒他——「為什麼你要覺得痛苦？放心，這些都取決於你自己。」

愛比克泰德，《語錄》

我們欣賞哪些事物？外在的事物。我們把精力花在什麼事物上？外在的事物。如果把即將發生的事視為壞事，那麼，我們感到恐懼和痛苦又有什麼好奇怪呢？我們當然會恐懼，我們當然會痛苦。然後我們會說：「神啊，請不要讓我苦惱。」你這個白癡，難道你沒有雙手嗎？難道神沒有為你創造雙手嗎？難道你會坐下來祈禱不要繼續流鼻涕嗎？你應該停止禱告，去把鼻涕擦乾淨。難道神沒有幫助你解決你的難題嗎？難道神沒有教你忍耐嗎？沒有給你強大的意志嗎？沒有賜你勇氣嗎？

愛比克泰德，《語錄》

和我一樣對罵人字眼的來源感興趣的人，讓我偷偷告訴你們：「白癡」（moron）這個字來自希臘語。在希臘語中，對應的字是形容詞「mōros」。可是愛比克泰德把它當成名詞來使用，就像人們在英語中會說：「給我聽著，你這個笨蛋——（Now listen, stupid -）」現在再回到我們討論的主題。塞內卡表示：

> 如果一個人知道什麼能讓自己快樂，如果他的快樂不是依附於他無力操控的事物，那麼他已經到達人生的巔峰。如果他的快樂是來自外在事物的刺激，他就會對自己產生疑惑和不確定——即使那些事物不難獲得，即使他的盼望從未令他失落。
>
> 塞內卡，《書信集》

馬可．奧理略說：

> 想想那些超出你控制範圍的好事和壞事。當壞事發生，或者當好事沒發生，你無可避免地會責怪眾神、憎恨應該負責任的人（或者可能應該負責的人）。對這些事物的質疑讓我們做出不公正的判斷。倘如我們只評判自己能力所及事物的好與壞，就不會去指責眾神或與別人發生衝突。
>
> 馬可．奧理略，《沉思錄》

另外還有一些相關的評論：

我無法掌控外在事物，只能掌控自己。如果外在事物無法適應於我，我就去適應它們。

蒙田，《論自命不凡》（*Of Presumption*, 1580）

滿足的源泉必須來自心靈⋯⋯不懂人類天性的人，只想透過改變外在事物來得到快樂，而不是改變自己的性格，他的人生將因此虛耗在徒勞無功的努力上，他想消除的悲傷也將因此增加。

約翰遜，《漫步者》第六期（*The Rambler*, 1750）

平凡人把自己一生的快樂置於財產、地位、妻小、朋友、社會等外在事物上，在失去這些外在事物或發現這些外在事物令他失望時，他快樂的基礎就會被摧毀。換言之，他的重心不在自己身上。他的重心會隨著各種願望和一時的興致不斷改變。

叔本華，《人生的智慧》（1851）

二、好事與壞事

斯多葛學派對外在事物的分析，意味著我們應該對所謂的好事與壞事調整看法。斯多葛學派認為好與壞的屬性只取決於我們自己，取決於我們如何運用判斷力，就如同第一章所述。因此，事物與事件無關好壞，我們自己的想法才有好壞之分。

我們可以說，快樂的人只認得美善的心靈和邪惡的心靈，不承認善惡本身。

塞內卡，《論快樂的生活》（*On the Happy Life*）

好事在哪裡？在我們的選擇裡。壞事在哪裡？在我們的選擇裡。什麼地方不存在好事和壞事之分？在我們沒有選擇的事物之中。

愛比克泰德，《語錄》

好事與壞事對斯多葛學派的意義將在本書中解釋得更清楚。一般來說，斯多葛學派認為理性地正確使用事物就是好事，這可以引導人們走向有益於全人類的人生——也就是說，有益於他人的人生。更直接地說，這意味著可以避免沾染貪婪、欺騙與沒有節制等惡習，這些惡習都是因為依戀外在事物而產生的錯誤，誤把外在事物視為好事或壞事。斯多葛學派表示，棄絕對外在事物的依戀就是邁向美善的關鍵第一步。換句話說，這世界的事物（如斯多葛學派有時候所言）都是「中庸」的。我們透過自己的選擇而把它們變成美善或邪惡。

「健康是好事、生病是壞事嗎？」不，你應該要加以明辨。「不然呢？」好好利用健康是好事，不善加利用健康是壞事。

愛比克泰德，《語錄》

即使某個房間在夜裡完全黑暗，我們仍可能稱其「採光良好」。白天的時候光線充滿房間，黑夜的時候光線全被帶走，這一類的事物就被我們稱為「中庸」或「中立」，例如：財富、力量、美貌、聲譽、主權——或者與其相對的事物：死亡、流放、疾病、痛苦，以及我們或多或少感到害怕的各種事物。是惡行或善行賦予了這些事物美善或邪惡的名聲。金屬本身既不熱也不冷，扔進火爐裡它就會變熱，放回水中它又會變冷。

塞內卡，《書信集》

塞內卡透過這種立場回答了一個老問題：為什麼壞事會發生在好人身上？其實不會。真正的壞事只會發生在腦子裡，好人的腦子裡根本不會有壞事。

「但為什麼神有時候會允許壞事發生在好人身上呢？」當然，祂並沒有這麼做。祂讓各種壞事——可恥的行為和罪孽的行徑、邪惡的計畫和貪婪的陰謀、盲目的欲望和覬覦他人好處的貪念——全都遠離好人。祂親自保衛並護送好人。有沒有人要求神也應該看管好人的行李？沒有，好人會減輕神在這方面的擔憂，因為好人輕視外在事物。

塞內卡，《論天命》（*On Providence*）

馬可·奧理略從反面來討論這個主張，將它視為一種試煉：如果好事和壞事同樣易於發生在好人和壞人身上，就沒有所謂的好事或壞事。

生與死，榮與辱，苦與樂，富與貧——這些事情都會發生在好人和壞人身上，它們既非高尚也不可恥，因此它們不是好事也不是壞事。

馬可·奧理略，《沉思錄》

愛比克泰德更直接討論什麼才算是好事，並將這些好事視為我們喜悅的泉源。同樣的，他認為我們不該為了外在事物而感到興奮，因為我們只應該基於自己的理解而開心或不開心，而非基於那些不取決於我們的事物。

不要因為屬於別人的優點而感到得意。如果一匹馬得意洋洋地說：「我很漂亮」，這可以令人忍受。但如果你興高采烈地說：「我有一匹漂亮的馬」，你應該要意識到自己是因為馬的優點而高興。那麼，你的優點在哪裡？在於你處理自己想法的方式。當你依隨天性來處理自己的想法，你就可以興高采烈，因為在那個時刻，你會因為自己的優點而覺得開心。

愛比克泰德，《師門述聞》

三、自由的意涵

愛比克泰德曾經是奴隸。他和其他斯多葛學者經常談到對外在事物的依戀形同變相的奴役狀態。對外在事物有情感依戀的人，會被那些控制外在事物的人所奴役，而斯多葛哲學可以解放他們。愛比克泰德認為，決斷力或意志力是一個人真實的自我，是我們身上唯一自由的部分。

希望得到自由的人，就不該期望也不應逃避任何需要倚靠他人之事物，否則他必定會成為奴隸。

愛比克泰德，《師門述聞》

如果你渴望得到某種外在事物，你的心情將無可避免地依隨主人的意志而起落。那誰是你的主人？就是那些對你試圖取得或避免之事物具有掌控權的人。

愛比克泰德，《語錄》

人類不是自己的主人，死、生、樂、苦才是人類的主人。如果不必面對這些，即便把我帶到凱撒大帝面前，我也會泰然自若。但如果凱撒大帝和這些一起出現，我就會感到害怕，就像身處雷聲與閃電之中。除了像逃命的奴隸般承認我的主人，我還能怎麼做？只要我能與這些休戰，我就可以像站在劇院裡的脫身奴隸。我洗澡、喝酒、唱歌、做任何事的時候都處於恐懼和痛苦中，但如果我掙脫了這種奴役狀態——也就是說，從那些被可怕主人所擁有的事物中掙脫——我哪裡還會有什麼煩惱？哪裡還會有什麼主人？

愛比克泰德，《語錄》

愛比克泰德教學風格的鮮明特徵，就是指責那些擔心或抱怨外在事物的人為奴隸。

沒有哪個好人會悲傷或呻吟、沒有哪個好人會嗚咽、沒有哪個好人會臉色蒼白並顫抖地說：「他將如何接納我？他將如何傾聽我的聲音？」你這個奴隸，他會依照他認為適當的方式行事。你又為什麼要在意別人怎麼做？

愛比克泰德，《語錄》

簡而言之，如果你聽見他表示：「可憐的我，我必須忍受各種事情！」你就稱他為奴隸。如果你看見他嗚咽、抱怨或痛苦，你就稱他為奴隸——穿著紫色鑲邊長袍的奴隸。

愛比克泰德，《語錄》

紫色鑲邊的長袍是羅馬參議員的服裝。

如果你看見有人在另一人面前卑躬屈節，或者違逆自己的意思奉承他人，你可以自信地說他不自由。他這麼做可能是為了一頓晚餐，也可能是為了一個地方官或執政官的職位。為了小利益而做這種事情的人，你可以稱他們為小奴隸；為了大利益而做這種事情的人，你可以稱他們為大奴隸。他們應當被如此稱呼。

愛比克泰德，《語錄》

塞內卡以這種方式將我們每個人都視為奴隸。

我很高興從來自你那邊的人聽說你和你的奴隸都依照熟悉的條件過日子。這很適合像你這種理智且受過良好教育的人。「他們是奴隸。」不，他們是人。「他們是奴隸。」不，他們是夥伴。「他們是奴隸。」不，他們是地位卑微的朋友。「他們是奴隸。」他們跟我們一樣是奴隸，如果你認為財富對他們的影響力就和對我們的影響力一樣。

塞內卡，《書信集》

告訴我哪個人不是奴隸。一個是欲望的奴隸，另一個是貪婪的奴隸，還有一個是野心的奴隸，所有人都是恐懼的奴隸。我可以告訴你一個前任執政官是某個女人的奴隸，一個百萬富翁是某個女僕的奴隸。我還會讓你們看看出身崇高的年輕人成為啞劇演員的奴隸！自願為奴是最可恥的。

塞內卡，《書信集》

啞劇不是不發出聲音的默劇，而是由歌者和舞者組成的劇團，專門表演神話和傳說中的場景，是在羅馬深受歡迎的娛樂表演，其出色的演員都因此成為名人。

如果你想達到真正的自由，就必須成為哲學的奴隸。

伊比鳩魯，引述自塞內卡《書信集》

比較蒙田的說法：

真實且有效的奴役，只與願意服從奴役制度的人和企圖從他人勞動獲得榮譽及財富的人有關。坐在壁爐旁就感到心滿意足的人，以及知道如何在不爭吵和不興訟的情況下管理家園的人，就像威尼斯公爵一樣自由。

蒙田，《論我們之間的差別》（*Of the Inequality Amongst Us*, 1580）

四、不加油添醋

到目前為止，本章主要在討論斯多葛學派的一個目標：放下對外在事物的依戀。相關的教義還包括仔細檢視外在事物。我們很難抗拒外在事物，是因為它們看起來很吸引人或者很可怕，或者令人印象深刻。但之所以如此，是因為我們還沒學會看清楚它們的本質。塞內卡認為，我們有必要以看待兒童因應外在事物的方式來看待自己的反應，並可以將這種觀點應用於自己喜愛的外在事物上：

> 我們喜歡的事物多麼可鄙啊——就像把每個玩具都視為珍寶的孩子，他們喜愛只值幾分錢的項鍊勝過喜愛他們的父母或手足。那麼，就如同阿里斯頓所說的，我們和那些孩子之間有什麼差別？除了我們這些成年人所喜愛的是繪畫和雕塑，於是我們的愚蠢更昂貴。
>
> 塞內卡，《書信集》

阿里斯頓是希臘早期的斯多葛哲學家之一，也是斯多葛學派創始人芝諾的同儕。相同的觀點也適用於我們害怕的外在事物：

> 因此，首先要記住這一點：抽離事物的無序，看看每個東西裡面有什麼。你會發現沒有什麼可怕的，除了恐懼本身。發生在孩子們身上的情況，也發生在我們身上（我們只是稍微年長一點的孩子）。如果孩子看見朋友——他們經常一同玩耍的人——戴上面具，他們就會感到害怕。不僅需要從人的身上拿下面具，還需要從事物的身上拿下面具，讓所有事物都顯露出真實的面貌。
>
> 塞內卜，《書信集》

為幫助我們拿掉事物的面具，斯多葛學派提供了兩種可在這裡討論的簡單方法（更具體的建議將在後面的章節探討）。首先，外在事物出現時，練習不加諸任何情緒。當事件發生，我們會馬上賦予它一種意義，標記為好消息或壞消息，並視之為興奮或憤怒的理由。或者，我們會在對自己述說的故事中為它安插一個位置，無論是長期存在的角色或是新增的角色，然後我們會對那些標籤、敘事和想像做出反應。斯多葛主義把這種過程視為掉入陷阱。我們通常會受到習慣的影響，在不自覺的情況下賦予事物價值或意義，多半是錯誤或是無用的。但這仍左右了我們的感受以及我們接下來的想法和行為。因此斯多葛學者認為我們應該放慢思維，以懷疑的態度看待自己的想像。這裡所說的想像並不是指創意能力，而是指約瑟夫・康拉德①曾說過的「人類之敵，恐懼之父」。簡而言之，在面對一則消息、一樁事件或一個東西時，斯多葛學者會試著看清它的真面目，對任何加諸其上的想像都小心翼翼。

「他的船迷失方向了。」發生了什麼事？他的船迷失方向。「他被送入監獄了。」發生了什麼事？他被送入監獄。「他遇上壞事」的想法，是眾人自己添加的。

愛比克泰德，《語錄》

說「我頭痛」就好，不要加上一聲「唉呀！」；說「我耳朵痛」就好，不要加上一聲「唉呀！」——我不是說你不能呻吟，但別讓痛苦占據了你的內在。

愛比克泰德，《語錄》

除了聽見的消息本身，不要自己加油添醋。假設傳聞某人說你壞話，傳聞內容就只有這麼多，沒有說你會因此受到傷害。我看見我的孩子生病了，我看見的就只有這麼多，沒有看見他性命堪憂。因此，永遠停在最初始的消息上，不要在心裡添加沒有發生的事物。或者，你可以加諸一些設想，且表現得像一切都在掌握中。

馬可．奧理略，《沉思錄》

紀堯姆．杜．維爾發現我們在解釋事件時會陷入一種特殊的陷阱：我們會以錯誤的隱喻來描述事件，並且做出令人驚慌和造成誤導的比較。

我們自己的想法比事物本身更能折磨我們，因為這些想法是我們在令人吃驚的事情發生時以自己使用的語彙形塑的。我們以某種事物的名字稱呼另一種事物，並將它想像成另一種事物，讓這樣的影像和想法停留在我們腦中。

杜．維爾，《斯多葛學派的道德哲學》（*The Moral Philosophy of the Stoics*, 1585）

斯多葛學派的另一種方法涉及減法，這種方法適用我們已知的外在事物。我們之所以難以看清楚外在事物，是因為它們已經被賦予慣常的意義。人們必須慢慢除去覆蓋於外在事物的浪漫或恐怖，才能夠區分其本質及其名稱。這正是剛才提過的方法：我們應該看清楚事物的真面目，而非接受眾說紛紜的傳聞、其他人的假定，甚至是我們自己的偏見。我們不該加油添醋，而是看清它們原本的樣貌。

斯多葛學派常用的方法，包括從字面意義來看待事物，或者將其拆解為細部，以除去那可能難以對付的表象——無論是令人渴望或令人懼怕的外觀。

面對各種誘人、有用或者你喜愛的事物時，請記得說出它是什麼——可以從最小的東西開始。如果你喜歡某件陶藝品，請說：「這（不過）是個我滿喜歡的陶壺。」——如果它被打碎了，你就不至於心煩意亂。

愛比克泰德，《師門述聞》

當我們品嘗美味的食物，可以提醒自己「這是魚的屍體，這個是鳥禽的屍體或豬的屍體」；或者我們也可以提醒自己「這種美味的葡萄酒是用葡萄榨出來的，這件紫色長袍是以甲殼類動物的血液染色的羊毛」。或者，關於交配：「這只是摩擦一個小小的器官，伴隨一些抽搐，然後分泌出黏液。」讓這樣的印象滲透至事物核心，使我們看清楚它們的本質。我們應該在生活的各個面向都這麼做，每當我們過於重視外在事物，就在腦中提醒自己感知它們廉價的本質，並且剝去它們在傳統中被賦予的聲望。

馬可．奧理略，《沉思錄》

如果把音樂分割成單獨的音符，你就不會喜歡動人的歌唱、舞蹈和武術了。問問自己是否無法抗拒每個音符？你將不知道應該如何回答。你也可以對舞蹈進行相同的分析，問問自己是否無法抗拒每個動作或姿勢。武術也一樣。總而言之：除了美德及由美德萌生的事物之外，記得逐一回顧每件事物，並且透過拆解來加以檢視，把這種方法帶進你的生活中。

馬可．奧理略，《沉思錄》

他所說的「武術」是指潘克拉辛（pankration）②，大致就像我們現在所說的終極格鬥或混合武術，為奧運的競賽項目之一。

五、評斷他人

剛剛所說的事件和世俗物品是外在事物中最簡單也最常見的例子，不過斯多葛學派所謂的外在事物也包括他人——我們很難看清他人的本質，如同我們很難看清事物的本質。因此，斯多葛學者試著剝去他們的偽裝。

正如某些藥物可以讓視力更明亮清晰，倘若我們願意從阻礙中解放自己的精神視覺，就能夠感知到他人的美德，即使美德隱藏在他人的身體裡，即使貧窮的表象形成阻礙，即使無意義與不光彩的名聲阻擋我們的視線。我必須說，無論髒污如何覆蓋，我們仍能看見那種美好。相反的，無論閃閃發亮的財富如何阻擋我們的視線，或者錯誤的認知——這裡是指具有身分地位就擁有權力——如何強烈誤導我們，我們還是可以清楚感知他人的邪惡與可悲的心靈。

塞內卡，《書信集》

因財富和名聲而取得崇高地位的人，沒有一個是真正偉大的。那麼，為什麼他看起來很偉大呢？因為你把他的地位一起納入考量。矮人即使站到山上依然不高；巨人即使站在井底，身高也不會改變。是我們自己測量錯誤，這也是我們蒙受欺騙的原因。我們不重視本質，反而看重裝飾。

塞內卡，《書信集》

基座並不是雕像的一部分，因此測量時不該連同基座一起測量。將他的財富和頭銜放到一旁，讓他只穿汗衫。他的身體是否健康、活躍，並且足以運作各種功能？他擁有什麼樣的靈魂？他的靈魂是否美麗又有才華，而且完整無缺？他的靈魂是否本身就已富足，還是憑靠借來的東西才變得豐富？是否只是運氣好？能否毫不退縮地面對刀劍？對於壽終正寢或者被割喉而死的看法是否不同？是否平靜、自制、滿足？我們必須看清楚這些，因為這些就是用來判斷我們之間巨大差異的標準。

蒙田，《論我們之間的差別》（1580）

同樣的方法也可以套用在自我分析身上。

你看見斯基提亞③或薩爾馬提亞④的國王了嗎？他頭上優雅地戴著王冠。如果你想看清楚他到底是什麼樣的人，並且想弄清楚他這個人的價值，就摘下他的王冠，因為冠冕底下藏著許多邪惡。然而我為什麼要討論別人呢？如果你想評估自己，就把你的財富、你的資產和你的榮耀全部放到一旁，檢視自己的內心。因為到目前為止你對自己的看法，都是來自別人的話語。

塞內卡，《書信集》

斯基提亞和薩爾馬提亞都位於黑海北部和東部的草原，經常與羅馬帝國交戰，羅馬人和希臘人將其人民視為野蠻人。

我們在前段看到斯多葛學者有時候會以字面意義解讀世俗事物，這是一種不帶喜好或恐懼就看出事物真面目的方法。相同的概念也可套用在人的身上。

他們在吃飯、睡覺、交配、排便時是什麼樣子？他們憑恃著地位優越而傲慢自大地怒罵別人時又是什麼樣子？不久之前他們都是奴隸，而且做了上述那些事。不久之後他們都會再次成為奴隸。

馬可．奧理略，《沉思錄》

六、了解差異

對於任何明顯的問題或預期，斯多葛學者通常會問的第一個問題是：這是否取決於他們自己。如果不是，就不該為此苦惱，因為就算苦惱也無濟於事。因此，斯多葛學者非常注重事物是否能由他們自己操控。

一開始先練習對每一種明顯的惡劣表象說：「你只是表象，而且根本不是表面上看起來的樣子。」然後再利用你學到的規則加以檢視及測試——尤其是第一項規則，看看它是不是取決於我們自己；如果不取決於我們，就必須牢記一件事：「這個東西對我而言根本不重要。」

愛比克泰德，《師門述聞》

當然也有混合的情況：我們可以控制問題的某些面向，但是無法控制其他面向；或是我們有控制它的權力，但是沒有控制它的權利或責任。這些情況可能需要更縝密的分析，儘管斯多葛學者並沒有如我們期盼的那樣在這方面花時間，愛比克泰德倒是提出了基本的方法。

對事物謹慎關注與對事物漠不關心——要將這兩者結合為一非常困難，但也不是不可能做到，否則快樂將遙不可及。好比計畫一趟海上之旅，我應該怎麼做？我可以選擇船長、船員、出航日期、出航時刻。然後，一場暴風雨突然出現了。關於這一點，我有什麼好擔心的？我能做的都已經做了，就把問題留給另一個人——船長——去擔心吧。

愛比克泰德，《語錄》

我們不可以將「對外在事物沒有情感依戀」與「對這世界疏離」混為一談。如第十一章最後一部分所說明的，斯多葛主義呼籲人們參與公眾事務，而非退縮。然而在任何情況下，人們應該要區分可取決於我們自己的事物以及不可取決於我們自己的事物。

事物是不帶情感的，我們使用事物時卻非如此。那麼，一個人要如何保持冷靜和鎮定，同時具備不魯莽也不輕忽的謹慎心態？他可以像下棋的人一樣。棋盤遊戲的棋子既不好也不壞，骰子遊戲的骰子也是如此。我無法得知下一次會擲出什麼點數，可是小心謹慎且帶有技巧地擲出骰子操之在我。我們在生活中也該如此。我們的首要任務是區別事物，並且告訴自己：「雖然外在事物超出我的掌控範圍，但我的選擇在我的掌控範圍之內。我應該在什麼地方尋找美善與邪惡？從我自身尋找，從屬於我的事物中尋找。」我們不該把取決於他人的事物稱為美善或邪惡、有利或有害，或者類似的形容。「然後呢？這是否意味著我們不必在意自己如何使用外在事物？」絕對不是。不可以誤用選擇能力或者與自然背道而馳。我們應該審慎地使用外在事物，因為這仍可能造成美善或邪惡的結果。只是應該保持沉著冷靜，因為事物本身不好也不壞。

愛比克泰德，《語錄》

柏拉圖在《理想國》第十卷中提到了對骰子的比較，亞當·斯密則更詳細闡述了斯多葛學派對於玩遊戲的比較。他的敘述提供了很好的注釋，可以作為這段討論的總結。

斯多葛學派顯然認為人類的生命是一種需要精湛技巧的遊戲，然而這種遊戲含有機會的成分，或者含有一般人理解為機會的東西……如果我們將快樂寄託在賭注上，就形同依賴於超出我們能力及掌控的目標上，如此一來必將使我們永遠處於恐懼和不安之中，讓我們經常產生難受和窘迫的失落感。如果我們將快樂寄託於遊戲是否玩得合宜、玩得公平、玩得明智又有技巧上，簡而言之，就是把快樂寄託在我們自己的行為舉止上，寄託在透過紀律、教育和關注而得以完全由我們掌控的事物上，我們的快樂就會非常安全，不受財富的左右。

斯密，《道德情操論》（1759）

注釋——

①約瑟夫・康拉德（Joseph Conrad, 1857 C.E.–1924 C.E.）是波蘭裔的英國小說家。
②潘克拉辛（pankration）是希臘上古時代的格鬥運動。
③斯基提亞（Scythia）是古希臘人對其北方草原遊牧地區的稱呼。
④薩爾馬提亞（Sarmatia）是上古時期的一個遊牧部落聯盟。

第三章 改變視角

馬可．奧理略認為斯多葛主義的兩項原則格外重要。

你腦中應該優先思考這兩個觀點。第一個觀點是世界上的事物不會觸動你的靈魂，只會靜靜站在你的靈魂之外；擾亂我們心靈的，都是來自我們自己內心的意見。第二個觀點是你看到的一切都瞬息萬變，而且很快就會消失無蹤，記得隨時提醒自己已經看過多少次這種轉變。這個世界不斷變化，你的人生應該著眼於自己的看法。

馬可．奧理略，《沉思錄》

上述的其中一項論點——我們對這世界的體驗取決於我們自己對世界的判斷或意見，而非外在事物本身——是前面兩章已討論過的主題。本章的主題是馬可．奧理略提到的另一項原則，這項原則可被稱為「生命的有限」或「易朽」，不過就目的而言，我們最好從涵蓋範圍更廣的主題來討論這項原則：視角。

斯多葛學派一般而言都使用兩種策略來消除幻覺，**第一種策略是分析**：透過理性來拆解外在事物，使其展現出真實的本質；**另一種策略是直覺**：透過可以讓我們自動改變想法的觀點來看待世界。從特定視角來看待問題、看待敵人或看待自己——從遠處觀看，或者將這些事物當成更全面視野的一小部分——有時候可以幫助我們擺脫欲望或恐懼，不需要加以分析。

斯多葛學者在本書中使用了這兩種方法，但是接下來的大部分章節是把分析法當成主要工具，來逐一檢視及審查外在事物。舉例來說，時間和空間在本章就是透過這種方法接受斯多葛學派的剖析。我們總認為自己非常重要，連帶著認為我們擁有的時間和生活的空間具有極為重要的意義。斯多葛學派認為這種想法是錯的。我們之所以有這種印象，是因為對這世界的一般視角（即我們預設的視角）誤導了我們。我們都是由內往外看，從自己的角度觀看事物，而忘了或沒有意識到自己的分量多麼渺小、自己的存在多麼短暫。因此斯多葛學者指出個人存在的規模與必死的事實，以糾正這種誤解。

不過，本章也強調斯多葛主義的直覺法。藉著突顯出個人事宜在更大規模的事物中是多麼渺小，斯多葛學派希望引導出我們的謙遜之心，並且使我們受到美德吸引。這種策略可稱為直覺法，因為無須論證，比較像是展現和指引，並期望我們直接從新的視角調整自己的看法。確實，因為不使用論證，斯多葛學派有時候會招致分析性的批判。選擇從某個角度而非另個角度看待問題似乎顯得太過武斷，然而就這個方面（以及其他許多方面）而言，晚期的斯多葛學派可被歸類為實用主義。只要某個視角能幫助我們擺脫不良的心理習慣，他們就會毫不猶豫地推薦這種視角。

改變視角有時候會因此讓人得到多種結論。斯多葛學派對於哪些是正確的結論有明確的想法。舉例來說，將生活與煩惱視為微不足道的小事，可能顯得虛無且令人沮喪，但是斯多葛學派持相反的意見。他們認為從遠處觀看事物對我們的道德有所幫助，因為如果這麼做會讓你輕蔑自己，這正是虛榮、野心和貪婪的解藥。我們的微不足道能讓自己心無雜念，只想好好活在當下，並且顯示出將自己視為整體一小部分有其價值。如果想要說服螞蟻重視群體工作、不要沉迷於個人榮耀，就先讓牠們看看牠們在我們眼中的模樣。

從遠處觀看事物不該導致消極的心態。我們之前說過，兩位斯多葛學派的指導老師曾是羅馬最重要的政治家之一，其中又以馬可．奧理略特別值得我們反思。正如本章即將談到的，馬可．奧里略是最堅持個人事宜微不足道的斯多葛學者，而且從歷史看來，這種主張並沒有讓他變得不積極或不具同情心，甚至恰恰相反：

請務必牢記：馬可・奧理略是斯多葛學者。就常理來看，他身為理論哲學家又是斯多葛學派哲學家，可能會因此無法從高處的沉思角度看見人們真正的需求、弱點與能力。但奇怪的是，在所有的好皇帝之中，他最洞悉人性也最為務實。

德・昆西①，《凱撒》（*The Caesars*, 1851）

正確理解斯多葛主義的人，應該不會覺得這種觀察結果不合理。

一、時間

我們都是以自己擁有多少時間來衡量時間的長短。人的一生看似漫長，那是因為人的一生是任何人所能直接知悉的最長時間。斯多葛學派試著由外往內看待時間，因為這樣的觀點能夠為時間創造出不同的規模感。

你可以拋開許多煩惱，因為煩惱只存在於你自己的腦中。藉由理解宇宙在你腦中的規模、觀察時間的無限性以及詳細研究事物的迅速變化，你就能為自己清出充足的空間——明白人類從出生到死亡的時間多麼短暫。我們出生之前的時間宛如深淵，我們死亡之後的時間亦無窮無盡。

馬可・奧理略，《沉思錄》

想像一下時間的深淵，再想一想整個宇宙，然後將人類的一生與浩瀚無邊的時間和宇宙進行比較，你會明白我們所渴望並尋求延長的事物多麼微不足道。

塞內卡，《書信集》

我們只活了短短一瞬間，甚至不到一瞬間，可是大自然讓人類的生命看似漫長——使人生一部分是嬰兒期，一部分是童年期，一部分是青年期，另一部分是慢慢從青年變老的時期（可以這麼說），還有一部分是老年期——藉此嘲笑人類微不足道的生命長度，因為人類要走多少步才能完成如此簡短的爬坡！

塞內卡，《書信集》

你可以指出最長壽之人，那些傳說中的長壽者可能高齡一百一十歲。然而當你將注意力轉向整體的時間——如果你仔細檢視長壽與短命之間的差距，再將每個人活著的時間與他們沒活著的時間進行比較，最短的壽命和最長的壽命其實沒有太大差異。

塞內卡，《對瑪西亞的安慰》（*Consolation to Marcia*）

二、空間

我們所處的空間，其重要性同樣取決於我們在空間移動的經歷：我們能看到什麼、我們能去到哪裡。斯多葛學派從觀察者以外的視角來看待空間（有時候包括時間與空間）。

亞洲和歐洲是這個世界的角落，整片海洋是這個世界的一滴水，阿索斯山②是這個世界的一小塊泥土，現在的時間都只是永恆中的一點。所有的一切都很渺小，極容易改變與消失。

馬可．奧理略，《沉思錄》

短暫的存在既是讚美者也是被讚美者，既是記憶者也是被記憶者。所有這一切都在這個大陸的某個角落裡——然而即使在這裡，我們也彼此不同，並且持續在改變。而整個地球只是一個小斑點。

馬可．奧理略，《沉思錄》

這個地球有城市和人民，也有河流與環繞的海洋，但如果用整個宇宙來衡量，我們可以把地球當成一個小斑點。如果與所有的時間相比，我們人生所占據的時間比一個小斑點還小，因為永恆比這個世界還大。在時間的範疇裡，世界一次又一次地再創自我。

塞內卡，《對瑪西亞的安慰》

三、易朽

時間和空間的規模使人類所有的行為都顯得渺小。針對這一點，斯多葛學派補充表示人類的行為也非常易朽。人類的各種行為以及對人類而言的大自然作為，都很快就會改變和消失。這種視角有助於實現第二章所敦促的：對外在事物不要有情感依戀。馬可．奧理略表示：

想像一下：將一堆沙子堆放在先前的另一堆沙子上，這堆沙子就會掩蓋原本的沙子。人生中發生的各個事件也是如此，之前發生的事很快就會被後來發生的事所覆蓋。

馬可．奧理略，《沉思錄》

經常思考以下的道理：世界上所有存在的事物以及正在形成的事物，都會迅速地被帶走並且消失。因為物質就像一條持續流動的河流，不僅流動方式持續變化，造成其流動的原因也不停改變，幾乎沒有什麼是固定的。我們兩旁就是已經發生之事和即將過去之事的無盡深淵，那裡所有的一切都不復存在。那麼，如果人們為了那些事而激動或憂心，把它們當成歷久不衰的麻煩而抱怨連連，豈不是愚蠢無比？

馬可．奧理略，《沉思錄》

不久之後地球會人滿為患，地球將因此改變，接下來的任何事物也會永無止境、一再地改變，直到永遠。思考這些轉變浪潮和轉變速度的人，就能夠無視凡塵俗世的一切。

馬可．奧理略，《沉思錄》

塞內卡表示：

聖人會提到馬爾庫斯．加圖在思考前世時所說的話：「所有人類總有一天都會死去，無論是現在的人或將來的人。至於那些曾經主宰這世界的城市——以及那些曾是其他國家精美裝飾品的城市——總有一天會從人們眼前消失……那麼，既然我已經比萬物共同之命運提早存活一小段時間，我又何必還要生氣或傷悲呢？」

塞內卡，《書信集》

這段話出自小加圖。小加圖是一位斯多葛學者，在塞內卡出生前四十年左右就已經逝世。小加圖是眾所周知的認真政治家，也是尤利烏斯．凱撒的反對者。當凱撒在羅馬內戰中戰勝龐貝③及其軍隊，小加圖選擇舉劍自盡，不願向凱薩投降臣服。他因此成為斯多葛學派的英雄之一，有時還被視為理想派智者的典範。我們將在後面的章節看到更多關於他的敘述。

塞內卡還提到一些關於人類即將消逝的更具體預言。

大自然的造物將遭受攻擊，因此我們也應該平靜地接受城市遭到破壞。城市被建立起來，但是也會倒下！一種共同的厄運等著它們——無論是來自內部力量的爆發，因為出口阻塞而發生強大爆炸……或是因為沒有事物能抵擋的老化慢慢地磨損它們；或因為嚴酷的氣候迫使人類遷移，被人類遺棄的城市便因此慢慢毀壞。如果再繼續談論它們可能面臨的命運，只會讓人心生厭煩，但我知道凡人打造的一切終將滅亡，我們活在注定會死去的事物中。

塞內卡，《書信集》

世界七大奇蹟以及後人建立之超越七大奇蹟的事物（如果有的話），總有一天會被夷為平地。事實就是如此：沒有任何東西會永遠存在，很少事物能夠長久持續。不同的事物會以不同的方式消亡，它們的結局可能很多樣化，但任何事物只要有開始，就會有結束的一天……讓它去吧，為一個接一個逝去的靈魂哀悼，為迦太基④、努曼西亞⑤和科林斯⑥的灰燼哭泣——任何一個更為崇高的地方都會墮落——在這個無處墮落的宇宙也滅亡時，就讓它去吧。它終將抱怨命運，因為命運總有一天會犯下這樣的惡行，絕對不會放過它！

塞內卡，《對波利比烏斯的安慰》（*Consolation to Polybius*）

世界七大奇蹟是古代書籍中提到的景點，讓希臘的旅行者知道可以去哪些地方參觀，例如羅得島的太陽神銅像與巴比倫的空中花園。塞內卡提到的七大奇蹟中，現今只剩吉薩大金字塔倖存。迦太基（位於現今的突尼西亞），努曼西亞（位於現今的西班牙）和科林斯（位於希臘）都是羅馬在西元前二世紀的戰爭中摧毀的城市。

塞內卡也指出，解體的速度通常比創造的速度更迅捷。

假如萬物的滅亡都像它們形成時一樣緩慢，將可大大安慰軟弱的我們和我們的創造物。但，事實上，增長是緩慢的，毀滅卻是快速的。

塞內卡，《書信集》

蒙田對這個議題的見解稍有不同：

有些人會說這個偉大的世界僅是由某個屬、某個種的生物分類組成，但其實它是一面鏡子，我們

> 必須從正確的視角檢視自己……世界上有如此多次革命，如此多個國家的命運發生變化，我們不必對自己的命運感到驚訝。如此多人的姓名、如此多場的勝利與征服，全都被埋葬在遺忘之中。如果希望藉由俘虜一群士兵而名留青史，或者期待遭到摧毀的雞舍被人記住，都是荒謬的念頭。
>
> 蒙田，《論兒童教育》（*Of the Education of Children*, 1580）

為了讓人深刻認識人類生命和創造物的易朽，馬可．奧理略經常以過去和傳承為例。即使他所引用的例子對我們而言已經不再生動，但他的主張依然鏗鏘有力。如果現代人願意，當然也可以輕易想出近代的例子。

> 過去人們熟知的表達方式，現在需要加以解釋。同樣的，過去的英雄人物，他們的名字如今也需要加以解釋——例如卡米盧斯[7]、卡索[8]、沃勒蘇斯[9]、列昂納托斯[10]，以及後來的大西庇阿[11]和小加圖，還有更後來的奧古斯都[12]，與哈德良和安敦寧。因為萬物都會褪色，變成單純的故事，不久之後便被人完全遺忘。而且我說的還是因為某些原因而閃耀出偉大光芒之人，至於其餘的普通人，在嚥下最後一口氣時就已經離開這個世界並且被人遺忘。到底什麼是永恆的記憶呢？什麼都不是。
>
> 馬可．奧理略，《沉思錄》

請在自己腦中想想維斯帕先[13]時代的例子，就能夠看清所有的一切：那些人結婚成家、生養小孩、生病死亡、發動戰爭、慶祝節日、經商務農、奉承他人、表現傲慢、心存懷疑、謀策計畫、詛咒別人死去、抱怨人生、墜入情網、埋藏寶物、忠貞愛國。呃，那些人的人生都已經不復存在了。現在再往前回想圖拉真⑭時代的例子，情況也一樣，那些人的人生也已經不復存在了。仔細觀察其他時代與其他國家，看看多少人經歷千辛萬苦，可是很快就消逝無蹤。

馬可．奧理略，《沉思錄》

維斯帕先是西元六九年到七九年的羅馬皇帝，生存年代大約比馬可．奧理略早一個世紀。

四、面對生命有限

斯多葛學派所鼓勵的視角是對抗欺騙、惡習與誤判（包括害怕死亡）的對策。害怕死亡的議題將在下一章充分討論，但我們在這裡可以簡短地用目前學到的觀點來加以說明——意即從長遠的眼光來減少對死亡的恐懼。

這種蔑視死亡的方式雖然簡單，可是非常有用，只要想一想那些頑強地緊抓住生命的人。相較於早逝之人，那些緊抓著生命的人得到什麼？無論如何，他們最終仍免不了被安葬在某處——卡迪西亞努斯⑮、法比烏斯⑯、尤利安努斯⑰、列庇都斯⑱，這些人任何一個都是如此。他們殺死了許多人，然後自己也被殺死。

馬可．奧理略，《沉思錄》

如果神告訴你，你必須選擇明天死去或後天死去，除非你很固執，不然你不可能真心想要做出選擇，因為這兩者有什麼區別？同樣的，在盛年時死去或者明天就死去之間的區別，你應該也要覺得沒有差異。

馬可・奧理略，《沉思錄》

比較以下的觀點：

「你認為一個習慣沉思時間與生命等偉大想法的頭腦，會覺得人的一生值得關注嗎？」「不可能。」他回答。「既然如此，這種人會覺得死亡可怕嗎？」「絕對不會。」

柏拉圖，《理想國》第六卷（*Republic Book*）

亞里斯多德告訴我們，海帕尼斯河裡的小生物只有一天的壽命，其中在早上八點死去的算是英年早逝，晚上五點才死去的算是死於老年。為了這種短暫壽命的差異而感到快樂或不快樂，誰不會覺得可笑？然而，當我們將自己的生命與永恆互相比較，或者與山脈、河流、星星、樹木及其他動物的壽命相提並論時，似乎也同樣顯得荒謬。

蒙田，《探討哲學就是學習死亡》（*That to Study Philosophy is to Learn to Die*, 1580）

蒙田上述的話語是引述自亞里斯多德的《動物志》（*History of Animal*）。

五、還原事物的面貌

我們轉向斯多葛學派使用的另一種視角——這種視角也許比較像顯微鏡，而非望遠鏡。本書第二章探討了斯多葛學派揭開外在事物神祕面紗的幾種方式，例如從字面上的意義解讀它們，或者將它們簡化並還原為更小的元素，如此一來就能易於理解。馬可·奧理略不僅將這種方法應用於特定的外在事物上，也套用在人類的生活與整個世界。

如果你仔細想想，洗澡似乎就是油垢、汗水、髒污，以及油膩膩的水，全都是令人產生反感的東西——這就是人生的一部分，與隱藏在人生背後的一切。

馬可·奧理略，《沉思錄》

總而言之，不要忘記凡人的生命多麼短暫、多麼微不足道——昨日只是一團精液，明日就會變成木乃伊或灰燼。

馬可·奧理略，《沉思錄》

人類只不過是充滿惡臭與血肉的身軀。

馬可·奧理略，《沉思錄》

所有事物都藏著腐朽！水、塵埃、骨骸、惡臭——或者，讓我再說一次：大理石只是地球上的一種石頭，金和銀只是沉積物，衣物只是毛髮，紫色的染料只是血，其他的一切也和這些東西一樣。我們體內的生命氣息亦同，只是從一種東西變成另外一種。

馬可·奧理略，《沉思錄》

六、新奇不新奇

斯多葛主義的另一個視角策略，是洞悉看似新奇之事物之相同處，進而減少其誘發的情感依戀。

到劇院或類似場所一遍又一遍重複觀賞相同的表演很煩人，會讓表演內容變得乏味。人生中的一切也是如此。無論是天上飛的還是地上爬的全都一樣，亦出自相同的源頭，那麼新鮮感能夠維持多久？

馬可．奧理略，《沉思錄》

因此，對於發生的種種，請記住這一點：這些都是你已經看過很多次的事物。總而言之，先往上看然後往下看，你會發現歷史上充滿相同的事物——古代的歷史、中世紀的歷史、現代的歷史——那些事物都充斥於今日的城市與房屋。沒有新鮮的玩意兒，一切都熟悉且短暫。

馬可．奧理略，《沉思錄》

謹慎地思考過去——政權的無數次變化。你可以預先看見未來的事件，因為類型完全一樣，事件不太可能偏離現今我們所見的模式。由此可知，如果想要觀察人類的生活，四十年和一萬年都是一樣的。不然你覺得能夠發現什麼？

馬可．奧理略，《沉思錄》

為避免這樣的視角顯得過於陰沉，請看看以下的論點：

堅定的心智知道一天和一個世代並沒有差別。無論發生什麼事，都要從高處看清楚一切，並且在反思世代交替時一笑置之。

塞內卡，《書信集》

七、俯視一切

目前為止我們討論的視角，都可以透過想像來得到深刻的體會：從夠高的視角觀察人性，就可以立刻看清楚一切。這麼做可以幫助我們自然得出一些我們熟悉的斯多葛論點，例如人類生活的重複及易朽。

我們的心靈無法蔑視豪華的柱廊、鑲在天花板上閃閃發亮的象牙、修剪整齊的灌木花園，以及引流至宅第的水源，除非讓心靈先繞行整個宇宙，從上空俯視地球（地球大部分都被海洋覆蓋與局限——即使不是海洋的部分，也都是髒兮兮或乾涸冰凍的土地），並且問自己：「這就是各國用刀劍和火炬劃分界線的精確位置嗎？」

塞內卡，《天問》

馬可・奧理略經常回頭談論這種觀察角度。

柏拉圖說得很正確——要談論人類的事務，應該要從宛如由上往下觀看的視角來檢視人世間的種種：人群、軍隊、耕地、婚姻、離婚、出生、死亡、法院裡的爭執、沙漠、來自各地的外國人、節慶、哀悼、市場，以及所有相對事物的交錯混雜與有序安排。

馬可．奧理略，《沉思錄》

由上往下俯視各種聚會、各種儀式、各種在狂風暴雨和風平浪靜中的航程，以及各種在新生兒、同居人和垂死者之間的爭執，然後再想想很久以前的人，以及在你之後的人，與現今活在其他國家的人。想想多少人根本不知道你的名字、多少人很快就會忘記你的名字，還有多少人——也許此刻正在讚揚你——很快就會搞錯你的名字。你必須知道，被人記得並沒有什麼價值，你的聲譽也沒有價值。任何事物都沒有價值。

馬可．奧理略，《沉思錄》

如果你突然被人群抬到半空中，你應該從那裡檢視人類的事務及其多樣性。你將會鄙視它們……無論你多久被高高抬起一次，你都會看見相同的事物、同樣的類別，以及它們短暫的存續期間。虛榮就是來自這些東西！

馬可．奧理略，《沉思錄》

西塞羅的《西庇阿之夢》（*Dream of Scipio*）中也有類似的主題：

雖然感到驚奇，但我仍不時地將目光轉向大地。大西庇阿說：「我看得出來，你正在思忖人們居住之處。如果人們的住處在你眼中就像它實際上那麼狹小，那麼抬起頭來看看天國，再低頭看看人類。你在人類口中能獲得什麼聲譽？什麼名氣值得你去追求？

西塞羅，《國家篇》（*On the Republic*）

八、用幽默感來領略斯多葛哲學

我們來到了塞內卡提出的結論：

我們之所以深信自己的事務很重要，是因為我們十分渺小。

塞內卡，《天問》

關於人類的渺小卑微，馬可．奧理略——最專注這個議題的斯多葛學者——有非常明確的見解。人類卑微且仁慈：我們應該善待彼此並抱持幽默感，因為那些讓我們從目標分神的事物，根本不值得我們憂心。

日常生活中被高度重視的事物都很空洞、墮落且無關緊要；我們只不過是互咬對方的小狗，是又笑又哭又愛吵架的小孩……在這個世界裡，名聲沒有任何意義。所以呢？你就優雅地等待死亡——等待滅絕，等待進入另一個世界。在那個時刻來臨之前，要怎麼做才對呢？除了崇敬和讚美諸神、向他人施善、以寬容和節制對待他人之外，沒有其他該做的事。至於你的肉身與呼吸，要記住那既不是你的，也不取決於你。

馬可．奧理略，《沉思錄》

無意義地追求禮儀形式、沉迷於戲劇表演、羨慕擁有羊群或牛群之人、拿長矛與人作戰，就像把骨頭扔給小狗吃、把麵包屑扔進魚塘裡，也像螞蟻背著重物辛勤工作、小老鼠受到驚嚇匆忙跑走、小木偶被細繩線所操控。在面對這些事物時，你必須以幽默和不傲慢的態度做好準備——然而你也必須明白，一個人所關心的事等同於他的價值。

馬可・奧理略，《沉思錄》

要在斯多葛主義中取得進展，或者學到斯多葛主義的習性，有一部分可能取決於閱讀本章主張的能力，看看你能否在閱讀之後擁有更好而非更糟的幽默感，以及更宏大而非更渺小的目標。有人認為馬可・奧理略是一個很糟糕的勵志演說家，但就斯多葛學派而言，他算是一個還能讓人忍受的傢伙。

注釋——

① 湯馬斯・彭森・德・昆西（Thomas Penson De Quincey, 1785 C.E.–1859 C.E.）是英國散文家。
② 阿索斯山（Athos）是位於希臘東北部的一座半島山。
③ 格奈烏斯・龐貝（Gnaeus Pompeius Magnus, 106 B.C.–48 B.C.）是古羅馬的政治家和軍事家。
④ 迦太基（Carthage）是位於北非海岸（今突尼西亞）的城市，與羅馬隔海相望。古迦太基曾與古希臘爭奪地中海霸權，後又與古羅馬爭奪霸權，最後被羅馬共和國打敗，於西元前一四六年滅亡。羅馬軍隊後來在迦太基城原址附近建立新城。
⑤ 努曼西亞（Numantia）是一座已消失的凱爾特伊比利亞（Celtiberians）城市，遺址位於如今的西班牙索里亞省以北的加拉伊穆爾拉山（el Cerro de la Muela）。
⑥ 科林斯（Corinth）是希臘的歷史名城之一。

⑦馬庫斯・福利烏斯・卡米盧斯（Marcus Furius Camillus, 446 B.C.–365 B.C.）是古羅馬的政治家與軍事將領。

⑧卡索（Cæso Quinctius）是西元前五世紀的羅馬政治家和貴族。

⑨沃勒蘇斯（Volesus）是羅馬最偉大的貴族家族之一。

⑩列昂納托斯（Leonnatus, ?–322 B.C.）是亞歷山大帝將領及繼業者之一。

⑪大西庇阿（Scipio Africanus, 236 B.C.–183 B.C.）是古羅馬統帥和政治家。

⑫奧古斯都（Imperator Caesar Divi filius Augustus, 63 B.C.–14 B.C.）原名蓋烏斯・屋大維・圖里努斯（Gaius Octavius Thurinus），是羅馬帝國的開國君主。

⑬維斯帕先（Vespasian, 9 C.E.–79 C.E.）是羅馬帝國弗拉維王朝（Flavian dynasty）的第一位皇帝。

⑭圖拉真（Trajan, Marcus Ulpius Nerva Traianus, 53 C.E.–117 C.E.）是羅馬帝國的五賢帝之一。

⑮卡迪西亞努斯（Cadicianus），古代的長壽者。

⑯法比烏斯・馬克西姆斯（Quintus Fabius Maximus, 280 B.C.–203 B.C. 為古羅馬政治家及軍事家。

⑰尤利安努斯（Marcus Didius Severus Julianus, 133 C.E.–193 C.E.）是羅馬帝國的五賢帝之一。

⑱瑪爾庫斯・埃米利烏斯・列庇都斯（Marcus Aemilius Lepidus, 90 B.C.–13 B.C.）為古羅馬貴族政治家，統治羅馬的後三雄之一。

第四章 死亡

死亡對斯多葛學派而言具有兩種意義。首先，它可以被視為外在事物，因為它超出我們的控制範圍。我們可以加速死亡的進程，有時候甚至可以延後死亡，但死亡最終的到來並不取決於我們。死亡也是我們心靈必須面對的恐怖可能性。令人恐懼的外在事物正是斯多葛學派要分析的議題，因此死亡引起斯多葛學者長時期的關注。斯多葛學者認為我們很難精準看出死亡的本質，而且他們發現一般人對死亡的態度通常是非理性的。死亡到底是什麼模樣，沒有人知道，可是那似乎是一種無痛的狀態，不會讓我們的處境變得比出生前更差。他們也認為死亡和所有人熟悉的各種變化類似，是持續的過程，而非突發狀況。隨著時間經過，每天都有人從地球上逝去。斯多葛學者提出了各種論點來消除死亡帶來的恐懼，他們認為克服對死亡的恐懼是哲學最重要的成就之一，可以讓我們因此獲得極大的自由。

不過，斯多葛主義認為死亡這種外在事物不僅無須掩飾，更是他們觀點與靈感的泉源——是一種珍貴的助力，我們不必過度反應。死亡是我們活在這世界上的決定性特徵，斯多葛學者希望將至的死亡可以提醒人們好好把握活著的每一天。我們很快就會離開這世界的事實，能讓心靈產生一些與前一章觀點相符的變化。因此，斯多葛學派以默想死亡來激發自己的謙卑、無懼、節制及其他各種美德。

一、面對死亡：恐懼

在開始治療人類對死亡的恐懼或渴望之前，斯多葛學派依照慣例先分析人們一般對死亡的態度。斯多葛學者都是致力分析死亡恐懼的專家。

沒有人懷疑死亡蘊含某種激發恐懼的元素，那種恐懼甚至能撼動靈魂。大自然塑造我們的靈魂，我們因此熱愛自己的存在。倘若我們不熱愛自身的存在，就沒有必要做好準備、鼓起勇氣、以自發的本能面對最終必須邁向的終點，畢竟所有人都傾向於努力活著。

塞內卡，《書信集》

就真理而言，死亡並非邪惡的事物，儘管它表面上看起來很邪惡。我們心中深植著對自己的熱愛，而且對活著和生存充滿渴望，對死亡則懷有恐懼。死亡似乎會剝奪許多美好的事物，帶走我們所知的一切。此外，還有另一個因素使我們排斥死亡：我們已經熟悉活著時的一切，並且對未來要進入的死亡狀態一無所知。未知使人退縮……即便死亡是中立的，依然無法輕易地忽視它。

塞內卡，《書信集》

顯而易見的，死亡在斯多葛主義中具有深遠的重要性，與我們害怕的其他事物不同。有時候斯多葛學派只把死亡當成一種外在事物——而外在事物的意義，來自我們的心智如何形塑。因此，要克服的不是死亡，而是我們思考死亡的方式。

死亡和痛苦都不可怕，可怕的是我們對痛苦或死亡的恐懼……因此，我們應該以自信的態度面對死亡、以謹慎的態度面對死亡。可是我們現在是抱持相反的態度：不想迎接死亡，在談論對死亡的看法時也顯得草率、冷漠和輕忽。

愛比克泰德，《語錄》

什麼是死亡？是嚇唬小孩的面具。將它翻個面，仔細檢查一下。看吧，它不會咬人。可憐的肉身必須像我們活著之前那樣與靈魂分離，這是遲早的事。既然如此，如果你現在就得面對死亡，為什麼要感到困擾？即使不是現在，將來也得面對。

愛比克泰德，《語錄》

死亡本身根本沒什麼，可是我們擔心它很可怕。最好的結果就是讓它發生一次，不要一直在那裡威脅著我們……因此，盧基里烏斯，盡量勸自己抵抗對死亡的恐懼吧，因為那就是使我們難堪的東西，是擾亂並摧毀明明還有生命之人的東西，也是將地震和閃電等現象放大的東西。

塞內卡，《天問》

二、面對死亡：無畏

斯多葛主義者認為，得到免於懼怕死亡的自由是學習哲學的核心目標之一。擁有這種自由之後，其他的自由和好處也會隨之而來。一個不害怕死亡的人，在人生中腳步更輕盈，並且能擺脫其他許多恐懼，因為死亡是隱藏在那些恐懼背後的主要恐懼。塞內卡表示：

「那麼，他應該學什麼呢？」學習有助於對抗各種武器及各種敵人的本事——輕視死亡。

塞內卡，《書信集》

那些學會關於死亡之人不會被奴役，因為他將凌駕於各種權力之上，當然也會超越各種權力。監獄、束縛和牢籠，對他來說還有什麼好怕的？

塞內卡，《書信集》

藉著消除生活中的所有憂慮，能讓你對生活感到滿足。擁有美好事物的人不會感到快樂，除非他的心靈已經準備好失去這些好事。沒有什麼比失去也無傷大雅的東西更容易讓人放下。

塞內卜，《書信集》

在為活著做好準備之前，我們必須先為死亡做好準備。

塞內卡，《書信集》

其他人的見解：

哲學家的整個人生……就是為死亡做準備。

西塞羅，《圖斯庫路姆辯論》

正確理解「死亡對我們不算什麼」可以使有限的生命變得愉快。這麼做並非為生命提供無限期的時間，而是消除我們對生命不朽的渴望。如此一來，人生對我們而言已經不可怕了，因為我們已完全明白即使生命結束也沒有什麼好恐懼的。

伊比鳩魯，《給梅諾西烏斯的信》（*Letter to Menoeceus*）

> 在腓力[1]入侵伯羅奔尼撒[2]之後，有人告訴達明達斯[3]，如果斯巴達人不接受腓力的恩寵，將會遭受極大的痛苦。「懦夫，」達明達斯回答道：「不怕死的人怎麼可能會受苦？」亞基斯也被問到人們如何才能活得自由，他回答：「蔑視死亡。」
>
> 蒙田，《塞亞島的風俗》（*A Custom of the Isle of Cea*, 1580）

蒙田從普魯塔克的《斯巴達格言》（*Apophthegmata Laconica*）中擷取了這段文字。這段文字講述在西元前三四六年（或大約那段時期）馬其頓的腓力二世進攻斯巴達，斯巴達人不願臣服於他。腓力二世最後決定不征服斯巴達。亞基斯是斯巴達的國王，斯巴達的很多任國王都名為亞基斯。

三、面對死亡：態度

斯多葛學派因應恐懼死亡的方法，就和處置其他外在事物的方法一樣：透過理性看清其本質，並剝除其可怕的特徵。

死亡經歷的未知

如果以不公正的流言蜚語抹黑一個好人，會對那人造成什麼樣的傷害？我們在對死亡做出判斷時，也不該讓死亡受到同樣的傷害。死亡的名聲不佳，然而那些誹謗死亡的人都沒有親身經歷過死亡。

塞內卡，《書信集》

另請參考這段文字：

先生們，懼怕死亡只是自以為聰明，但其實一點也不，因為這種恐懼是出於自以為知悉其實不明瞭的事物。沒有人知道死亡到底是不是人類最大的祝福，可是人們都懼怕死亡，宛如他們早就知道死亡是最大的邪惡。

柏拉圖，《蘇格拉底的申辯》（*Apology*）

死亡是我們必須執行的最偉大任務，不過我們無法練習。我們可以用習慣和經驗來強化自己對抗痛苦、貧窮、羞愧和其他不幸的能力，但是我們只能死一次。關於死亡，我們都只是學徒。古代有人一絲不苟地利用他們的時間，甚至嘗試細細品味自己死亡的時刻。他們讓自己的思維轉彎，去發掘穿越死亡的過程，不過他們再也沒能夠回來分享他們的故事。

蒙田，《論身體力行》（*Use Makes Perfect*, 1580）

死亡的無痛

死亡的過程可能很痛，可是據我們所知，死亡本身並不痛。

想想看，死亡之後不會有疾病。關於死後世界的可怕，全都只是杜撰的故事。死人不必害怕黑暗的威脅，沒有煉獄，沒有炙熱的烈火，沒有遺忘河，沒有審判席，沒有被告。在如此自由的環境中，也不會遇見任何暴君。那些故事都是詩人想出來的，他們以空洞的恐懼擾動我們的想法。

塞內卡，《對瑪西亞的安慰》

死亡即將來到你的面前。如果它留著不走，那才是可怕的事。但必然的結果是，它要不就是不來，要不就是來了又走。

塞內卡，《書信集》

懼怕死亡的人要不就是害怕失去感覺，要不就是害怕會有另一種感覺。然而，如果你沒有感覺，就不會有任何不好的感覺。如果你有不同的感覺，那麼你就是一個不同的生命體，表示你活著。

馬可．奧理略，《沉思錄》

伊比鳩魯有類似的觀點：

讓自己習慣死亡，認定死亡對我們而言什麼都不是，因為所有的善惡都存在於感知，而死亡可以剝奪感知……死亡原本是不會帶來任何麻煩的東西，卻因我們預期它會發生而造成了無意義的痛苦。因此，死亡這種最可怕的邪惡，對我們而言根本不算什麼——因為當我們存在，死亡不存在；當死亡存在，我們已經不存在。

伊比鳩魯，《給門諾修斯的信》（*Letter to Menœceus*）

至於死亡本身，通常不會花很長時間。

我們並不是在準備面對死亡，因為死亡太短暫了。短短一刻鐘的痛苦，沒有後遺症，不會造成傷害，也不需要特別的指導。事實上，我們準備的是迎接死亡時的準備。

蒙田，《論相貌》（*Of Physiognomy*, 1580）

死亡即轉化

斯多葛學派認為死亡的到來是一種轉化，與我們所知的其他轉化並無太大不同。

不要鄙視死亡，應該對死亡感到滿足，因為死亡也是自然的一環。從年幼到長大，從成長到成熟；從長牙齒、長鬍子到長出白髮；生養下一代；從懷孕和分娩，到你生命中各階段帶來的各種自然運作——因此死亡也是自然運作的一環。這就是深思熟慮之人的想法：對死亡既不輕忽也不急躁，更不傲慢自大，而是把它當成大自然的運作之一，靜靜等候死亡到來。

馬可．奧理略，《沉思錄》

斯多葛主義更具體地將死亡視為物質轉變為其他形式的自然過程。

已死的事物不會從宇宙中掉出去。如果它還在這裡，就會在這裡發生變化，並分解成適合它的模樣。它分解之後仍是屬於宇宙和你自身的元素，這些元素也會變化，而且它們不會有任何埋怨。

馬可・奧理略，《沉思錄》

所以我將不復存在？是的，你將不復存在——可是宇宙現在需要的其他事物會繼續存在。同樣的，你來到這個宇宙的時間點不是由你所選擇，而是這個宇宙需要你的時刻。

愛比克泰德，《語錄》

從本質來看，宇宙就像蠟一樣。自然界塑造出一匹小馬，等到它分解，自然界又用這些材料塑造出一棵小樹，接著又塑造出一個小人，然後再做出別的東西。每一個東西都只存在相當短暫的時間。打破一個框架並不困難，簡單的程度就如同它沒有被固定住。

馬可・奧理略，《沉思錄》

與出生之前比較

斯多葛學派對死亡的一種經典回應，是思考它與我們出生之前的狀態多麼相似。以這種方式思考應該並不困難。

「什麼？」我對自己說：「死亡經常這樣考驗我嗎？那就盡量考驗吧！我自己也考驗死亡很長一段時間了。」「什麼時候？」你問。就在我出生之前……除非是我弄錯了，親愛的盧基里烏斯，我們都誤以為死亡是在我們出生之後才來的，但其實它總是超前我們，也緊追不放。無論我們在出生之前是什麼狀態，都與死亡無異。不管你的人生是根本還沒開始或者是已經結束，在這兩種情況下你都不存在，所以又有什麼差別？

塞內卡，《書信集》

「也許我沒有清楚表達出我覺得什麼才叫悲慘。現在的情況是，一般人覺得存在之後就完全消失是悲慘的。」但如果根本從來沒存在過，是不是更加悲慘呢？根據這個論點，那些尚未出生的人很悲慘，因為他們不存在。至於我們自己，如果我們死後是悲慘的，我們在出生之前也很悲慘。但是我不記得自己出生之前是悲慘的，所以我應該很高興得知你的記憶比我好，如果你記得自己出生前的情況。

西塞羅，《圖斯庫路姆辯論》

那些已經死去的人，回到了他們出生前的狀態。正如出生前的時間對我們而言沒有好壞之分，我們死亡後也沒有好壞之分；正如我們出生前的事物對我們而言無關緊要，我們死亡後的事物對我們而言也無關緊要。

普魯塔克，《對阿波羅尼烏斯的安慰》15（*Consolation to Apollonius*）

從充滿憂慮的世界進入自由國度卻還擔心不已，實在非常荒謬！正如我們的誕生讓身旁的萬物隨之誕生，我們的死亡也讓身旁的萬物隨之死去。因此，為了我們在一百年後無法活著而難過，就好比為了我們在一百年前沒有活著而難過。

蒙田，《探討哲學就是學習死亡》（1580）

與不合理的生物的比較

斯多葛學派有一項不斷重複出現的論點，指出理解力較差的生物（如兒童、愚人或動物）對於死亡和其他妨礙哲學家的事物毫無恐懼。從這些無畏的例子，我們可以得到一個靈感：更豐沛的理性不應導致哲學家比那些擁有較少理性之人或者豬隻還要糟糕。以下有些例子與死亡無關，但是都適用於死亡。

嬰兒、小男孩和那些瘋狂之人都不害怕死亡，因為他們被自身的單純引導，通往心靈的平靜。如果理性無法帶給我們與嬰兒、小男孩和那些瘋狂之人相同的心靈平靜，那麼理性就是可恥的。

塞內卡，《書信集》

「將心靈提升到可以蔑視生命的程度非常困難。」你說。可是，難道你沒看見人們有時候確實會因為瑣碎的原因而蔑視生命？有人在情婦家門前上吊，有人為了不想被脾氣暴躁的主人辱罵而從屋頂上跳下來，還有人在逃離主人之後不想被逮捕而舉劍自殺。難道你不認為美德和壓倒性的恐懼同樣有效嗎？

塞內卡，《書信集》

同樣的苦惱也降臨在另一個人身上，但要不就是他沒有發現那些問題已經發生，要不就是他故作驕傲，所以顯得堅定不移，完全沒受到影響。遺憾的是，愚昧無知與想讓人留下深刻印象的欲望都比智慧更為強大。

馬可．奧理略，《沉思錄》

哲學家皮浪曾在一場非常大的暴風雨中搭船。當時他指著船上一頭絲毫不害怕的豬隻給身旁那些害怕不已的人看，試著以豬隻為榜樣鼓勵他們。我們可不可以大膽地說：我們賦予理性極高的評價，認為理性使我們成為其他萬物的主人和統治者，它卻成為折磨我們的來源？如果知識使我們失去心靈的祥和以及無知者才有的平靜，並且讓我們陷入比皮浪的豬隻更糟糕的處境，那麼知識還有什麼用處可言？

蒙田，《善惡的觀念主要取決於我們自己的看法》（1580）

皮浪是出生於西元前四世紀的希臘哲學家，被認為是稱為懷疑主義的思想流派創始人。

解脫，必死的價值

馬可．奧理略對人性的看法給了他一個不怕死亡的理由：精確地來說，離開人類並不太讓人感到遺憾。

如果想得到一種可觸動心靈的大眾化安慰形式，最重要的就是透過以下的方式與死亡和解：觀察那些你將離開的事物，以及那些你將不必再互動的人。不要因為他們而動怒——相反的，你有責任關心他們，溫柔地忍受他們——但是你也要牢記：你可以藉著死亡遠離與你意見不同之人。與那些和我們意見相同的人一起生活，會讓人產生遠離死亡的動機，然而當你了解與他們一同生活的不和諧帶來多少麻煩，就足以讓你表示：「死神快點來吧，讓我也忘了自己。」

馬可・奧理略，《沉思錄》

以下段落與此脈絡相似，雖然與死亡沒有直接關聯，但是以相同的理由敦促人們脫離人生。

想想與你同住之人的生活習慣。那些人的生活習慣幾乎令你無法忍受，即使是最有成就的人。我猶豫著要不要說出來，但那些人的生活習慣就連他們自己都難以忍受。在這種黑暗與污穢中——在物質和時間不斷變化的潮流中，在天體運行和事物轉移不斷變化的潮流中——我想不出有什麼值得高度珍視或認真追求的東西。

馬可・奧理略，《沉思錄》

塞內卡反思生命帶來的痛苦與我們最終的衰亡，以及人們為了設法延長壽命的可恥行徑。他以此當成結論：死亡是禮物。

現在你無可否認，大自然使我們難逃一死是非常寬厚的。

塞內卡，《書信集》

蒙田從大自然的角度闡述這一點：

想像一下，對人類而言，比起我賦予你們的有限生命，長生不老是多麼難以忍受且更加痛苦的事。如果你不會死亡，你將永遠詛咒我剝奪了你死亡的權力。當然，我故意在死亡之中混入一點苦澀，以免它的好處讓你太早或太草率地擁抱它。為了讓你們維持我所期望的節制狀態，既不逃避生也不逃避死，我分別用快樂與痛苦來調和生與死。

蒙田，《探討哲學就是學習死亡》（1580）

四、死亡是漸進的

斯多葛學派試著透過消除對死亡的錯覺來與它成為朋友。錯覺之一是死亡要等到很久之後才會發生。斯多葛學者以多種方式試圖瓦解這種錯覺。首先，他們將死亡視為一種連續的過程，而非一樁事件。我們都正在慢慢死去，每天朝著生命的盡頭前進。

你能告訴我有誰重視他們的時間、知道每一天的價值、知道他們每天都在死去？我們認為死亡等在前方，但其實根本搞錯了。死亡大致上早就已經發生。無論我們活了多久，生命都掌握在死亡的手中。

塞內卡，《書信集》

我們不會突然倒下死去，而是漸漸邁向死亡。我們每天都在死去，我們生命的每一天都被一點一滴奪走。即使在成長歲月中，生命也漸漸衰落。我們失去嬰幼期、孩童期，然後失去青春。截至昨天，所有過去的時間就是我們失去的時間。而現在所過的這一天則是和死亡共享。死亡不是清空滴漏的最後一滴水，而是所有已經流出去的水。

塞內卡，《書信集》

為什麼要害怕人生的最後一天？這天並不會比其他任何一天更大幅度地將你推向死亡。最後一步不會造成你的疲勞，只是揭示出你的疲勞。每一天都是邁向死亡的一小步，最後一步便抵達死亡。

蒙田，《探討哲學就是學習死亡》（1580）

比較一下這段話：

每天都是一小段生命：每天醒來與起床都是小小的誕生，每個清新的早晨都是小小的青春，每次睡覺休息都是小小的死亡。

叔本華，《我們與自己的關係》（*Our Relation to Ourselves*, 1851）

五、善加利用死亡

斯多葛學派認為死亡是一種選項，而不是恐懼。這種選項會變成生命中勇氣的源泉。因此，可以結束自己生命的能力是一項重要的自由。倘若生活讓你無法忍受，愛比克泰德說：「走出去的門是敞開的。」

什麼是疼痛？只是一張可怕的面具。將它翻個面，檢查一下。我們可憐的肉身有時候會被粗暴地對待，有時候則被溫柔地對待。如果人生沒有善待你，走出去的門是敞開的。如果人生待你不錯，那就繼續過下去。

愛比克泰德，《語錄》

塞內卡說：

生命法則最棒的規定，就是生命只有一個入口，可是有許多出口。我必須等著承受疾病的摧殘或人類的殘酷嗎？我什麼時候才可以離開這些磨難並且擺脫煩惱？這也是我們不該抱怨人生的原因之一，因為人生沒有違背任何人的意願強留我們。人類處於有利的地位，不快樂都是自己造成的。如果人生適合你，你就好好活著；如果人生不適合你，你可以回到你原本所在的地方。

塞內卡，《書信集》

然而：

我們在兩種面向上都必須小心謹慎——不要太過喜歡人生或者痛恨人生。即使理性勸我們結束人生，也不該在未經反思或衝動魯莽的情況下採納這種想法。勇敢和睿智之人都不該倉皇逃離人生，而是應該自主退場。

塞內卡，《書信集》

蒙田說：

自願的死亡是最好的。我們的出生取決於他人的意願，但我們的死亡取決於自己。比起其他任何事，我們在這一點絕對不該推遲自己的感受。這件事與別人的想法無關，甚至連考慮別人的想法都顯得瘋狂。如果沒有死亡的自由，活著就形同被奴役。

蒙田，《塞亞島的風俗》（1580）

以下是關於這個議題的法則：如果偶然的事故造成你無法彌補的巨大不幸，請記得附近永遠有一座避風港。就像你可以游泳離開漏水的船隻一樣，只有傻瓜才會因為恐懼死亡（而非熱愛生命）死守著自己的肉身。

蒙田，《雷蒙・塞邦贊》（*An Apology for Raymond Sebond*, 1580）

六、生命愈長愈好？

死亡還在遠處的想法會讓人產生一種渴望，希望它停留在那裡，或者盡可能遠離——我們都誤把生命的長度當成最重要的事情。斯多葛學派的想法正好相反，因為他們更關心生命的品質，而非生命的長短。美德與榮譽都不是靠時間長短來衡量，能擁有它們的人就算是已經活得足夠。

人不在乎自己活得夠不夠尊貴，只在乎活得夠不夠長久。但活得夠不夠尊貴可以自己決定，活得夠不夠長久則超出我們的掌控範圍。

塞內卡，《書信集》

重要的不是你能活多久，而是你能活得多好。而且活得好通常表示不能活太久。

塞內卡，《書信集》

如果你在一趟旅行中停在半途，或者停在目的地另一頭的任何地方，你的旅行就不完整。然而只要活得光榮，人生就不會不完整。無論在人生的哪個階段離開，只要高尚地離開，你的人生就很完整。這是真的。一個人必須英勇地離開，但不一定要出於重要的理由，因為將我們留在這世界的理由也不是很重要。

塞內卡，《書信集》

宇宙漫遊之人永遠不會厭倦真理，他們只厭惡虛假的事物。另一方面，如果死亡的召喚來臨，即使它的到來不合時宜，即使它使你英年早逝，你也會享有最長壽之人所得到的一切。你會深刻了解這個宇宙，你會明白可敬的事物無關乎存在的時間長短。在那些以快樂來衡量生命長度的人面前，所有的生命都顯得短暫，因為快樂這個理由是不受約束的。

塞內卡，《書信集》

你問最棒的壽命是多長？最棒的壽命是活到你得到智慧。得到智慧的人並非達成最久遠的目標，而是達成最重要的目標。事實上，這個人可以放肆地恭喜自己並感謝諸神——同時感謝自己——認為自己已經在這世界上真真切切地活過。他的人生是豐足的，他把更好的人生回饋給這世界，這種人生比他當初獲得的人生還要棒。

塞內卡，《書信集》

雖然受人讚揚在斯多葛學派的目標清單上排名不高，然而普魯塔克的這項評論與剛才所討論的內容具有相同的精神。

> 活得最久不是最棒的人生，活得最好才是最棒的人生，因為得到讚揚的人並非演奏過最多次七弦琴、發表過最多回演講、駕駛過最多艘船隻，而是把這些事情都做好的人。
>
> 普魯塔克，《致阿波羅尼烏斯的信》（*Letter to Apollonius*）

反過來說：微不足道的人生其實很短暫。

> 你沒有理由認為有白髮或皺紋的人就表示活得很久。他沒有活得很久，他只是存在了很久。你以為某人擁有偉大的航海經歷，但事實上他的船一駛離港口就遇上猛烈的暴風雨，還被來自不同方向的強風吹來吹去，以致在單一航線上不停地繞圈子。他沒有偉大的航海經歷，只是被深深地折磨。
>
> 塞內卡，《論生命的短暫》（*On the Shortness of Life*）

> 「他沒有活得像他應該活的那麼長。」如同有些書裡只有短短幾句話，卻依然令人欽佩且讓人受益無窮，與書本的厚度無關。但也有《塔努修斯編年史》這種書籍——你知道這套書多麼厚重，也知道人們對這套書的評價。有些人的長壽就像這樣——和《塔努修斯編年史》一樣！
>
> 塞內卡，《書信集》

塞內卡所指的似乎是西元前一世紀的歷史學家塔努修斯．傑米努斯，這位作家顯然喜歡長篇大論，但是他的作品流傳下來的並不多。卡圖盧斯①是與塔努修斯．傑米努斯年代差不多的羅馬詩人，他曾取笑當時的某位歷史學家，表示該人的作品為「cacata carta」（這個詞彙如果禮貌性地翻譯，是廁紙的意思）。有個學派認為卡圖盧斯這段評論是暗指《塔努修斯編年史》，這也正是塞內卡在刻意不指名道姓的情況下提到「人們對這套書的評價」的意思。

前面那段文字中提到的死者是麥卓納克斯，他是塞內卡的朋友。麥卓納克斯這個名字將在第七章第八節中再次出現。

七、死亡的方式

無畏死亡被斯多葛學派視為偉大的成就。當死亡來臨，如何面對死亡被視為是對這種成就以及自身性格的考驗——也許這是最真實的考驗。

> 這就是我的意思：你們的辯論內容及充滿知識的言談、你們從智者教義中學到的格言、你們富有教養的對話——這些都不能證明你們靈魂真正的力量。大膽的言論可以來自膽小的人。你們取得的成就，只有在嚥下最後一口氣時才能顯現出來。我接受死亡，我不怕最後的審判。
>
> 塞內卡，《書信集》

人生就像一齣戲：重點不是這齣戲多長，而是內容多好，因此你什麼時候停止都沒差。在你自己選擇的時間點結束，但是一定要給它一個好結局。

塞內卡，《書信集》

我可以向你們展示，不光勇者輕鬆看待靈魂吐出最後一口氣的瞬間，還有一些在其他方面表現不出色的人，在這件事情上也能與最勇敢之人的精神相提並論。想想龐貝的岳父西庇阿②，他被逆風吹回非洲，並眼睜睜看著敵人攻占他的船。他親自舉劍突破重圍，當他的手下問：「指揮官在哪裡？」他回答：「指揮官沒事！」這句話使他與他的祖先大西庇阿平起平坐，沒有斷送大西庇阿傳承下來的榮耀天命。征服古迦太基③是他的偉大事蹟，但是征服死亡是他更偉大的事蹟——「指揮官沒事！」

塞內卡，《書信集》

塞內卡所指的西庇阿——有時候被稱為梅特勒斯．西庇阿——是一位指揮官。他和小加圖一樣，在羅馬內戰中反對凱撒，而且他也和小加圖一樣在戰爭結束時自殺身亡。在梅特勒斯．西庇阿的祖先中，塞內卡認為最突出的是大西庇阿，大西庇阿這位羅馬將軍在大約一百五十年前的第二次布匿戰爭中擊敗漢尼拔④。梅特勒斯並非西庇阿家族中最令人印象深刻的一位——而且恰恰相反。不過人們認為他死得很光彩。

我們再透過蒙田回到原本的主題：

有人問伊巴密濃達，在查布里亞斯、伊菲克拉斯特或他自己之中，哪一個人應該得到最崇高的敬重。他回答：「你必須先看我們死去，然後才能決定。」

蒙田，《死後才能評定是不是幸福》（*That Men Are Not to Judge of Our Happiness Till After Death*, 1580）

上述幾位人物都是軼事中在西元前四世紀為了雅典或底比斯而與斯巴達作戰的希臘將軍。

八、死亡，如此普遍又如此平等

斯多葛學派認為死亡是每個人共同的命運。

因此我們可以從這種想法中獲得最大的安慰：即將降臨在我們身上的事，前人也曾經遭遇過，後人也會遇上。在我看來，因為這種最令人難以忍受的自然遭遇具有普遍性，命運的平等可以讓我們在面對殘酷時得到一絲安慰。

塞內卡，《對波利比烏斯的安慰》

注定要死去的眾人將跟隨你的腳步，有多少人陪伴著你！我想，如果有成千上萬人與你一同死去，你會感到更勇敢。此外還有成千上萬的生命，無論是人類或動物，在你因為面對死亡而優柔寡斷的此刻，正以各種方式吐出最後一口氣息。

塞內卡，《書信集》

死亡讓所有人平等，這可能會鼓勵人們在生活中寬宏大量。

當馬其頓的亞歷山大大帝和他的騾車駕駛死去，人們得到相同的見解：這兩人要不就是被吸回產出他們的相同起源，要不就是同樣被分散在原子微塵中。

馬可．奧理略，《沉思錄》

為什麼要對你的奴隸、你的主人、你的老闆、你的客戶發怒？稍待一會兒，你看，死亡來了，你們全都平等了。

塞內卡，《論憤怒》

此刻在論壇爭吵的人、在劇院看戲的人、在寺廟祈禱的人，都以不同的速度走向死亡。無論是你喜愛和崇敬的人，或是你鄙視的人，最後都將平等地變成一堆灰燼。

塞內卡，《對瑪西亞的安慰》

我們生來不平等，可是我們死得平等。關於城市及城市的居民，我也說了同樣的話：阿爾代亞⑤被占領了，羅馬也被占領了。生命的創造者並不會依據血統或祖先是否傑出來區分我們——只有我們活著的時候才會如此。

塞內卡，《書信集》

阿爾代亞是位於羅馬南部的一個古老城鎮，曾經被薩莫奈人（來自義大利南部的部落）劫掠。在塞內卡的時代，阿爾代亞的人口十分稀少，以瘧疾氣候和生長在附近的帝國象聞名。

九、接近死亡

斯多葛學派克制了對死亡的恐懼之後，就把死亡視為一種資源——既是驕傲的補救措施，也是智慧的指導教師。因此，斯多葛學派追求親近死亡而非遠離死亡。斯多葛學者發現死亡比我們想像中的還要接近，但他們指出這一點並非為了引起焦慮，而是為了消除焦慮。死亡不是慢慢逼近的可怕事物，而是一直待在我們身邊。我們最好把它當成在剩餘時光好好過日子的理由。

壯碩的公牛會因為小小的傷口而倒下，力氣巨大無比的生物會被人類之手擊敗……靈魂即使深深退避也無法隱藏，你不必動刀就能將之剷除；淺淺的傷口就可以傷及要害，死亡近在咫尺。

塞內卡，《論天命》

土匪或敵人可以拿刀抵著你的喉嚨。奴隸雖不是你的主人，卻也能左右你的生死。因此我向你宣告：凡是蔑視自己生命的人，就能成為你的主人。

塞內卡，《書信集》

如果你認為只有航行在遠洋上才可能遭逢生死一瞬間，那麼你就錯了。在任何地方都可能遭遇生死一瞬間。雖然死神不會在每個地方都突然出現，然而無論在什麼地方，他都近在咫尺。

塞內卡，《書信集》

事實上，危難和風險幾乎很少或不會讓我們更接近死亡。除了眼前對我們最大的威脅之外，如果再考量其他籠罩在我們頭上的百萬種威脅，我們就能意識到無論我們健康或生病、在海上或在家裡、在戰爭中或在休息中，死亡都同樣接近我們。

蒙田，《探討哲學就是學習死亡》（1580）

梅爾維爾⑥是塞內卡和蒙田的讀者。

所有人都活在捕鯨隊的世界裡，所有人的脖子都從一出生就套著韁繩，但只有當我們陷入快速且突然的死亡轉折時，凡人才會意識到生命中那些無聲無息、不可思議、永遠存在的危險。如果你是哲學家，即使坐在捕鯨船上，心中的恐懼也不會多過手拿撥火棒而非魚叉坐在壁爐前的夜晚。

梅爾維爾，《白鯨記》（1851）

塞內卡提出一個相關的見解：造成恐懼的原因無處不在，但奇怪的是，這反而可以減少我們對任何、或所有這些原因的恐懼。既然任何事物都可能在任何時間殺死你，你不妨繼續前進，不必擔心。

我說，任何可能滅亡以及導致滅亡的事物都不會有恆久的和平，但我認為這個事實能撫慰人心，而且是非常強大的安慰，因為只有愚蠢之人才會抱著沒有補救措施的恐懼……如果你希望自己什麼都不怕，那就把所有的事物都當成可怕的東西。

塞內卡，《天問》

十、與死亡的親密關係

人類與死亡的接近，與斯多葛學派在腦中隨時牢記死亡的論點契合。斯多葛學派建議我們經常想著死亡，因為他們發現死亡有助於美德，完全無須爭論。

經常思考生命的短暫以及我們短暫人生的無常，最能幫助人們有所節制。無論你在做什麼，隨時都要想著死亡。

塞內卡，《書信集》

讓死亡、流放和所有其他看起來可怕的事物每天出現在你眼前，但最重要的是死亡。你將因此不再懷有任何低落的想法，也不再對任何事物抱持奢侈的欲望。

愛比克泰德，《師門述聞》

千方百計想延長壽命的人無法擁有平靜的生活，認為多次擔任執政官才是莫大祝福的人也無法擁有平靜的生活。只要每天反覆練習這個想法，你就可以平心靜氣地放棄這種被許多人緊抓不放的生活。那些人被湍急的溪流沖走時，都還緊緊抓著荊棘和尖石。

塞內卡，《書信集》

蒙田表示：

讓我們除去對死亡的陌生感，讓我們花時間與死亡相處，讓我們習慣死亡，讓我們更頻繁地清空腦中的一切，讓我們隨時想像死亡的各種面向。當馬匹失足、磚瓦掉落，當我們被針輕輕刺到，我們要立即產生這個想法：「如果我們就這樣死去呢？」

蒙田，《探討哲學就是學習死亡》（1580）

約翰遜表示：

在這個世界上，我們的欲望、悲傷和恐懼就是干擾我們快樂的東西。經常思考死亡，就是對這一切明確且適當的補救措施。

約翰遜，《漫步者》第十七期（1750）

伊比鳩魯在這個主題上表達得十分簡潔。

想想死亡。

伊比鳩魯，引述自塞內卡《書信集》

十一、以死亡為靈感

正如我們所讀到的，斯多葛學派把對死亡的反思視為減少懼怕死亡的一種方式。這也是我們把握生命的動機及鼓動人心的泉源。馬可．奧理略對後者有進一步的評論：

品德的完美在於把每一天都當成最後一天，既不激動也不麻木，而且不要假裝。

馬可．奧理略，《沉思錄》

想像自己已經死了，想像你迄今的人生已經結束了。你多出來的人生，就順其自然地過活。

馬可．奧理略，《沉思錄》

你隨時都會死，但你還不願意簡單坦率地生活。你的心靈不平靜，還在懷疑自己可能會被外在事物傷害。你沒有善待每一個人，也不認為表現公正才是明智之舉。

馬可．奧理略，《沉思錄》

塞內卡的見解：

我們必須把「相信自己」已經活得夠久當成目標。

塞內卡，《書信集》

我們應該整理自己的心靈，假裝自己已經走到人生的盡頭。不拖延任何事，平衡每一天的生活。

塞內卡，《書信集》

收到多少財富就盡量給出多少財富，要記住財富不能代表任何事。要從你的孩子身上得到快樂，也讓你的孩子從你身上找到快樂。毫不遲疑地把快樂表現出來，因為誰也不能保證有明天——不，我已經拖延太久！——甚至連此時此刻都不該再拖延。我們必須趕快，敵人就在我們身後！

塞內卡，《對瑪西亞的安慰》

注釋

① 卡圖盧斯（Gaius Valerius Catullus, 約 87 B.C.－約 54 B.C.）是古羅馬詩人。

② 梅特勒斯．西庇阿（Metellus Scipio, 95 B.C.－46 B.C.）是古羅馬參議員和軍事指揮官。

③ 古迦太基（Carthage）是西元前七世紀至前二世紀以北非突尼西亞沿岸迦太基城為中心所興起的文明。

④ 漢尼拔．巴卡（Hannibal Barca, 247 B.C.－183 B.C.）是北非古國迦太基著名的軍事家。

⑤ 阿爾代亞（Ardea）是位於義大利羅馬的一個城鎮。

⑥ 赫曼．梅爾維爾（Herman Melville, 1819 C.E.－1891 C.E.）是美國的小說家、散文家和詩人，最著名的作品是《白鯨記》。

第五章　欲望

一、貪得無厭
二、自然與非自然欲望
三、追求與擁有
四、厭惡擁有的事物
五、嫉妒
六、欲望和意見
七、有用的比較
八、失去的省思

我們在第一章讀到斯多葛學派的基本主張：**我們不是對事物做出反應，而是對自己關於事物的判斷做出反應**。不過，這不表示我們的判斷一定是錯的。事實上，人們可能會認為斯多葛學派的這項主張沒有意義。因為，如果我們渴望或害怕某事物，這種渴望或恐懼是源自我們對該事物的想法，但或許這些想法是正確的。但我們要如何知悉自己的想法是否正確呢？

第二章為這個問題提供了一般性的回答：**我們對於外在事物的情感依戀是陷阱**。接著我們在第三章和第四章開始看到具體的答案，那兩章告訴我們斯多葛學者認為我們誤判了時間、空間和死亡。本章將進行一系列更深入的探究，討論我們關於世界所做的一些更具體的判斷。對斯多葛學者而言，「一切都只是看法」的概念變成一種正當理由，讓他們更仔細地逐一檢視我們的思維，看看我們的思維是否符合理性、符合我們對人性的了解。簡單來說，斯多葛主義認為我們大部分的苦難都受到我們對未來的欲望和恐懼以及對現今的快樂和痛苦所驅動。本章將先探討欲望——欲望如何影響我們，以及我們應該如何更加理性地處置欲望。

我們已經指出斯多葛學派的每一位老師都有特殊專長——愛比克泰德專精於外在事物，馬可．奧理略專精於觀察事物的視角。至於本章最重要的心理學議題，斯多葛學派中最優秀的專家是小塞內卡。塞內卡和我們稍後看到的其他人，都很早就意識到每個世代的大多數人經常以最艱難的方式習得這種心靈傾向：人們總是最渴望自己沒有或無法得到的東西，並認為追求某事物比擁有該事物更令人愉悅，而且在擁有某事物並熟悉該事物之後往往會產生冷漠與厭惡。我們錯估了自己擁有與否之事物的價值，因為將它們與我們的期望相比，或者與別人所擁有的事物相比。總而言之，我們一直以誤導的方式與自己談論欲望。斯多葛學者試著提供更精準的表達方式，避免非理性思考的建議，並且幫助我們以智取勝。

一、貪得無厭

斯多葛學者對欲望的第一種觀察，是人們在獲得想要的東西之後往往無法產生想像中的滿足感，只會想要得到更多。當欲望失效，又會有新的欲望出現；我們的心靈似乎對欲望本身具有渴望，誤以為實現欲望就能把我們帶到終點，但其實永遠不會抵達終點。

誰在達成祈求的願望後真的能感到滿足？

塞內卡，《書信集》

為什麼要等到沒有任何東西可以渴求時才肯停止呢？那個時刻永遠不會到來。我們總說命運是由一連串的目標組合而成。同樣的，還有一連串的欲望：一個欲望會在另一個欲望的盡頭處誕生。

塞內卡，《書信集》

你將會透過經驗了解這些真理：被高度重視的事物，人們會努力得到，然而一旦人們擁有它們，就會發現那些對自己完全沒有用處。至於還沒有得到的人，會想像自己一旦擁有它們，所有美好的一切也會是自己的。然而等到他們也得到那些事物之後，欲望不會改變，不安也不會改變。他們同樣厭惡自己已擁有的事物，也同樣渴望自己沒有的事物。

愛比克泰德，《語錄》

混亂的物質欲望經常被用來解釋其他相似類型的欲望泉源。

這些危險的東西，在有所期盼時會比實際獲得時感覺更好！如果這些東西有什麼實質上的好處，它們最後就能為我們帶來滿足感，但事實上它們只是會讓你更加口渴的飲料。

塞內卡，《書信集》

難道你不知道酒癮對於發燒之人會產生什麼作用嗎？這與身體健康之人的酒癮完全不同。健康之人喝酒後就不再口渴，但生病之人只能開心一會兒，然後就感到噁心。他喝下的酒會變成膽汁，他會嘔吐，會肚子痛，而且會更加口渴。渴望財富與擁有財富、渴望權力與擁有權力、渴望和美女同床共枕，都像生病之人想靠著喝酒解渴一樣。

愛比克泰德，《語錄》

累積黃金、堆放白銀、打造有遮頂的步道、家裡養一群奴隸、城裡都是欠你錢的債務人，除非你躺下來平息靈魂的激情、約束貪得無厭的欲望，並且擺脫自己的恐懼和焦慮，否則你只是替發燒的人斟酒、為罹患肝病的人送蜂蜜、為腹瀉的人擺設豪華的筵席，既無法阻擋他們吃喝，但也無法讓他們得到任何好處，反而會使他們的病情惡化。

普魯塔克，《論美德與惡行》

這個在斯多葛哲學中常見的主題——幻想欲望被滿足後能讓我們進入嚮往的心靈狀態（根本不可能）——其諸多旁支及傳承者都接著繼續研究。

已經擁有超出足夠分量但仍渴望更多物資的人，就算給他金、銀、馬、羊和牛，他也不會感到滿足。補救方法是驅逐有害的根源，並洗滌他的心靈，因為他的問題不是貧窮，而是不知足與貪婪，原因來自他有所偏差及未經反思的判斷力。除非有人像除掉條蟲一樣從他腦中除去這一點，否則他將永遠不會停止尋求冗贅的事物——也就是說，他會一直想要他不需要的東西。

普魯塔克，《論財富之愛》（*On Love of Wealth*）

我們得到的事物與知識都無法帶來滿足。我們只會氣喘吁吁地追逐未知和未來的事物，因為現有的事物對我們永遠不夠。我個人認為，這並不是因為現有的事物缺少滿足我們的條件，而是我們以不健康和不恰當的理解方式擁有它們。

蒙田，《論凱撒的一句話》（*Of a Saying of Cæsar*, 1580）

一種思考金字塔的新方法：

我認為金字塔是人類對享樂仍不滿足的紀念碑。國王擁有無限大的權力，他的寶藏超乎所有真實與想像的渴望，但他還要透過建立金字塔來滿足自己缺乏品味的統治樂趣，在無趣的晚年藉由觀看成千上萬名工人不眠不休地勞動來獲得樂趣，命令那些人毫無意義地將一塊石頭堆疊到另一塊石頭上。無論你是誰，如果你對平庸的生活感到不滿，一心只想著皇室輝煌的樂趣，並幻想權力或財富可以永遠滿足你新奇的欲望，請看一看金字塔，承認自己的愚蠢。

約翰遜，《拉塞拉斯》（*Rasselas*, 1759）

叔本華提供了一些有趣的論點來解釋斯多葛學派的觀察。

當好運降臨，我們的要求會不斷增加，因為我們沒有辦法加以調節。這種不斷膨脹的感覺，便是樂趣之所在，可是這種樂趣持續的時間僅止於膨脹的過程，當欲望不再膨脹，樂趣也會跟著畫下句點。由於我們已經習慣了不斷增加的欲求，因此根本不在乎多少財富才能滿足我們。

叔本華，《人生的智慧》（1851）

沒有絕對或確定的財富數量可以滿足我們。這個數量是相對的概念，也就是說，是我們想要的東西與得到的東西之間的比例。如果只用得到的事物來衡量自己的快樂，而沒有把期望得到的事物一併納入考量，就好比嘗試表達一個只有分子但沒有分母的分數一樣徒勞。只要我們根本沒想過能得到某些東西，就不會覺得自己失去什麼，因為沒有這些東西我們也一樣快樂。有人可能擁有超過我們上百倍的財富，卻因為還沒得到自己想要的某個東西而痛苦萬分。

叔本華，《人生的智慧》（1851）

二、自然與非自然欲望

斯多葛學派有時候會以「不自然」來解釋無底的欲望。我們有兩種欲望，有些欲望是天生的，例如飢餓。這些欲望是有限的，可以完全滿足。當然，這種欲望會反覆出現，因為滿足感不會永久存在，但是對它們的衡量標準是明確的。我們會進食，直到不覺得餓，而且昨天讓我們感到滿足的食物，今天仍可以讓我們感到滿意。至於其他欲望，例如對地位的渴求，是由社交生活所產生，或者是因為我們對不需要之事物的欲望受到刺激才產生。這種人為的欲望永遠無法得到完全滿足，而且滿足它們不如我們想像中的那麼令人愉快，我們會在人為欲望中不斷尋求更新鮮且更高遠的目標。由於人為的欲望與特定需求無關，所以沒有自然的停止點。

> 每一個不是來自需要而是來自邪惡的欲望，都具有類似的特質。無論累積了多少，都無法停止這種欲望，反而只會增加。將自己限制在自然欲望中的人不會感到貧窮，但欲望超出自然範圍的人，即使擁有最多的財富，也會被貧窮追著跑。
>
> 塞內卡，《對赫爾維亞的安慰》（*Consolation to Helvia*）

衡量哪些是必要事物非常有用，然而什麼標準可以限制不必要的事物呢？人們因為不必要的事物而沉溺於快樂，一旦他們習慣了這種快樂，就會難以抽身。因為這樣的理由，這種人非常可憐——他們遇上了難關：以前對他們來說非必要的東西，如今變得不可或缺。

塞內卡，《書信集》

讓有錢人的財產為你而堆積！想像財富帶著你走進超出你自身收入的境界：它用黃金覆蓋你，用紫色裝扮你，領你走向奢侈富裕的層級，讓你在地面鋪上大理石。你不僅能擁有財富，還能在財富上行走。你還在家裡加添雕像、繪畫和為滿足奢華而設計的各種藝術品。這一切只會讓你想要渴求更多。自然的欲望是有限度的，因看法偏差而萌生的欲望則永無止境。錯誤的欲望沒有終點站。旅途必須有其終點，徘徊永遠不會有盡頭。

塞內卡，《書信集》

後來有一些不錯的修正意見如下：

自然欲望的法則教導我們哪些才是我們合理需求的東西。聖人告訴我們只要根據自然欲望，沒有人是窮人，但若按照俗見，大家都覺得自己很窮。聖人巧妙地區分自然的欲望以及來自我們混亂想像的欲望。有限度的欲望出於自然，不斷出現且永無止境的欲望則來自我們自己。物質的貧窮容易治癒，精神的貧窮無可救藥。

蒙田，《論意志的掌控》（*Of Managing the Will*, 1580）

人的欲望會隨著他擁有的事物增加而增加，他往前走去的每一步都會將一些他沒見過的事物帶入他的視野，一旦他看到那些事物，就會開始渴望那些東西。沒有需求的時候，好奇心就上場了。

> 當我們得到了自然欲望所需要的一切，就會開始想著人為欲望想要得到的東西。
>
> 約翰遜，《漫步者》第三十期（1758）

第六章第八節將進一步探討這個主題。

三、追求與擁有

斯多葛學派發現的另一個騙局是：當我們朝某個目標努力，會想像著實現這個目標後能帶來多少快樂，然而追求的過程比得到追求之事物更令人開心。

> 哲學家阿塔羅斯曾經說過：「交朋友的過程比擁有朋友更令人愉快，畫家繪畫時比完成作品時更加開心。」一個人專注於自己的工作時，這種全神貫注會為他帶來極大的喜悅。當他完成創作之後，快樂就不再那麼強烈了，因為他現在享受的是他的藝術成果，但他繪畫時享受的是藝術本身。
>
> 塞內卡，《書信集》

阿塔羅斯是一位斯多葛哲學家，也是塞內卡早期的老師之一。塞內卡形容自己當時「幾乎霸占教室，總是第一個抵達、最後一個離開」（《書信集》）。塞內卡的父親形容阿塔羅斯是他那個時代最不可思議也最能言善道的哲學家。

葛萊西安諾：所有的事物追逐時比享受時更令人感到精神奕奕。

莎士比亞，《威尼斯商人》（*The Merchant of Venice*）

期待著享受的快樂往往超越真正獲得享受時的快樂，幾乎每個願望在完成時都令人感到失望。

約翰遜，《漫步者》第七十一期（1750）

四、厭惡擁有的事物

關於欲望，一個內容相關但特殊的斯多葛法則是：擁有一個事物，往往會讓人對該事物產生冷漠或輕蔑之感。有時候這是因為終於擁有自己想要的東西會顯露出它的不重要。

你認為自己所追尋的東西是崇高的，因為你離那些東西很遠。對於接觸過的人而言，那些東西既渺小又卑微，如果他不想得到其他更高更遠的事物，你可以說我是錯的。你所認為的頂端，只不過是梯子上的一級。現在的人都因為不懂真理而受苦，只能被別人欺騙，誤以為目標很好就苦苦追尋。他們遭遇了諸多痛苦才實現那些願望，結果發現那些目標其實很邪惡或很空虛，或者不如他們預期的那麼重要。

塞內卡，《書信集》

請比較叔本華的觀點：

獲得我們想要的東西之後，就會發現它毫無價值。我們總是活在對美好事物的期望中，與此同時，我們也經常渴望屬於過去的東西並且深深懺悔。

叔本華，《論存在的虛榮》（*On the Vanity of Existence*, 1851）

斯多葛學派認為不只這麼簡單。任何事物一旦被人擁有，就會失去使人感到滿意的力量，不僅因為我們可以更實際地看待它，也因為「擁有」的事實改變了我們對該事物的感受。沒有任何一種擁有或刺激在經過長時間曝光後還能留下相同的印象。

難道你沒有意識到萬物都因為熟悉感而失去了力量嗎？

塞內卡，《天問》

我們在追尋某種利益時會最看重它，一旦得到之後，就不會那麼看重。

塞內卡，《書信集》

那些渴望財富的人，會與已擁有財富的人比較鈔票的價值嗎？那些尋求政治地位的人，會與已獲得最高榮譽的人切磋野心嗎？看見這些顯赫之人不斷地追求新事物並鄙視以前想要得到的東西之後，他們肯定會因此改變自己的欲望，因為世上沒有人滿足於自己的成功，即使成功從不間斷。

人們會抱怨他們的計畫以及抱怨他們得到的東西。他們總是比較想要自己未能得到的東西。

塞內卡，《書信集》

以下的例子不屬於個人層面，而是社會層面。這個例子來自塞內卡去拜訪大西庇阿的別墅：

在西庇阿的浴場裡有幾道小縫隙——你不能將之稱為窗戶——那些小縫隙從石牆上切割出來，可以讓光線透進室內，但不會削弱築壘的防禦功能。然而現在人們認為除非浴場規畫良好，否則浴場就只是個養飛蛾的地方——陽光必須整天從最寬闊的窗戶照進浴場、人們必須可以同時在浴場洗澡和將皮膚曬成古銅色、洗澡的人可以直接從浴缸看見陸地和海洋——就是這樣。那些剛開業時吸引人潮並引來讚美的浴場，後來都乏人問津。一旦奢侈品找到超越自己的新方法，原本的設計就會被人視為老舊。

塞內卡，《書信集》

蒙田仔細觀察了熟悉感和厭膩感對我們情感的腐蝕效果。

我為自己靈魂中的某項缺陷而苦惱，我不喜歡它的不公正，更不喜歡它所造成的麻煩。我試著糾正，可是無法從根剷除。我輕視自己擁有的事物，只因為我擁有它們；而且我太高估外在事物——那些我尚未擁有的東西，不屬於我的東西……擁有的事實導致我們蔑視自己已持有和有所控制的所有事物。

蒙田，《論預言》（*Of Presumption*, 1580）

最能讓人感到索然無味和食不下嚥的原因，就是分量過於豐足。一口氣看到三百個女人任憑你擺布，還會有什麼欲望可言？就像土耳其人的後宮一樣。如果每次狩獵都帶著七千個鷹獵者一起行動，祖先傳承下來的狩獵活動還有什麼樂趣可言？

蒙田，《論我們之間的差別》（1580）

約翰遜也針對這個議題發表了評論。

眾所周知，身體的感覺在很大程度上依賴新鮮感，因此習慣會剝奪許多事物帶給人們快樂或痛苦的力量。因為這個緣故，新衣服穿過之後就不算什麼了，美食的口感也會變得與最初令你厭惡的菜餚沒有什麼不同……相同或類似的情況也會對心靈產生立即的影響：罕見的東西或突然發生的事件最能強烈打擊或影響我們，但最重要的事物在變得熟悉之後，我們就不會再感覺到它的美妙或牽掛。起初占據我們所有注意力、不留一點空間給其他思緒的事物，很快就會被推到一旁，丟進某個角落的思想儲存庫裡，或躺進某堆記憶廢材中，被我們忽視。

約翰遜，《漫步者》第七十八期（1750）

這就是人類的空虛感，總是對現有的事物感到不耐煩。我們在達到成就之後就會忽視成就，順利擁有某事物之後就會對它生厭。希臘諷刺詩人關於婚姻的惡意言論或許也適用於日常生活的其他面向，意即擁有某事物只會有兩天感到快樂：擁有的第一天和最後一天。

約翰遜，《漫步者》第二〇七期（1752）

約翰遜可能是將西元前六世紀希臘詩人希波納克斯①的糟糕言論加以美化：「女人只有兩天感到快樂：結婚那天和死去那天。」

本節的主題可能是當前心理學家有時稱為「適應」的某種觀點——這種後續傾向，是在習慣身旁事物之後就不再注意它們。斯多葛學派熱中於學習適應及其運作方式，其中有些適應有所幫助，也有些會使我們變糟。比方說，適應與第一章有關，因為習慣某種狀況會使我們認為該狀況是自然且無可避免的，但事實並非如此。我們在討論災禍問題時，也與適應有所關聯，因為適應有助於管理面對災禍的心態。適應亦是許多欲望的根源，因為它損害我們從已擁有的事物中找尋快樂的能力，進而驅使新的欲望萌生。斯密將這種現象巧妙地與斯多葛學派另一項更宏大的觀點相互連結。

> 可以確定的是，所有人遲早都會習慣自己的永久處境，而且或許還會讓我們因此覺得斯多葛學派迄今為止所說的話都沒錯：就真正的快樂而言，在一種永久處境和另一種永久處境之間並沒有基本差別；或者，即便有任何差別，也只是讓它們成為簡單的選擇或偏好，不會變成嚴肅或令人焦慮的欲望；反過來也是，簡單的拒絕，適合被擱置一旁或避免選擇，不會導致任何嚴肅或令人焦慮的厭惡感。
>
> 斯密，《道德情操論》（1759）

五、嫉妒

實現欲望之所以無法讓我們滿足，一部分的原因是因為我們仍與別人擁有的事物進行比較，並藉此衡量我們對自己擁有之事物的滿意度。我們永遠都有機會找到領先、擁有更多的人，而這些往往成為我們唯一在意的比較結果。

人永遠不會感到快樂，因為只要看見其他更快樂的人，就會對他造成折磨。

塞內卡，《論憤怒》

看見別人的好運時，便沒有人會滿意自己的命運。這就是為什麼我們會對諸神生氣，因為有人排在前面時，我們便忘記自己身後還排著多少人，也忘記我們只嫉妒少數幾個人，但身後有一大群人嫉妒我們。人類的放肆專橫使他們儘管已經得到很多，卻還認為自己應該得到更多，因此他們會覺得受傷。

塞內卡，《論憤怒》

假如你認為財富是好東西，那麼貧窮就會讓你苦惱。最糟糕的是，你會產生自己貧窮的想像。無論擁有多少東西，只要別人擁有更多，你就會覺得自己遠遠落後對方。假如你認為擁有公職是好事，當某人被任命為領事或一再得到任命就會讓你苦惱。每當你又看見別人的名字出現在官員名單上，就會萌生妒意。這就是野心的瘋狂——只要有人排在你前面，你就會覺得自己墊底。

塞內卡，《書信集》

為什麼人要嫉妒別人？為什麼要敬畏有錢人或擁有權勢之人，尤其是那些強壯且容易發怒的人？他們會對我們做什麼？他們能做的，我們不在乎；我們在乎的，他們做不到。

愛比克泰德，《語錄》

每個人都會嫉妒別人——如果不是嫉妒某個正取得更高成就之人，就是某個正在取得其他成就之人。

人們不僅會嫉妒與自己工作相同及生活相似之人；有錢的人也會嫉妒有學問的人，有名的人則會嫉妒有錢之人，律師會嫉妒學者。而且，到了天堂之後，自由人與貴族會以驚訝的欽佩和嫉妒看著成功的喜劇演員、舞者及宮廷僕役。因為嫉妒心，他們替自己帶來不少煩惱和混亂。

普魯塔克，《心中的寧靜》

嫉妒不僅使我們不滿足，還會使我們渴望我們原本不想要的東西。

因為我們的鄰居擁有哪些東西，或者因為大多數人擁有哪些東西，所以我們也跟著想要擁有那些東西！

塞內卡，《書信集》

嫉妒就像本章其他的議題一樣，引起斯多葛學派傳承者的大量討論。約翰遜針對這項議題有敏銳的分析，他並延伸了塞內卡最後提到的論點。

許多苦難都只是比較而來。我們經常感到不快樂，不是因為有什麼真正的壞事存在，而是因為沒有獲得虛構的美善、沒有滿足非自然的欲望。那些東西本身並沒有滿足我們的力量，如果我們沒有看到別人擁有它們，無論基於理性或者幻想都不會激發我們的渴望。

約翰遜，《冒險家》第一一一期（1753）

約翰遜還以其獨特的風格察知這個問題的普遍特徵：我們對他人的想像。

或許每一位曾觀察人生的作家都會說：沒有人對自己的現況感到快樂。賀拉斯②說這也表示沒有人對自己的現況感到滿足，無論其所處的現況是偶然發生或是深思熟慮之後選擇而來。我們總是厭惡自己的某些處境或際遇，並想像別人的處境更受到祝福或者更少災難。

約翰遜，《漫步者》第六十三期（1750）

約翰遜最後還指出，雖然擁有別人擁有的事物可能會也可能不會讓我們變得更加快樂，但我們絕對會因為嫉妒別人擁有的事物而感到不開心。

> 各個年齡、性別、地位的人都有自己在意的事物，無論是出於自然的欲望或是愚蠢的渴望。因此，任何嫉妒別人的人應該記住一件事：其實你並不清楚自己渴望擁有的事物到底是什麼模樣，你只是放縱惡毒的激情，誤以為自己被賦予太少快樂。　約翰遜，《漫步者》第一二八期（1751）

叔本華補充表示：嫉妒是會讓我們立即感到不快樂的罕見邪惡。

> 嫉妒既是邪惡，也是痛苦的根源。我們應該把它當成快樂的敵人，像扼殺邪惡的思想一樣扼殺它。這是塞內卡提供的建議，他說如果我們避免將自己的命運與其他比較快樂的命運互相比較並因而折磨自己，就會對自身所擁有的一切感到高興。
>
> 叔本華，《我們與自己的關係》（*Our Relation to Ourselves*, 1851）

嫉妒可被視為一個更大問題的例證：無用的比較。斯密針對這一點再次發表了很好的評論。

> 人類生活的痛苦和紊亂，主要似乎是因為高估了某種情況與另一種情況之間的差異。貪婪是對貧窮和富裕差異的高估，野心是私人地位和公眾地位差異的高估，虛榮是沒沒無聞和廣大名聲差異的高估。過度激情的人，不僅在實際狀況中過得悲慘，還會為了要取得他愚蠢欽佩的事物而擾亂

社會和平。然而只要透過對一般生活的簡單觀察，就可能讓他心滿意足。存有正念的心靈能讓他感到相同的平靜、愉快與滿足。

斯密，《道德情操論》（1759）

六、欲望和意見

我們將從斯多葛學派對於欲望的診斷，轉向對於欲望的補救措施。這裡提到的內容，以及在大多數情況下，最直接的解藥就是本書頭兩章介紹的方法。可以致力精確檢視我們渴求的事物，進而擺脫它。一般而言，對外在事物的依戀就是萌生嫉妒和各種邪惡想法的源頭。我們也可以將欲望視為一種誤判，如果能做到這一點，就可以對之不加理會。在此重述前面的觀點：第一章的原則認為我們想要的事物來自我們的心靈及看法，因此任何渴望都能透過兩種方式得到滿足——或者得到解決：我們可以追求渴望的事物，或者努力解決讓我們產生渴望的看法。以這種方式（是後者，而不是我們通常想到的前者）尋求解答，正是斯多葛學派的標準方法。

自由不是透過滿足欲望來獲得，而是透過消除欲望來獲得。

愛比克泰德，《語錄》

沒有人能夠想要什麼就有什麼，他能做的是不去渴望沒有的事物，並且愉快地享受擁有的東西。

塞內卡，《書信集》

一個男人祈禱說：「請幫助我和那個女人上床。」你則祈禱：「請幫助我不要有和那個女人上床的欲望。」另一個人祈禱說：「請幫助我從困頓中解脫！」你說：「請幫助我不需要從困頓中解脫。」另一個人祈禱說：「我要如何才不會失去我的小兒子？」你祈禱說：「我要如何才不會害怕失去我的小兒子？」將你的禱告內容轉為這種方向，看看會發生什麼事。

馬可．奧理略，《沉思錄》

與其努力占有別人的妻子，還不如努力克制自己的欲望，難道沒有人承認這種想法比較好？與其為錢苦惱，還不如訓練自己減少欲望；與其努力出名，還不如努力不去渴望名聲；與其找方法傷害你嫉妒的人，還不如找方法不嫉妒任何人；與其像逢迎拍馬之人那樣去當假朋友的奴隸，還不如辛苦一點尋找真朋友？

莫索尼烏斯．魯弗斯，《人應該蔑視困難》（*That One Should Disdain Hardships*）

針對塞內卡對這個論點的贊同，伊比鳩魯發表了聲明。

如果你想讓皮托克勒斯③變得富有，不要增加他積存的財富，而是減少他的欲望。

伊比鳩魯，引述自塞內卡《書信集》

塞內卡非常喜歡這種邏輯，他認為應該發揚光大。

如果你想讓皮托克勒斯變得超群，那就不要彰顯他的不同，而是減少他的欲望。如果你想讓皮托克勒斯永無止境地享樂，那就不要增加他的享受，而是減少他的欲望。如果你想讓皮托克勒斯成為一個過著充實生活的老人，那就不要加添他的壽命，而是減少他的欲望。

塞內卡，《書信集》

七、有用的比較

正如剛才談到的，斯多葛派處理欲望時的第一回應就是放棄欲望，這種回應或許也是純粹主義者認為我們唯一該做的。然而晚期的斯多葛學者知道這麼直接的方式可能難以落實，所以他們又提供了其他心理策略來管理欲望。如我們所讀到的，斯多葛學者批評那些會使人變得不滿足的比較，但建議我們做一些具有相反效果的比較。有人可能覺得我們應該無視任何比較——透過觀察比自己不快樂的人來減少自己的不快樂，與看見比自己快樂的人導致自己的快樂變少，兩者同樣沒有意義。然而這裡要介紹的是晚期斯多葛學派另一種實用主義的建議，塞內卡尤其如此主張。他們從結果來判斷某個觀點的價值，認為只要有助於我們擺脫沒有用的思維傾向，就可以和別人比較。

斯多葛學派提出的一些健康的比較，是與從前的人物以及從前的情況比較。

每當我回顧古老的例子，就會羞於因為貧困而尋求慰藉——我們這個時代已經太過鋪張奢華，連流亡者的旅費都超過古代王子繼承的遺產。

塞內卡，《心中的寧靜》

與同在一艘船上的其他人比較更有建設性。

觀察那些和你遭受相同厄運但不覺得痛苦的名人，也有助於獲得心靈上的平靜。舉例來說，你是否苦惱自己膝下無子？想想羅馬的歷任國王，他們都沒能把王位傳給兒子。你是否苦惱自己貧窮的現狀？好吧，在維奥蒂亞人當中，你除了埃帕米農達之外還想成為誰？在羅馬人當中，你除了法布里克斯之外還想成為誰？

普魯塔克，《心中的寧靜》

埃帕米農達是西元前四世紀一位受人尊敬的希臘政治家和將軍，以其簡單的生活方式聞名。法布里克斯是古羅馬執政官，也以樸實聞名。

與當前處境比自己更糟的人比較，也是有用的比較。我們總是習慣往上比較，而不是往下比較。

在公共生活中，沒有人會想到自己已經超越許多人，只會心心念念那些超越你的人。這種人看到自己後面還有許多人的時候不會覺得開心，但只要前面有任何一個人就會覺得厭惡。這就是抱持野心的麻煩，永遠不會回頭看。

塞內卡，《書信集》

斯多葛學者建議我們在評估自己的表現優劣時，應該改變比較的對象。事實上，羨慕的心情可能也會因此逆轉。

有很多人超越你嗎？想想你後面還有多少人，比在你前面的人多出多少。你想知道自己最大的錯誤嗎？你記帳的方式錯了。你太看重自己付出的，但不重視自己得到的。

塞內卡，《論憤怒》

普魯塔克也清楚說明了這一點：由我們自己來選擇與我們互相比較的人，可以讓我們享有操縱比賽的權力。無論這是不是一門好的哲學，起碼是有益的心理學。

在奧運會上，你無法透過選擇競爭對手來獲得勝利，可是在生活中，環境能讓你因為自己勝過許多人而感到自豪，並且讓你被他人羨慕而不是羨慕他人——當然，除非你把布里亞雷烏斯或者海克力斯當成你的對手。你像一般人那樣崇拜穿越赫勒斯湊④的薛西斯一世時，記得也看看那些在鞭子下努力挖掘阿索斯山的人，以及因為橋墩被水流沖斷而失去耳朵和鼻子的人。想想那些人，他們也羨慕你的生活和你的財富。

普魯塔克，《心中的寧靜》

波斯的薛西斯一世曾於西元前四八〇年嘗試入侵希臘。他的進攻路線要求他的軍隊在希臘的阿索斯山附近挖出一條運河，並在分隔亞洲與歐洲的赫勒斯湊海峽（現在的達達尼爾海峽）上建造一座四千英尺長的浮橋。這座橋在第一次搭建起來後不幸倒塌，薛西斯一世下令以可怕的方式懲罰他認為應該負責之人，他的士兵則繼續開拓附近水域。據說當地人民看見薛西斯一世終於成功穿越海峽時，還把他與天神宙斯相提並論（希羅多德⑤，《歷史書》）。至於所謂的布里亞雷烏斯，是希臘神話中的一種有五十個頭和一百隻手臂的生物。

以下的例子比較不需要多加解釋：

以勇敢、智慧和公正著稱的庇塔庫斯某次在招待客人時，他的妻子憤怒地走進來並打亂了桌子。他的客人很驚慌，可是庇塔庫斯說：「每個人都有自己的麻煩。只有我這種麻煩的人真的很幸運。」

普魯塔克，《心中的寧靜》

庇塔庫斯是希臘七賢之一。希臘七賢是西元前六世紀的政治家和哲學家，他們在古典時代因其智慧而聞名。近代的一些智者延續了他們的觀點：

在一般情況下，我們都會拿自己與更好的人進行比較，並且羨慕那些過得比我們好的人。讓我們轉向與不如自己的人比較，藉此衡量自己。沒有人會悲慘到找不出一千個例子來讓自己感到安慰。

蒙田，《論虛空》（*On Vanity*, 1580）

我提到哲學家給我們的建議：當我們痛苦或拮据，可以透過思考處境比我們更糟的人來安慰自己。然而根據我的觀察，這不可能適用所有人，因為一定有些人找不到比他們更悲慘的人。約翰遜說：「怎麼可能？先生，一定有比他們更悲慘的人，只是他們不知道。世界上不會有人貧窮卑微到再也沒人比他更貧窮、更卑微。」

博斯韋爾，《約翰遜傳》（1791）

事實上，倘若真正的災難降臨在我們身上，最有效的安慰——儘管這種安慰與嫉妒來源相同——就是想一想比我們更悲慘的人。其次有效的安慰，則是想一想與我們遭遇相同的人——他們是陪我們一起悲傷的夥伴。

叔本華，《我們與自己的關係》（1851）

這種觀點的變體如下：

遭遇任何災難時，要先記住我們已經躲過多少災難。

約翰遜，《給海絲特・斯拉爾⑥的信》（Letter to Hester Thrale, 1770）

你可以把我們目前學到的教義進一步想像成某種痛苦市場，然後詢問大家願不願意在那裡交換自己的痛苦。倘若你認為這種概念與欲望沒有直接相關性，就將它當成是對自己擁有的事物增添滿足感的另一種工具。

如果我們都把自己的不幸帶到公共倉庫，然後平均分配給每一個人，大多數人會寧可帶著自己的不幸離開。

普魯塔克，《致阿波羅尼烏斯的信》

希羅多德提出了類似的想法：

然而我完全明白這一點——如果每個人都把自己的困擾帶到市場上與鄰居交換，當他們看見別人的麻煩事，都會很樂意把自己的問題帶回家。

希羅多德，《歷史書》

八、失去的省思

另一種具有價值的比較，是如果我們失去已擁有的事物，那些事物會變得多麼令人渴望。我們在前面已經讀到適應在永無止境的欲望中所扮演的角色，習慣了我們所擁有的東西，會使我們失去對它們的欣賞。針對這一點，斯多葛學者的因應方式是嘗試以全新的眼光看待舊有的事物。他們沒有改變自己擁有的事物，而是改變看待那些事物的方式。

不要想擁有你沒有的東西。相反的，選擇一些你已擁有的美好事物，然後想一想如果沒有它們，你會多麼渴望。

馬可・奧理略，《沉思錄》

不要因為渴望這裡沒有的事物而破壞了現有的一切，要明白這些事物也是值得禱告祈求的。

伊比鳩魯，《梵諦岡格言》

有時候，我們應該試著從「在我們失去某事物時它們會顯現的價值」來看待那些事物。

叔本華，《我們與自己的關係》（1851）

比較以下的論點：

對你而言，你已經擁有的一切事物都微不足道；可是對我而言，我已經擁有的一切事物都非常重要。

愛比克泰德，《語錄》

同樣的觀念也可套用在處境而非事物上。這是一種建立感激之情的方法，不僅對一個人所擁有的事物，也對他所處的環境與情況。

我們不該忽視身邊那些平凡普通的事物，而應該多想想它們：感謝我們可以活著、可以有健康的身體、可以看見太陽……只要我們想像這些事物不復存在，並且經常提醒自己：這些事物就像健康對於病人、和平對於身處戰爭之人，又如獲得名聲與朋友對於身處大都市的異鄉人那般重要，如此一來，它們的存在就能帶給我們更平靜的心靈。當我們曾經擁有這些事物但後來被剝奪而去，將會感到多麼痛苦。如果不去思考失去它們的感受，我們就不會發現這些在安全擁有時毫無價值的事物其實如此珍貴。

普魯塔克，《心中的寧靜》

注釋

① 希波納克斯（Hipponax, 541 B.C.–487 B.C.）是古希臘詩人，創作諷刺、粗俗甚至辱罵性的詩歌。

② 昆圖斯・賀拉斯・弗拉庫斯（Quintus Horatius Flaccus, 65 B.C.–8 B.C.）是奧古斯都時期的詩人、批評家、翻譯家，為古羅馬文學「黃金時代」代表人物之一。

③ 皮托克勒斯（Pythocles）是古希臘的運動員，為第一百三十六屆奧林匹克運動會的賽跑優勝者。

④ 赫勒斯滂（Hellespont）是亞洲和歐洲的分界線之一。

⑤ 希羅多德（Herodotus, 大約484 B.C.–425 B.C.）是古希臘作家，著有《歷史書》（*Histories*），為西方文學史上第一部完整流傳的散文作品。

⑥ 海絲特・斯拉爾（Hester Lynch Thrale Piozzi, 1741 C.E.–1821 C.E.）為威爾斯出生的作家和藝術贊助人。

第六章 財富與快樂

一、金錢的危害
二、財富的影響
三、快樂的代價
四、多餘的事物
五、接受
六、超脫
七、節制
八、自然的欲望
九、快樂的用途
十、心靈的樂趣

第五章討論了一般屬性的欲望，包括其永無止境的特性，以及欲望如何透過與人比較而變得強烈、如何欺騙我們，還有我們可以如何馴服欲望。本章將探討斯多葛學派關於財富與快樂這兩種誘惑的教義。這類誘惑都伴隨著其起源、陷阱與假象，也讓人產生下列疑問：如何才能以符合斯多葛學派平靜心靈及其他志向的方式享受這類誘惑。本章除了重申前一章提到的某些主張之外，還會將這些主張應用在更特定的問題上。

在斯多葛學者的眼中，金錢以及我們對金錢的迷戀——貪念——往往會讓我們變得荒謬，為自己和他人帶來諸多痛苦。斯多葛學者認為，對財富的執念會產生可預見的下列後果：一旦我們有錢，就會擔心要如何保住財富，並且渴望擁有更多錢，還會在失去財富時感到痛苦。我們渴望得到更多已經擁有的一切，而且漸漸過度重視各種事物，程度甚至超出它們本身的價值。這個觀點可擴大應用於快樂之上：我們高估了快樂，也低估了嘗試得到快樂所需付出的成本。快樂和痛苦都是循環的一部分，兩者密不可分，必須一起處理。

思考過這些觀念之後，本章的重點將從對財富與快樂的警告，轉向如何使用和管理財富與快樂。斯多葛主義首先建議我們重新思考自己想要什麼、想要多少，以及為什麼想要。斯多葛學者強調凡事適度就好，他們不認為這是妥協。相反的，他們認為凡事適度能夠增加快樂——事實上，「適度」可以讓人健健康康地享受快樂。斯多葛學者的第二項主張是超脫。我們可以學會不必緊抓著財富與快樂就能享受它們。當一個人擁有財富與快樂，就會緊緊抓住它們，而在失去財富與快樂時就會崩潰。第三個主張延續前一章的主題：想要真正擁有財富，最簡單的方法就是學習在擁有較少財富時感到快樂——錢夠用就好。只要知足，擁有某事物其實跟不在乎是否擁有該事物並沒有差別，而且後者通常比較容易達到。

本章最後幾節還討論了斯多葛學者欣然接受的快樂，也就是自然的快樂。我們與生俱來的欲望得到滿足時，就能夠體驗到這種快樂。塞內卡認為工作之餘的娛樂和運動都屬於這種快樂（他認為喝酒也是）。最重要的是，斯多葛學派被心靈層面的快樂所吸引，認為智慧和理解力都能產生一種不受環境干擾的喜樂。

一、金錢的危害

斯多葛學派認為金錢會使個人生活和社交生活腐敗。我們很難清楚檢視並理解金錢，因為金錢會使我們誤判事物的價值，並且驅使崇拜它的人做出低級的行為。

> 金錢這個東西已經霸占了治安推事和法官的地位，甚至逕自當起治安推事與法官！——自從它備受尊崇以來，已經讓真正的榮耀陷入毀滅。我們一會兒是商人，一會兒又是商品，關心的重點不再是事物本身，而是它的價值。
>
> 塞內卡，《書信集》

> 大多數的激烈爭執都與金錢有關。金錢讓法庭疲憊不堪、使父子彼此對立，還導致人謀財害命、戰火四起……金錢讓夫妻在夜裡爭吵、使人們到法院興訟，還導致國王大動肝火、掠奪及推翻耗費幾世紀才建立起來的國家，只因為想在城市的餘燼中找到黃金和白銀。
>
> 塞內卡，《論憤怒》

塞內卡認為財富帶來的殺傷力並不亞於刀劍。

波希多尼認為財富是罪惡的淵藪，但不是因為它們本身邪惡，而是因為它們會驅使人們做壞事……財富會讓人驕傲自大，也會帶來嫉妒與心靈的不平靜。富裕的名聲會讓人感到開心，即便這種名聲會對我們造成傷害。

塞內卡，《書信集》

波希多尼是古代斯多葛哲學發展的中間時期（西元前二世紀）的哲學家。

約翰遜博士強調金錢本身並無價值。

財富本身什麼都不是，它離開我們時，就一點用處都沒有。財富的價值只在於它能購得的東西。如果擁有財富的人能善用它，智者就不會渴望或嫉妒擁有財富之人。

約翰遜，《漫步者》第五十八期（1750）

二、財富的影響

前一章我們討論過：擁有事物無法讓人的欲望得到滿足。金錢也是如此，斯多葛學者認為擁有金錢不會使人更加快樂。

想想看，窮人的人數比富人的人數多那麼多，可是你會發現富人並不會比窮人快樂，窮人也不會比富人焦慮。

塞內卡，《對赫爾維亞的安慰》

我要借用伊比鳩魯的話：「對許多人而言，獲得財富不是麻煩的結束，而是麻煩產生改變。」這點我絲毫不覺得奇怪，因為問題不在於一個人的財富，而在於心靈本身。心靈使貧窮成為我們的負擔，也使財富成為我們的負擔。你把病人放在木床上或金床上都無關緊要，因為無論他睡哪張床，疾病都依然緊緊跟著他。因此，患病的心靈無論富裕或貧困都不重要，因為這種疾病會緊緊跟著病人。

塞內卡，《書信集》

當有人稱讚一個手臂很長的高個子具備優秀拳擊手的條件，訓練師西波馬丘斯表示：「是的，如果冠冕高掛在牆上，他就可以伸手取得。」因此我們也可以對那些被精美地產、宏偉豪宅與巨額金錢迷惑且將它們視為最大祝福的人說：「是的，如果快樂用金錢買得到，就可以透過購買取得。」

普魯塔克，《論財富之愛》

西波馬丘斯是拳擊手和摔角手的教練，他顯然也擁有哲學天賦。他將在第七章第三節再次出現。斯多葛學派對金錢的懷疑不止於此，他們認為財富無法滿足擁有者，而且往往還會操控擁有者，使其因為擁有財富而萌生不快樂。

需要財富的人也會懼怕財富，畢竟沒有人想要伴隨著焦慮的祝福。人們總會試著再增加一點財富，然而當他因為財富增加而心生困惑，就會忘記財富的功用。

塞內卡，《書信集》

貪婪多麼令人傷心痛苦！心懷渴望多麼可憐，獲得之後又多麼可憐！除此之外，我們每天的憂慮與擁有的財富成正比地折磨我們。擁有金錢所帶來的焦慮比獲得金錢所需付出的努力更令人痛苦。我們還會因為失去財富而感到悲傷，那種悲傷可能會很嚴重！即使財富沒有從我們身上奪走任何東西，我們也會認為所有得不到的事物都是進一步的損失。

塞內卡，《書信集》

塞內卡認為貪婪的最終後果，是萌生某種病態的判斷力。

我們可以如此定義這種疾病：努力想要獲得只有些微價值或根本沒有價值的東西，或者高度重視只應稍微在意或根本不值得在意的東西。

塞內卡，《書信集》

三、快樂的代價

斯多葛學派對財富的態度可以延伸到快樂。斯多葛學者認為快樂的代價比表面上更昂貴——而且無法長久持續，必須對價交換，而且必然會與某種損失或痛苦交替出現。

一個人在吃喝玩樂和自我放縱中尋求快樂，另一個人在選舉活動和支持群眾中尋求快樂，還有一個人在情婦身上尋求快樂，另外一人在沒有療癒力量的文化展示品和文學中尋求快樂。他們都被具有欺騙性的短暫喜悅誤導——就像買醉一樣，為了一小時的可笑瘋狂換來長期病痛；或者就像博取掌聲及廣受歡迎及認可一樣，必須以精神上的不安當作抵償的代價。

塞內卡，《書信集》

一個人快樂時，也會受到痛苦的影響。而快樂和痛苦——它們是最反覆無常也最暴虐的主人——輪流俘虜他的時候，你會看見他陷入可悲又可恨的奴役狀態。

塞內卡，《論快樂的生活》

聖人教導我們要提防欲望的背叛，並且區分真實的快樂和會帶來更多痛苦的快樂。聖人說，大部分的快樂撫摸並擁抱我們，只是為了扼殺我們，就像埃及人稱「菲利士」（Philistæ）的盜賊一樣。如果我們在喝醉之前就感到頭痛，就會小心翼翼地不要飲酒過量。可是快樂為了欺騙我們，會走在前面，將一連串的痛苦藏在身後。

蒙田，《論退隱》（*Of Solitude*, 1580）

輕鬆會將我們壓垮。這句話摘自古希臘詩，表示眾神給我們的種種好處都是賣給我們的。眾神不會給我們純粹完美的事物，我們必須付出碰上壞事的代價才能買到。

蒙田，《天下沒有純一的事》（*That We Taste Nothing Pure*, 1580）

蒙田提到的希臘詩句出自希臘詩人埃庇卡摩斯①。埃庇卡摩斯在古典時代被譽為戲劇和喜劇大師，不過他的作品很少留存下來。這裡提到的句子保存於色諾芬②的《回憶蘇格拉底》③中。

馬可．奧理略以不同的方式表達節制的價值以及他個人對快樂的懷疑。他認為我們不該讚賞高度重視快樂之人，因為那些人可能有好有壞。馬可．奧理略認為，如果我們為快樂設定一個較低的價值，便永遠都不會因此後悔。

強盜、弒父者、暴君，這些人享受了多少快樂。

馬可．奧理略，《沉思錄》

善良與高尚之人不會後悔忽視快樂。

馬可．奧理略，《沉思錄》

比較以下的論點：

正如西蒙尼德斯曾說的，他從來沒有因為保持沉默而感到抱歉，但多次因為多說幾句而充滿遺憾。我們不該後悔自己把美食推到一旁或者選擇喝水而不喝酒，而是抱持相反態度。

普魯塔克，《關於保持健康的建議》（*Advice About Keeping Well*）

西蒙尼德斯是一位希臘詩人（約西元前五五六年－前四六八年）。

四、多餘的事物

讀完斯多葛學派透過我們熟悉的方式分析財富與快樂之後，我們接著要轉向斯多葛學者管理財富與快樂的見解。第五章介紹的看法，是我們可以透過得到滿足或減少欲望來管理欲望，其中減少欲望這種方法經常被人忽略，但是能夠更有效地產生滿足感，本章將以這種方法以更具體的方式應用在財富方面的欲望。斯多葛學派認為財富不是一種絕對的狀態，而是一個人所擁有的與他想要的之間的良好關係。大多數人致力於擴大自身的擁有物，其實他們應該減少想要的東西。這就是典型的斯多葛倒轉法。

> 沒有人可以擁有萬物，可是任何人都可以鄙視萬物。變富裕的最短途徑就是鄙視財富。
>
> 塞內卡，《書信集》

> 我要教你盡快致富的能力。你聽見這句話時顯得多麼興奮，這是理所當然的。我將帶領你走捷徑，通往最大的財富……親愛的盧基里烏斯，不渴望某種事物的感覺，就和擁有那個事物的感覺一樣美好。無論不渴望或實際擁有，重點都一樣——不要有牽掛。
>
> 塞內卡，《書信集》

因此，一個人不想要或不需要某些事物，也可被視為一種富裕的形態。塞內卡進一步評論表示：

你認為這些不算財富，只因為沒有人為了它們被判處死刑？只因為沒有人的兒子或妻子為了它們而下毒害人？只因為戰爭時期它們沒有被洗劫一空？只因為和平時期它們乏人問津？只因為擁有它們並不危險，或者處置它們並不麻煩？

塞內卡，《書信集》

約翰遜對於這項主張的闡述如下：

每個人都可以因為減少願望而變得富有，並且藉著默默接受自己被賦予的事物以彌補他未能擁有的更多事物，因而變得富裕。

約翰遜，《冒險家》第一一九期（1753）

反之亦然：欲望就是一種貧窮。

貧窮的人不是一無所有，而是渴望擁有更多。如果你覬覦鄰居的財產、如果你不看看自己已擁有的事物，卻心心念念尚未得到的事物，無論你在保險箱或倉庫裡堆放多少物品、無論飼養多少隻羊、無論投資多大的事業，一點意義都沒有。

塞內卡，《書信集》

根據欲望與快樂的比例，每個人都可以是富人或窮人。因此，願望一旦擴大，會因為擁有的比例減少而破壞快樂。相較於沉默不語的敵人，教別人渴望他們永遠無法獲得的事物，更形同剝奪別人祖產。

約翰遜，《漫步者》第一六三期（1751）

五、接受

另外還有一個相關的觀念，可是應用範圍更廣：接受並珍視自己的命運及擁有的一切。同樣的，斯多葛學派經常透過比較的論點來說明這個觀念。

當我們受邀參加宴會，主人款待我們什麼，我們就吃什麼。如果有人命令主人為他準備魚或糕點，就會顯得怪異。然而在這個世界上，我們卻一直向眾神祈求祂們未賜予我們的事物——即使祂們已經給了我們很多東西。

愛比克泰德，（斷簡，斯托拜烏斯）

請記住，你是一齣戲裡的演員，任憑製作人指揮。如果製作人要你演一齣短短的戲，你就短短演完；如果製作人要你演一齣長長的戲，你就把它演長。如果他想讓你演乞丐、跛子、統治者或普通公民，你就自然地扮演這些角色。你的任務是好好發揮分配給你的角色，至於選擇角色這件事就交給別人。

愛比克泰德，《師門述聞》

這個觀念也適用於壽命：

你不會因為自己的體重有限而非三百磅就感到沮喪，卻因為自己只有這麼多年壽命而感到遺憾。

正如你滿意自己分配到的財富一樣，你也應該對自己分配到的時間感到滿足。

馬可．奧理略，《沉思錄》

更多相關的論述如下：

我知道這些附加的舒適多麼短暫，因此我永遠不會忽視它們。即使我已經非常享受，我在禱告時依然會向眾神祈求，請祂們讓我對自己感到滿足，並且對來自我內在的美善感到滿足。

蒙田，《論退隱》（1580）

檢視歷史記錄，回想你經驗的循環發生過什麼事，認真想一想那些你可能讀過、聽過或記得的不幸之人，無論他們的私人生活或公眾生活如何。你將會發現：大部分人到目前為止的不幸，都源自他們不知道自己過得很好、不知道自己應該靜下心來、不知道自己應該感到滿足。一個體格不錯的人還想要藉由藥物來強化身體，結果他的墓碑上刻著：「我的身體很壯，可是我希望變得更壯，所以我就到這裡來了。」這個例子可以公正地套用在因貪婪和野心而失望所導致的痛苦之上。

斯密，《道德情操論》（1759）

要做到接受，其中一條途徑是想像自己願望獲得滿足時的狀況，並詢問自己是否可以更直接地達到所希冀的狀態。斯密也針對這點分享一段軼事，這段軼事改編自普魯塔克的話語。

伊庇魯斯國王的寵臣對他主人所說的話，也適用在一般人的生活上。伊庇魯斯國王對這個寵臣說，他打算贏得每一場征戰，而且還談到自己在打完最後一役之後有哪些計畫。寵臣問：「主人有什麼打算？」「我將和朋友們一起享樂，並且痛快地喝酒。」國王表示。「那麼您現在為什麼不這麼做呢？」寵臣回答。

斯密，《道德情操論》（1759）

伊庇魯斯是希臘的一個聯邦國家，國王皮洛士在西元前三百年左右統治此地。他的寵臣是一個名叫西尼亞斯的顧問，西尼亞斯曾是知名政治暨演說家狄摩西尼的學生。我們應該稱皮洛士為「勝利者皮洛士」──然而他的勝利並不值得，因為付出的代價太高。皮洛士與羅馬人的戰爭造成了可怕的傷亡。他在上述談話之後就發動了戰爭。

後記：

我們什麼時候才會達到蔑視財富的境界，無論是好是壞──所有情緒都被我們克服與控制──達到可以說出「我已經征服了」這句話的境界？你問征服了誰？不是波斯人，也不是遙遠的米底人，更不是比達哈伊④更遙遠的好戰之人（如果有這種人的話），而是貪婪、野心和對死亡的恐懼──這些都是擊敗了全世界征服者的敵人。

塞內卡，《書信集》

塞內卡提到的三個群體——波斯人、米底人和達哈伊人——都是我們現在稱為伊朗或土庫曼地區的居民。達哈伊人（或稱斯基提亞人。達哈伊是斯基提亞的一個部落）是指古時候文明邊界以外的族群。

六、超脫

除了「學習不要渴望它們」之外，斯多葛學派對於財富與快樂還有更多話要說，因為他們明白每個人都寧願擁有這些東西而非沒有這些東西。因此，本章下半部分是關於何時以及如何以健康的方式獲得並使用財富與快樂。

第一種方式是最普遍的，斯多葛學派認為財富和其他這類外在事物都「不重要」，它們本身無所謂好或壞。斯多葛主義允許我們可以合法地想要得到一點這些東西——換句話說，其中有一些是「**可被喜歡的不重要事物**（indifferent）」。這種概念有時候被認為很棘手，因為「可被喜歡的不重要事物」這種說法聽起來自相矛盾，而且似乎是一種附加因素：是那些無法棄絕物質貪欲的壞斯多葛學者把自己的欲念歸類為「可被喜歡的不重要事物」，不過這個觀念在斯多葛主義中確實扮演著重要角色。尋求脫離這世界的物欲是合理的，儘管不容易做到。然而根絕所有物欲是不實際的，斯多葛學派很清楚這一點。

當所有的快樂都源自理性，才是真正的快樂。當每個人緊抓、祈求或守護的事物在你眼中都是不需要（而非你不喜歡）的東西，你才會覺得自己快樂。

塞內卡，《書信集》

因此斯多葛學派認為擁有某些外在事物會比沒有來得更好，而且人們會以合理的方式努力獲得這些外在事物。斯多葛學者也合理地想避免一些不好的事物：那些不被喜歡的不重要事物，例如病痛或貧困。如果是可以幫助身體健康的外在事物，那就屬於「可被喜歡」的類別。

智者無論自己身材多麼矮小都不會鄙視自己，但他仍希望自己可以身材高大一些……如果他的健康情況不佳，他會加以忍受，但他仍希望自己健康良好。有些特定事物雖然與整體相比微不足道，而且可在不破壞基本良善的狀況下移除，但仍然可為發自美德的永恆快樂加分。

塞內卡，《論快樂的生活》

財富是另一個例子。

智者也不認為自己配不上財富的恩賜。他不愛財富，可是情願擁有財富；他不把財富放在心上，而是把財富放在家裡；他不拒斥自己擁有的財富，可是他之所以保留財富，是為了在他發揮美德時提供更充足的物質資源。

塞內卡，《論快樂的生活》

財富會對智者產生影響，能為他帶來快樂，就如同拂過身旁的順風，讓水手感到開心，也如同寒冬裡的晴朗日子，讓人想要大聲歡呼。除此之外，在智者之中——我是指我們學派裡把美德視為唯一美善的智者——誰會否認即使被我們稱為「不重要」的事物也具有內在價值，而且其中有一些會比另外一些更令人渴望？其中的一些事物，我們只給予一點點榮耀，有些則被賦予更多榮耀。因此請不要誤會——財富是屬於這類事物中比較令人渴望的。

塞內卡，《論快樂的生活》

「可被喜歡的不重要事物」與斯多葛學派所認為的「危險的欲望」有什麼區別？答案是超脫。這種差異在第一章開頭就已經介紹過了。對於外在事物的依戀會讓人的快樂與平靜依附於外在事物上，斯多葛學者在任何情況下都試著避免這種情況發生。如果我們不帶依戀地持有金錢，那麼就無可非議——因為金錢不是重點，心靈的健康才是重點。

「超脫」這個詞可能會造成錯誤的印象，因為這可能暗示著對標的物缺乏真正的興趣。那不是這裡的意思。超脫是指我們持有某事物時心靈是否過度在乎。因此，斯多葛學派的超脫可被視為一種節制——也就是一個人與外在事物關係的節制。測試這種關係的好方法，就是思考自己在失去該事物時會有什麼反應。這麼做還可以了解自己對該事物是否太過依戀，或者只是有所偏好。

沒有人配得上眾神，除了那些蔑視財富的人。我不禁止你擁有財富，可是我希望帶領你到可以無所畏懼地擁有財富的境界。只有一種方法可以做到這點：說服自己就算沒有財富也能開心過日子，並且將財富視為隨時會離你而去。

塞內卡，《書信集》

「為什麼哲學家說應該鄙視財富，自己卻擁有財富？為什麼哲學家宣稱長壽和短命之間沒有差別，然後——如果沒有遇到阻礙——卻設法延長自己的壽命，平靜地享受年老？」他說應該鄙視這些事物，不表示他不能擁有這些事物，而是他不擔心無法留住這些事物。

塞內卡，《論快樂的生活》

斯多葛學派試著與某事物保持正確距離的方法，就是在腦中排練失去該事物的感覺。這種超脫使得該事物變得既安全又易於享受。

財富、名聲、權力和公職，能夠讓那些最不害怕失去它們的人感到欣喜，因為對於各種事物的強烈欲望都會附帶強烈的恐懼，讓人擔心無法留住這些事物，導致享受這些事物的愉悅變得脆弱又不穩定，宛如即將熄滅的火焰。

普魯塔克，《心中的寧靜》

愛比克泰德提供了一些類似的想像步驟，可用來達到對於快樂的超脫。

當你被某種明顯的快樂所誘惑，記得要保護自己——就像其他的影響一樣——不要被快樂牽著走。讓那種誘惑等你，給自己一點延遲的時間，然後想一想未來的兩個時間點：一個是你享受這種快樂的時候，另一個是你享受之後感到懊悔並責備自己的時候。將懊悔的時候與快樂的時候相比，想一想如果你沒有享受快樂會多麼慶幸、會如何祝賀自己。不過，如果做這件事的時機顯然

> 正確，只要注意它的魅力、快樂和吸引力不會把你壓垮就好。比較一下確知自己贏得勝利的感覺有多麼好。
>
> 愛比克泰德，《師門述聞》

七、節制

我們剛剛讀到斯多葛學派的超脫可被視為一種節制，這使得節制本身成為接下來最自然的話題，因為斯多葛學派普遍重視節制。斯多葛學者認為節制不僅是一種令人欽佩的美德，還是一種有用的技巧。這並非意味著「更少的快樂」，而是真正且持久快樂的可能性——這是在不破壞快樂的情況下享受某事物的方式，而且沒有過度享樂所帶來的成本與遺憾。愛比克泰德喜歡透過比較的方式來彰顯節制的價值。

> 將手伸進頸口狹窄的土器想拿出無花果和堅果的孩子，會發生以下的情況：如果他們手裡抓滿了無花果與堅果，就無法把手伸出來，然後他們就會大哭。但只要放掉一些無花果和堅果，他們就可以把手伸出來。
>
> 愛比克泰德，《語錄》

對斯多葛學者而言，節制不僅是不要拿太多或者做太多的問題，還是一種自我克制的態度。

> 記住：你在日常生活中也應該表現得像在宴會上一樣。如果什麼東西被傳遞過來放在你的面前，

你就伸出手，禮貌性地拿一些；如果那個東西繼續傳遞下去，你不要把它拿回來；如果它還沒有傳到你面前，你也不要伸手去拿它，應該等待它傳過來。對孩子、對妻子、對財富，都應該這樣做，到最後你就能成為值得被眾神款待之人。但如果你不伸手去拿擺放在你面前的東西，甚至還鄙視那個東西，你不僅能成為被眾神款待之人，還能成為統治者的同伴。

愛比克泰德，《師門述聞》

自制會限制我們的欲望。有些欲望是它討厭的，它會加以擺脫；它也會加以管理某些欲望，並且恢復到健康的水準。它不會為了欲望本身而尋求滿足的欲望。自制知道衡量欲望的最佳標準不是你想吃多少，而是你該吃多少。

塞內卡，《書信集》

缺乏節制是快樂的瘟疫。節制不是對快樂的懲罰，而是快樂的調味。

蒙田，《論閱歷》（*Of Experience*, 1580）

塞內卡在斯多葛學派的生活方式中更廣泛地鼓勵節制。

正如同追逐美食佳餚是奢侈的標誌，迴避我們慣常使用而且能以平價購得的物品也算是瘋狂的行為。哲學要求我們平凡地生活，但不是苦行。我們可以過得簡單同時又很美好，這就是我認同的意涵。我們應該在聖人的生活方式與世人的生活方式之間取得快樂的中庸。所有的人都應該讚賞這種中庸，也應該理解這種中庸。

塞內卡，《書信集》

八、自然的欲望

接續前一章提到的主題，我們回到斯多葛學派關於哪些快樂適合享受的觀點。首先，斯多葛學派提倡受自然引領的生活。這項指示的內涵與用意一直備受爭議。古代的斯多葛學派認為自然是意味深遠且明智的，但現在很少人接受這種看法。依照這個觀念，根據自然的要求過日子對大多數人而言不再是一種有助益的觀念。然而「根據自然」還有進一步的含義，其中一些意味著理性的生活，因為斯多葛學派認為理性是大自然賦予人類最獨特的禮物。這種生活方式將吸引許多人，無論原理為何。

與我們直接目標更加相關的是，依照自然過日子也意味著自然在我們身上所創造的渴望得到實現與滿足。斯多葛學派認為這一點不難實現。我們在第五章第二節讀到的觀點是：自然的欲望有限，非自然的欲望無限。關於這一點在這裡有具體之應用。為了改正對金錢及用錢買到的事物產生過度欲望，斯多葛主義將符合自然的必需品與超出需要的奢侈品加以區分。

對人類來說，屬於必需品的自然欲望並不難以滿足。但如果一個人想要昂貴染料製成的紫色衣服，並且還想要在衣服上繡金線及裝飾各種色彩與設計，那麼他的貧窮就不是自然欲望的錯，而是他自己的錯。

塞內卡，《對赫爾維亞的安慰》

我們辛苦流汗都是為了非必要的東西，那些東西磨破了我們的外袍，迫使我們在軍營裡老去，讓我們在外國海岸感到沮喪。其實我們手邊的一切就已經足夠使用。

塞內卡，《書信集》

斯多葛學派認為可以適當享受從自然欲望產生的快樂，只是應該有節制地享受。然而我們將大部分的精力都耗費在追逐那些被發明出來、被膨脹的短暫快樂。斯多葛學者試著將自己的愉悅與他們實際需求的滿足感結合為一。

自然欲望將快樂與必要之事物交融——它不是要我們尋求快樂，而是讓那些對於生存不可或缺的東西變成我們眼中具有吸引力的事物。如果快樂主張獨立的正當性，那是奢侈。

塞內卡，《書信集》

我並不建議你否定自然的事物——因為自然是不可改變的，是無法克服的，它的要求是正當的。然而你要知道，超出這些要求的任何東西都是額外的，不是必需品……我口渴了，但無論喝的是附近水池裡的水或者在雪地裡冰過的水，自然欲望都不在乎。

塞內卡，《書信集》

你不急著滿足自然欲望的要求嗎？「但是休息也是必要的。」我也這麼說。自然欲望也允許適當的權衡，如同吃喝方面的欲望一樣。你可能會超越這些權衡，超越足夠的分量——在完成任務時，卻會終止其他一切可能。

馬可・奧理略，《沉思錄》

蒙田從伊比鳩魯那裡借用了類似斯多葛學派分析的分類法，並且得出相同的結論。

> 欲望要不就是自然且必要的，例如吃與喝；要不就是自然但不必要的，例如與女性交配；或者既非自然也不必要的。我們所有的欲望幾乎都屬於最後一種類別，是多餘且人造的。錯誤的判斷與對良善的無知灌輸我們許多外來的欲望，以致趕走了大部分的自然欲望。
>
> 蒙田，《感情在我們身後延續》（*That Our Affections Carry Themselves Beyond Us*, 1580）

> 哲學不與自然的快樂爭論，只要這種快樂是審慎的。哲學宣揚的是節制，不是迴避，因此哲學的抵抗力是用來對付那些不正常和非自然的快樂。哲學認為心靈不該增加肉身的食欲，並且足智多謀地警告我們，不要過度飲食而激發飢餓，不要硬塞滿食物，只要填飽肚子，避免我們把享受當成需要，也避免我們一面吃肉，卻愈吃愈餓、一面喝酒，卻愈喝愈渴。
>
> 蒙田，《論維吉爾的幾首詩》（*Upon Some Verses of Virgil*, 1580）

> 我覺得不該拒絕自然的快樂，也不該太熱愛自然的快樂。薛西斯十分愚蠢，當他被人類所知的各種快樂包圍，竟還在懸賞尋找新的快樂。然而將自己與自然的快樂切割開來也同樣愚蠢。我們既不應追逐快樂，也不應逃離快樂。我們應該接受快樂。
>
> 蒙田，《論閱歷》（1580）

九、快樂的用途

斯多葛學派經常談論對快樂的鄙視。他們的意思是，快樂應該被視為次要或微不足道的事情，而非生活的重心。他們還認為應該謹慎地看待快樂，因為快樂到了最後往往會帶給我們麻煩。但這並不表示應該討厭快樂。有時候我們需要快樂，正如塞內卡的理解。

> 如我所言，一些偉大的人每個月會在特定日子讓自己休息一天，也有些人每天會區分出工作與休閒的時間……有些人會在中午之後轉向比較不費力的事，他們刻意將那些事留到下午才做……我們必須放縱心靈，定期給予它可當成食物與力量的休閒時間。
>
> 塞內卡，《心中的寧靜》

塞內卡認可的快樂，範圍有時候比我們想到的還要廣闊。

> 心靈不能一直保持著同樣的張力，必須將注意力轉移到娛樂上。蘇格拉底和小孩子玩耍時不會臉紅，加圖為關心國事而感到疲倦時會喝點葡萄酒來放鬆頭腦，而英勇的西庇阿凱旋而歸時會隨著音樂起舞。
>
> 塞內卡，《心中的寧靜》

塞內卡認為運動和玩耍也屬於自然的樂趣，應該像其他樂趣一樣適度地享受。他特別推薦某種性格的人從事運動與玩樂，因為對那些人來說，這些樂趣是有價值的。斯多葛學派的建議應該是很好的鼓勵，有些人真的需要放鬆一下。

運動也是有益的，可以得到適度放鬆心靈的快樂，使心靈得到平衡。本質愈消沉、愈枯燥的人，以及冷酷的人，都不會有輕易動怒的危險，可是他們必須提防消沉的缺失：恐懼、陰鬱、氣餒和多疑。因此，這種天性需要鼓勵和放縱，需要召喚快樂。既然有治療憤怒的補救措施，當然也有治療鬱悶的補救措施。要治癒這兩種缺點，不僅需要使用不同的方法，甚至還得使用相反的方法。我們應該打擊變得壯大的缺點。

塞內卡，《論憤怒》

塞內卡也承認葡萄酒的價值，甚至承認偶爾喝醉的價值——但或許必須非常適度地加以節制——因為它能給予心靈自由，還能提供洞見。塞內卡的理由如下：

無論我們是否同意希臘詩人關於「有時候變得有點狂野也很有趣」的說法，或者柏拉圖認為的「擁有自我的人徒勞地在詩歌大門上狂敲」，或是亞里斯多德所說的「偉大的天才都有一點瘋狂」——除非是在心靈激動的時刻，不然平凡之人說不出崇高的話語。

塞內卡，《心中的寧靜》

塞內卡的這些觀點可能並未得到斯多葛學派全體同儕的認同，也可能未與他自己在其他地方所表達的立場完全一致（例如本章第三節提到的），然而這些看法顯示出那些具有相當良好信譽的斯多葛主義者可能持有的各種觀點。

十、心靈的樂趣

斯多葛學派最贊同理解力與智慧方面的快樂，認為我們甚至可以毫無節制地盡情享受這些快樂，不必擔心產生副作用。斯多葛學者認為心靈才是真實快樂的所在與源泉。

將快樂評為至高無上的理想之人，認為美善要透過感官尋得，然而我們的斯多葛學者主張美善要透過理解力來覓得，是心靈的任務。

塞內卡，《書信集》

是心靈使我們變得富裕，在流亡時刻以及最野蠻的荒漠中陪伴我們。當心靈找到維持身體所需的一切，我們就能享受美好的樂趣。

塞內卡，《對赫爾維亞的安慰》

在身體活動上花太多時間，例如過度運動、過度飲食喝酒、過度排泄和交配，都是缺乏天賦的表示。這些事情應該在不經意的情況偶爾才做，我們的注意力應該放在心靈方面。

愛比克泰德，《師門述聞》

愛比克泰德提到的排泄問題，與因過量產生的危險似乎沒什麼關係，但因為羅馬人多數使用的是公共廁所，沒有隔間，所以他們會一邊上廁所一邊跟人社交。也許有些人聊得太投入，因此忘了時間。

無論如何，對斯多葛學者而言，真正的快樂來自以精準的方式和仁慈的心態看待這世界。仁慈的心態在前面已經提過，本書第十一章將再進一步探討，不過馬可．奧理略針對這個議題提出了以下的看法。

就我個人而言，如果統治的勢力在我心中是健全的，如果我不逃避任何人或發生在人們身上的任何事，而是以良善的眼光看待一切，並且根據真實的價值珍視一切事物，我就會感到快樂。

馬可．奧理略，《沉思錄》

如果以上所言似乎缺少了關於理解快樂可能涉及的形式與複雜性之具體細節，請看看叔本華比較近期的闡述。

人們會透過自己看待世界的方式來塑造他所處的世界，因此世界對不同人而言有不同的模樣。對某個人而言，世界可能是貧瘠、沉悶、膚淺的，對另外一個人而言，世界可能是豐富、有趣、充滿意義的。許多人在聆聽別人經歷的有趣事件後，會希望自己生活中也發生類似的事件，完全忘了他們應該感到羨慕的是，別人在闡述這些事件時，心中產生「這些事很重要」的那種心理……既然發生在人們身上的一切只存在於自己的意識中，而且獨立發生，那麼對人們而言，最本質的就是這種意識的構成。在大多數情況下，意識本身遠比形成其內容的情境還要重要。世界上所有的榮耀與快樂，都反映在愚人沉悶的意識中，這與塞凡提斯⑤在監獄中悲慘地寫出《唐吉訶德》

的想像力相比，確實顯得十分可憐。

叔本華，《人生的智慧》（1851）

我們目前還不清楚小說《唐吉訶德》有多少部分是在監獄裡完成的，然而這個觀點這麼棒，我們實在不該多加挑剔。

注釋

① 埃庇卡摩斯（Epicharmus, 540 B.C.－450 B.C.）是希臘喜劇劇作家暨哲學家。

② 色諾芬（Xenophon, 431 B.C.－354 B.C.）為雅典軍事家暨文史學家。

③《回憶蘇格拉底》（*Memorabilia of Socrates*）是蘇格拉底的學生色諾芬所記錄之蘇格拉底對話與行為紀念文集。

④ 達哈伊人（Dahae）是生活在中亞的古代族群，由帕尼（Parni）、鮮提（Xanthii）和畢蘇里（Pissuri）三個部落組成。

⑤ 米格爾·德·塞凡提斯·薩韋德拉（Miguel de Cervantes Saavedra, 1547 C.E.－1616 C.E.）是西班牙小說家、劇作家、詩人。

第七章　他人

一、順從共同意見
二、對讚美的渴望
三、他人的判斷
四、名聲的益處
五、自己的判斷
六、珍視事物本身
七、侮辱和意見
八、他人的輕蔑
九、輕蔑的根源
十、無窮無盡的擔憂
十一、謙卑
十二、面對不公允的評價
十三、同理心與寬恕

本章要討論斯多葛學派看待「認同」與「批評」的方式。所謂的認同與批評，就是別人的想法。認同可以是如「讚美」的直接認同，或者是如「名聲」的集體認同。批評則可以是「侮辱」或者「惡名」。本章可當成是斯多葛學派檢視虛榮和驕傲的方式，因為這些都屬於同一類的外在事物，與社交生活相關，都是我們對於社交地位及他人讚譽的渴望。大多數人追尋這些事物就像追尋財富與快樂那麼專注，並且竭盡所能地避免失去它們。

斯多葛學派在這方面的教條，第一項規則就是蔑視順從、蔑視多數人的意見，以及蔑視在思考如何選擇及如何行動時，先看別人怎麼做的習慣——這是一種已經根深柢固的問題。多數人的言行舉止和思考模式會迎合習俗與慣例，這種力量很難抵抗，因為符合別人的期望才能讓別人對我們有好的評價，而偏離別人的期望往往會迅速招來懲罰。那些樂於說出或做出符合別人期待的人，會懲罰沒有這樣做的人。斯多葛主義認為我們應該洞悉真理並據此行事，同時對於這麼做可能招致的後果報以高貴的不在乎。

詳細來說，斯多葛學派認為渴望讚美是我們順從他人的主要動力之一，也是人類普遍常見的行為表現。斯多葛學者希望馴服我們對讚美的渴望，並質疑我們為什麼要在意別人說什麼以及別人的眼光，尤其當我們根本不特別重視那些人。斯多葛學派更進而發展出對大眾判斷力的不信任，對具有大眾吸引力的所有人事物抱持懷疑。斯多葛主義建議我們以尊重自己的看法來取代大眾的喜好，並且以事物本身來評斷好壞，而非依據別人的想法。

渴望別人讚美的反面是害怕別人批評與侮辱。斯多葛主義當然也敦促大家不要在意這些事，因為這些都是我們本身無法控制的外在因素。不過斯多葛學者也提供了如何看待和回應這類攻擊的具體方法。第一種方法是蔑視別人的輕蔑（或者直接蔑視別人），抑或歡迎別人在你做正確之事時蔑視你。這種回應方式勝過害怕別人的意見，因為你一旦走上那條路，根本沒完沒了。

另一種回應的態度是謙卑與寬恕。斯多葛學者通常能透過自我反思，以幽默的態度接受侮辱，並認為這類批評可能還低估了自己真正的錯誤。由於斯多葛學者可以自在地自我嘲諷，所以當別人嘲笑他們，他們一點也不在乎。回應攻擊的第二種方法是評估別人的批評。假如我們遭受公正的批評，就應該坦然接受並且加以改變（或者坦然接受並且停止自己的行為），但如果我們遭受不公正的批評，就表示批評者錯了，他們應該得到同情，因為他們是出於好意，或至少是在他們有限的能力下說出自以為正確的言論。不管如何，反正每個人很快就會離開這個世界。

一、順從共同意見

斯多葛學派認為順從社會期望是我們大部分行為及愚蠢行徑的根源。我們的人生都在模仿別人，因此脫離了生活的本質，這種方式不可取。更清楚地來說，根據斯多葛學派的論點，習俗與慣例根本與生活無關，而且充滿錯誤，只會導致誤判，是人人必須學習抵抗的壓力來源。塞內卡認為：

> 我們之所以有那麼多麻煩，都是因為被慣例習俗誤導，只依照某種模式過日子，而非根據理性來安排自己的生活。
>
> 塞內卡，《書信集》

旅行的時候，只要選擇別人常走的路，或詢問當地人應該怎麼走，就可以避免迷路。然而在人生這條路上，磨損最嚴重且最常被使用的路，就是最容易騙人的道路，所以我們不應該像綿羊一樣只跟隨前方帶隊的羊隻——牠不會帶我們到應該去的地方，只會到牠想去的地方。

塞內卡，《論快樂的生活》

你有沒有發現，聖人眼中的好事或壞事，與一般人眼中的並不相同？聖人不在乎別人認為可恥或可憐的事，也不與眾人同行。聖人就如同逆著天國漩渦前進的行星，與世人的觀點背道而馳。

塞內卡，《論智者的恆定性》（*On the Constancy of the Wise Man*）

馬可．奧理略表示：

不去看鄰居在做什麼或想什麼，可以讓人省掉許多麻煩——只關注自己在做什麼，行為才會正直又純粹。好人不窺探別人，只會往前直奔，絕不左顧右盼。

馬可．奧理略，《沉思錄》

靠別人的意見過日子會有危險，以下是類似的見解：

我從來不想滿足眾人，因為他們不喜歡我熟知的事物，而且他們喜歡的事物我不熟知。

伊比鳩魯，引述自塞內卡《書信集》

無論後天造成或先天使然，我們都覺得自己必須參照他人才能過日子，這造成的傷害遠遠大於助益。我們欺騙了自己，並因而失去對自己真正有用的東西，只為了在表面上符合眾人的看法。我們介意自己在眾人眼中的形象，勝過關心自己內心真正的想法。

蒙田，《論虛空》（1580）

我們因為看到別人閒混就跟著閒混。同樣地，我們也從別人身上感染了欲望，結果發現自己只忙著追求想像的美好，唯恐真正偉大的目標會擊垮我們，因而開始催促自己追逐與別人相同的事物。

約翰遜，《冒險家》第一一九期（1753）

二、對讚美的渴望

渴望別人讚美與順從共同意見一樣有害。渴望別人讚美是順從共同意見的驅動力，無論渴望立即的讚美或恆久的讚美。我們一直在做能博取別人讚美的事，但我們應該練習不需要別人的讚美。

演說家知道自己寫了一篇很棒的演講稿，他把內容記在腦中，並且完美表達出來，但為什麼他還會感到緊張？因為他對此並不滿足。那麼他還想要什麼呢？他想獲得聽眾的讚美，讚美他學到的演說技巧。但他沒有學到別人的讚美與責備代表什麼。何時才會有人告訴他這些事情的意義以及這些事情真正代表什麼？何時才會有人告訴他哪種讚美值得追求、哪種責備值得避免？他何時才會實踐這些原則？

愛比克泰德，《語錄》

更宏大的觀點：

那麼我們應該重視什麼？掌聲？不對。我們也不該重視讚美，因為那是來自眾人。

馬可．奧理略，《沉思錄》

蒙田的見解：

誰不願意拿身體健康、心靈平靜和生命本身來換取名譽與榮耀？——然而名譽和榮耀只是在人群中流動的一種最沒用、最廉價也最虛假的貨幣。

蒙田，《論退隱》（1580）

約翰遜指出，對讚美的渴望不僅限於想要成名之人，每個人都希望被自己生活圈裡的人或被特定的觀眾讚美。

讚美是如此令人愉悅，以致幾乎成為我們所有行為的原始動機。受人讚揚的渴望就和其他事物一樣，會因為每個人的性格、能力與知識而不同，有些人只希望一群朋友為他鼓掌，有些人期望全郡為他喝采，有些人則希望各個國家與所有年齡層的人都大喊他的名字。每個人都在為自己眼中的最高境界而努力，而且無論身分多麼卑賤，沒人希望自己被同儕排斥。很少人因為寬宏大量或心靈虔誠而完全無視別人的責備或意見。

約翰遜，《漫步者》第一九三期（1752）

我們做任何事的時候，幾乎都會先想到別人可能怎麼說。人生有一半的麻煩和困擾來自這方面的焦慮，這種焦慮感就潛藏在自尊之下，如果太過敏感，就會感到羞愧窘迫。

叔本華，《人生的智慧》（1851）

三、他人的判斷

正如剛才提到的，愛比克泰德認為那個緊張的演說家只學到如何演講，但沒學到如何管理對讚美的渴望。關於這方面的教育，我們必須從能提供良好意見之人那裡得到審慎的建議。這是每一位斯多葛教師強調的觀點。

如果某人在離開演講廳時因無知者的掌聲而心滿意足，這個人必定非常愚蠢！你為什麼要因為你不想稱讚之人的讚美而感到開心？

塞內卡，《書信集》

你尋求那些人的讚美，但那些人到底是誰？那些人不是經常被你描述為愚者嗎？被一群精神錯亂的人讚美，就是你想要的嗎？

愛比克泰德，《語錄》

> 時時刻刻記住你尋求讚美的來源，以及他們抱持什麼原則。如此一來，在他們不小心冒犯你的時候，你才不會加以責怪。一旦你深入了解他們的動機與看法，就不會再渴望得到他們的認同。
>
> 馬可．奧理略，《沉思錄》

> 因此，別人的看法對我們而言根本不值得關心。隨著時間流逝，當我們看見大多數人的思維如此膚淺、想法如此狹隘、觀點如此低劣、意見如此墮落、行徑如此離譜，我們就會無視他們。
>
> 叔本華，《人生的智慧》（1851）

同樣的道理也可應用在對於名聲的渴望，或是死後被人記住的願望。

> 第歐根尼在你之前已經被派去當偵察兵，他提供了我們不同的情報。他說死亡並不邪惡，因為死亡不是可恥的事。他還說名聲只是瘋子發出的噪音。
>
> 愛比克泰德，《語錄》

錫諾普的第歐根尼（也被稱為犬儒主義[1]的第歐根尼）是希臘哲學家，活在西元前四世紀。愛比克泰德對犬儒主義與第歐根尼充滿敬畏，有時還將第歐根尼描繪為理想化的斯多葛主義者。如上所言，愛比克泰德將第歐根尼描繪為一位檢視人類生命的神聖偵察兵和信使，而且有辦法做出上述報告。我們將在第八章第四節再次見到第歐根尼。

西塞羅對這個主題有辛辣的看法，他認為名聲只是觀點毫無價值之人所積累的意見。

我已經超脫名望和聲譽，那些東西只建立在無賴與傻瓜的共識上。

西塞羅，《圖斯庫路姆辯論》

無知者和普通人獨自一人時會被你鄙視，可是當他們聚在一起，你就認為他們非常重要。還有哪種想法比這個更為荒謬？

西塞羅，《圖斯庫路姆辯論》

真實且達觀的心靈崇高，是把言行舉止視為天性最渴望的美德，而非名聲；是天性喜歡實質上的第一，而非名聲上的第一。事實上，如果受到無知暴民反覆無常的行為影響，不能被視為偉大。

西塞羅，《論責任》(*On Duties*)

因此，斯多葛學派認為受到廣泛認可並非好現象。

凡塵俗事的常規並不盡如人意地使得多數人偏愛較好的事物。事實上，眾人的選擇最後都被證明是糟糕的。

塞內卡，《論快樂的生活》

一般人的判斷力很少達到標準。在我這個年代，如果最受大眾認同的作品不是最糟糕的作品，你可以說我是錯的。

蒙田，《論虛空》（1580）

人們也是如此。大眾流行就意味著缺乏品味或完整性。

獲得大眾認可需要運用一點伎倆，你必須讓自己像他們一樣……如果我看到你受到大眾的熱烈歡迎，如果你一進場就迎來大眾的歡呼與掌聲（就像我們為演員歡呼及鼓掌一樣），如果全國上上下下甚至包括婦女和兒童都為了讚美你而歌唱——我怎麼可能不同情你？因為我知道你必須走什麼樣的路才能得到這種程度的歡迎。

塞內卡，《書信集》

我們希望下列故事是真實的。

他們說，當西波馬丘斯訓練的運動員在摔角比賽中贏得全場掌聲，他用棍子打了那名學生。「你表現得很糟，不像你應該有的表現。」他說：「你應該表現得更好。如果你巧妙地展現本領，他們就不會為你鼓掌。」

埃里亞努斯②，《諸多歷史》（*Various Histories*）

四、名聲的益處

斯多葛主義也把理性的尖酸刻薄套用在名聲上，認為名聲沒有益處，而且無論如何都不可能長久維持。馬可·奧理略經常提到這種想法，儘管這個見解本身來自兩千年前，似乎有點諷刺，但這位斯多葛學者多半會認為現在討論這個觀點還算是先知先覺。雖然本書的讀者都有良好的品味，不過現在應該很少人聽過書中提到的作家。

你很快就會忘記所有的一切，所有的一切很快就會忘記你。

馬可·奧理略，《沉思錄》

渴求死後留名之人，沒有想過記得他的人們很快就會死去，而且那些人的後代很快也會跟著死去。到了最後，所有的回憶都會因為這些傻傻讚美之人死去而消逝無蹤。

馬可·奧理略，《沉思錄》

是所謂的名聲讓你擔心嗎？看看世間事物被人遺忘的速度，以及生前死後那些無邊無際的時間鴻溝。再看看空洞的掌聲、善變且似乎沒有鑑別能力的讚美者，以及容納了這一切的狹小世界。

馬可·奧理略，《沉思錄》

約翰遜博士也表示我們眼中的名聲其實很渺小。

沒有哪個人是神聖或可懼的，除了對於他一小部分的同胞而言。

約翰遜，《漫步者》第一一八期（1751）

我們早就應該確信每個人在人類全體中所占的分量很小，並了解很少有人會對單一個人的命運有興趣，以及這世界只留給新事物很少的關注。在商業與愚蠢的迷霧中，最明亮的功績之火只能傳播到有限的範圍，而且很快就會被其他新奇的事物所遮蔽。

約翰遜，《漫步者》第一四六期（1751）

除了考量對名聲久遠的願望只是徒勞之外，馬可．奧理略還認為這種願望毫無意義。人為什麼要在乎自己死後別人對他們的評價？

人們所做的事真的很奇怪！他們不願意讚美與他們活在相同世代之人，卻認為得到後代的讚美非常重要——那些後代是他們從未見過而且永遠不會見到的人。這點幾乎讓人感到憤怒，因為那些活在前一個世代的人也沒有好好評價你。

馬可．奧理略，《沉思錄》

那些試圖讓名聲比自己更長壽的人，忘記將來的人也和他們此刻無法忍受的人一樣平凡。說真的，如果將來的人說了這句話或那句話，或者對你抱持這樣或那樣的觀點，對你而言又有什麼影響？

馬可．奧理略，《沉思錄》

五、自己的判斷

我們已經看到斯多葛學派對於讚美和名聲的回應有著消極的一面：他們拆解讚美和名聲，以顯示這些東西的價值多麼微不足道。不過斯多葛學派所做的不僅僅是蔑視大眾的意見，他們還更加尊重自己的意見，以此來取代大眾的意見。馬可．奧理略曾經提出一個問題：為什麼我們比較在意別人的想法，而不是自己的想法？

> 我經常在想，雖然每個人都最愛自己，可是比起別人的看法，我們比較不重視自己的意見。為什麼會這樣呢？如果突然出現一位天神或者一位智者，命令我們腦中只能有可以立即大聲說出口的想法或計畫，我們可能一天都無法忍受。因為很顯然地，我們比較重視鄰居對我們的看法，而不是我們自己的意見。
>
> 馬可．奧理略，《沉思錄》

別人的想法比糟糕的指導原則影響更為深遠，讓我們從自己的思緒及我們該做的所有事情中分神。

> 除非惦記著別人對你有益或者對你有用，否則不要把剩餘的時間浪費在想著別人，因為這麼做只會讓你分心。想著別人正在做什麼以及他為什麼要這麼做，以及別人說些什麼、想些什麼或計畫什麼，這些念頭都只會讓你偏離自己的自制原則。
>
> 馬可．奧理略，《沉思錄》

認真對待自己的觀點比傾聽他人或擔心別人的想法來得更好，這也是實踐斯多葛哲學的重要環節，因為這麼做必須先對自己誠實，而不只是重複別人說過的話語。

> 對最愛你的人裝聾作啞，因為他們會出於善意為不好的事情禱告。如果你想擁有快樂，就向眾神祈求那些人對你的盲目欲望不會實現。他們希望加諸在你身上的東西並不是真正有益的。只有一件事是有益的，那就是追求快樂的人生——請相信你自己。
>
> 塞內卡，《書信集》

> 不要再關心世界對你的看法，你應該在乎如何與自己交談。
>
> 蒙田，《論退隱》（1580）

塞內卡將這些想法簡化為一些建議，讓我們更明智地與自己交談，而不依賴眾人的意見。例如當你生病的時候：

> 勇敢的人甚至可以穿著床單出門。你們手上有個任務：勇敢地對抗疾病。如果疾病無法強迫你做任何事或說服你做任何事，你就已經樹立了傑出的典範。如果我們在生病時還能夠看清自己，那是多麼榮耀的成就。做自己的旁觀者，尋求自己的掌聲。
>
> 塞內卡，《書信集》

他還舉出一個類似與自己進行對話的例子，並就保有隱私的好處補充很好的說明。

你希望被真心誠意地表揚，何苦要靠別人？你可以讚美自己說：「我投身於文學。雖然貧窮不允許我這麼做，而且還誘惑我轉向可立即從學習過程賺取財富的領域，但我依然堅持撰寫無法賺錢的詩歌，致力研究有益的哲學……」然後問問自己所說的話語是真是假。如果是真的，你就會在一位偉大的見證者面前受到讚美，那就是你自己。如果是假的，沒有人會看見你出糗。

塞內卡，《天問》

蒙田說：

除了你自己之外，沒人知道你是否懦弱、殘忍、忠誠或虔誠。別人永遠看不透你，只能藉由不確定的推論來猜測。他們看見的不是你的本質，而是你的詭計。因此不要執著於他們的判斷，應該緊緊抓住自己的判斷。

蒙田，《論悔恨》（*Of Repentance*, 1580）

叔本華表示：

大多數人都認為別人的想法最具有價值。比起自己的意識，他們更關心別人的想法，但其實自己的意識才是最立即且最能直接呈現的意見。那些人弄反了大自然的秩序——他們將別人的看法視為真實的存在，反而將自己的意識視為難以捉摸的東西。他們將衍生和次要的因素當成主體，看重自己呈現於世界的形象更勝於自己本身，並試著從非直接、不立即存在的東西求取直接而立即的結果。他們陷入一種被稱為虛榮的愚蠢處境——對於這種缺乏堅實或固有價值的行徑，虛榮是最恰當的形容。

叔本華，《人生的智慧》（1851）

六、珍視事物本身

斯多葛學派的另一個肯定性觀點，是試著珍視事物本身——珍視它們的美善，而非受歡迎的程度。

凡是美善的事物，其本身就是美善，它的美麗自成一體，讚美不是其中一環。沒有哪個東西會因為受到讚美就變得更好或更糟。

馬可．奧理略，《沉思錄》

他說得很好——無論他是誰，因為他的身分未知——在被問及為什麼要為了一件永遠不可能被多數人看見的手工藝品耗費心力時，他說：「對我而言，只要幾個人看到就足夠了。就算只有一個人看到也可以，就算沒有人看到也行。」

塞內卡，《書信集》

來自斯多葛學派的傳承者：

對於畫家或工匠，甚至修辭學家或語法學家而言，試著藉由作品來為自己博取名聲或許是可以被原諒的，然而賢德的行為本身太高尚，除了其自身的價值之外，我們不該尋求任何回報，尤其是從眾人評論的虛榮中尋求回報。

蒙田，《論榮譽》（*Of Glory*, 1580）

人們應該尊重的不是名聲，而是受人景仰的優點……沒有人能看見光，除非遇上反射物。有才華的人只有享譽海外時，才有機會受到大眾肯定。然而名聲並非功績必有的特徵，因為你可能擁有功績但是不具名聲，或者如萊辛③所言：有些人獲得了名聲，也有些人是值得擁有名聲。

叔本華，《人生的智慧》（1851）

七、侮辱和意見

我們剛才討論了一個與社交生活相關的問題：對他人良好意見的非理性渴望。另外還有一個問題——實際上是相同問題的反面——對於他人批評和侮辱之非理性恐懼。關於這一點，斯多葛學派的某些反應大家應該都已經相當熟悉，但還有一些反應是針對這種挑戰獨一無二的回應。關於大家都已熟悉的反應，我們可以從這本書在前面提到的各種原則開始說起。侮辱要達到效果，有賴受害者的合作——例如判斷對方所說的侮辱重不重要。其實我們也可以將之丟棄或者不理會判斷的結果。

侮辱的成功與否，取決於受害者的敏感度與憤慨度。

塞內卡，《論智者的恆定性》

記住，你受的侮辱不是來自攻擊你或辱罵你的人，而是你認為那些事情具有侮辱性。因此，別人挑釁你的時候，請想清楚一件事：是你自己的看法激怒了你。

艾比克泰德，《師門述聞》

被侮辱是什麼樣的狀況？你站在一塊石頭旁侮辱它，會得到什麼樣的結果？如果你對侮辱的反應和石頭一樣，侮辱你的人又能得到什麼？唯有在受害者的軟弱中找到墊腳石，他的侮辱才能產生一些效果。

艾比克泰德，《語錄》

八、他人的輕蔑

正如我們在前面章節所讀到的，斯多葛學派經常提供解決之道，但那些解決之道只是在回應別人的干擾：心裡不要多想這件事。或許因為體認到這過於簡單的解決之道難以落實，斯多葛學派通常還會提出其他更具體的策略——這裡所談的是一些思考侮辱的額外方式。斯多葛學派以冷漠、輕蔑或歡迎的態度面對他人的輕蔑。除了恐懼之外，無論用哪種態度面對都可以。我們先從冷漠開始談起，這種態度很接近剛才所提到的不要多想這件事：

只要你的任何話語或行為忠於天性，就值得你去說或去做，不要因為別人的評論或批評而分神。

如果你所說的或所做的是正確的，就不要因此而貶低自己。

馬可．奧理略，《沉思錄》

有人會鄙視我嗎？那是對方應該擔心的事。我應該擔心的是，我是否做了或說了值得被鄙視的事。

馬可．奧理略，《沉思錄》

無論別人怎麼說你，你都不必理會，因為那與你無關。

愛比克泰德，《師門述聞》

更激進的態度是歡迎別人的輕蔑，如果那是你選擇的，或自找的：

輕蔑這件事還有待持續討論。如果你將別人的輕蔑變成你自己的，就能夠恰如其分地衡量它——如果你被人鄙視，那是你自己的選擇，而非你理應受人鄙視。

塞內卡，《書信集》

如你所知，在前往麥卓納克斯家的路上，你會經過那不勒斯劇院。那不勒斯劇院裡擠滿了人，那裡有一場激烈的辯論，辯論主題是誰才是優秀的長笛演奏家。希臘小號的演奏與播音員也都引來一大群聽眾。然而在演講廳裡，一場關於誰可以被稱為好人及如何成為好人的辯論，卻只有極少的聽眾。對大多數人而言，那些少數在場的聽眾似乎沒有做什麼有價值的事，因此他們被稱為腦袋空空的遊手好閒者。我希望人們以這種稱呼嘲笑我。我們應該心平氣和地聆聽無知之人發出的侮辱言論，因為朝向美德邁進的人就應該蔑視別人的輕蔑。

塞內卡，《書信集》

遺憾的是，除了塞內卡在這類話語中簡短地提到他，我們對於前文提到的麥卓納克斯一無所知。

九、輕蔑的根源

一種相關但不同的回應是：不用輕視別人的蔑視，而要輕視或忽視發出蔑視之人。

超越侮辱是心靈偉大的標記：最侮辱性的報復，就是把你的敵人視為不值得報復的對象。許多人在懲罰對方的過程中會把輕微的傷害深深放在心裡，然而偉大且尊貴之人會像高貴的野獸聽見小狗吠叫那樣無動於衷。

塞內卡，《論憤怒》

任何人捲入戰爭，都將成為對方的敵人，必須與敵人站在相同的水平才能獲勝。「如果智者被人打一拳，他應該怎麼回應？」加圖被人在臉上打一拳時做了什麼？他沒有生氣，也沒有找對方復仇，甚至沒有原諒這件事。他說：什麼事都沒發生。比起饒恕這件事，他表現出更優秀的精神。

塞內卡，《論智者的恆定性》

在愛比克泰德眼中，如果你因為侮辱而感到沮喪，就等於向對手投降。

如果有人把你的身體隨意交託給偶遇之人，你一定會因此表示異議。而你卻願意把自己的思想交託給任何一個偶遇之人，只要某個偶遇之人侮辱你，你的心靈就會感到不安和困惑——難道你不會因此覺得羞愧嗎？

愛比克泰德，《師門述聞》

十、無窮無盡的擔憂

這是一再重複提及的斯多葛學派論證形式：如果你開始擔心別人怎麼想或怎麼說，這種擔心會持續到何時才能停止？你將因此讓自己易於遭受所有隨之而來的傷害。

聖人不會被任何人的侮辱所撼動。儘管每個人都不同，但是聖人認為他們全都一樣，他們都一樣愚蠢。如果聖人把自己放低到因為被人侮辱或傷害就有所動搖的位置，哪怕只有一次，他的煩惱將永遠不會結束。

塞內卡，《論智者的恆定性》

自由就是擁有超越傷害的心靈，讓自己的心靈成為唯一的快樂泉源，並將自己與所有的外在事物隔開，免於因為害怕別人嘲笑與議論而無法平靜生活。因為只要有人可以侮辱你，人人都可以侮辱你。

塞內卡，《論智者的恆定性》

這種擔憂還必須付出進一步的代價，因為花在擔憂的時間原本可以去做其他重要的事——這是馬可・奧理略在本章第五節提出的另一種觀點。

我們應該忽視所有無思考能力之人的挑釁——只有無思考能力之人才會挑釁別人。對於別人的侮辱和讚譽，我們應該給予相同的評價。我們不能因為別人而痛苦，也不能因為別人而歡娛，否則我們會忽略許多必要的事物——無論出於對侮辱的恐懼或者對侮辱的厭惡。

塞內卡，《論智者的恆定性》

正如我們在前面看到的，斯多葛學派認為尋求名聲根本毫無意義，因為名聲不會持久。同樣的想法也可以用來讓自己免於受到侮辱的影響。

不管別人怎麼說你，你就讓他們去說——因為他們無論如何都會說。那些言論只會局限在你看得見的狹窄區域，而且那些言論對任何人來說都不會持續很久，因為它將隨著人類的死亡而被埋葬，在未來被人們遺忘並消失無蹤。

西塞羅，《論國家》（*On the Republic*）

十一、謙卑

斯多葛學派對侮辱及其他無禮對待的回應方式還包括謙卑與接受，我們將在第八章中讀到斯多葛主義要求人們坦白面對自身的缺陷。這種習慣可以讓人更易於接受別人的批評。

如果你聽聞有人說你的壞話，不需要為對方所說的話找藉口，而應該表示：「他顯然還不知道我其他的缺點，否則他不會只說那些話。」

愛比克泰德，《師門述聞》

我們稱為侮辱的東西——到底是什麼呢？他們開玩笑說我頭上無毛、視力不佳、雙腿乾瘦、身高不夠。這些都是顯而易見的事，怎麼會算是侮辱呢？

塞內卡，《論智者的恆定性》

自嘲的幽默也往往可以回擊來自別人的嘲諷。

自嘲的人不會淪為笑柄。大家都知道瓦蒂尼烏斯天生就是一個被大家嘲笑和討厭的人，但他也是優雅又風趣的人。他拿自己的腳和乾瘦的臉開玩笑，因此免於被敵人嘲弄——最主要的嘲諷來自西塞羅。瓦蒂尼烏斯敵人的數量比他身上的缺陷數量還多。

塞內卡，《論智者的恆定性》

瓦蒂尼烏斯是古羅馬的護民官及凱撒的追隨者，在塞內卡的年代是個很好的例子，但是蒙田更喜歡另一個例子。

行走時壓低身子最安全，這是恆久不變的。凡事都需要靠自己，自給自足才能恆常不變。以下的例子是關於一位許多人都認識的紳士，這個例子就具有這種哲學意味。這位紳士口才很好，年輕時經常在朋友間說說笑笑。他結婚時年紀已經很大了，由於想到自己經常拿通姦的話題說長道短並且開別人玩笑，所以他故意從一個可以花錢買春的地方找老婆，以便自保。他和他的妻子結婚後都這樣對話：「早安，賣淫女！」「早安，綠帽男！」而且他在家裡招待客人時更是頻繁且公開地談論通姦。這麼做阻止了那些嘲笑他的人在他背後竊竊私語，也削弱了侮辱他的力量。

蒙田，《論自命不凡》（1580）

第九章第八節將進一步討論斯多葛學派如何以幽默化解敵對的情緒。

十二、面對不公允的評價

但假設別人對你的侮辱是不公正的，在這種情況下，斯多葛學派認為說出侮辱話語之人並非壞人，只是犯了錯，我們應當以看待犯錯之人的方式來看待他們——他們令人同情。

你不需要成為聖人才能看淡侮辱，只需要成為一個理智之人——成為一個會說出下列話語之人：「這些發生在我身上的事是我應得的嗎？如果是我應得的，那就不是侮辱，而是正義。如果不是我應得的，那個不公正的人應該感到慚愧。」

塞內卡，《論智者的恆定性》

斯多葛學派將那些做錯事或犯錯的人，或是判斷力不好的人，拿來與那些身體機能下降的人進行比較。既然我們傾向於體諒那些身體受損之人，為什麼不也對那些侮辱我們的人或犯錯的人採取相同的態度？畢竟他們的理解力有缺陷。

別人犯錯沒什麼好生氣的。我們應該對那些蹣跚走在黑暗中的人生氣嗎？我們應該對那些聽不見命令的聾人生氣嗎？我們應該對那些看別人玩遊戲、與同伴說愚蠢笑話，而忘記自己該做正事的孩子們生氣嗎？你想對那些因為生病和變老而感到疲憊的人生氣嗎？

塞內卡，《論憤怒》

這個強盜和那個通姦者，難道不應該被殺死嗎？一點也不。我們應該問：「這個在重要事情上被誤導和欺騙的人，這個雙眼遭到蒙蔽的人——並非他的雙眼無法分辨黑白，而是他的判斷力無法分辨善惡——難道我們不應該殺死他嗎？」如果你這麼想，就會看出自己的問題多麼不人道。這就像是在說：「難道這個盲人不該被殺死嗎？難道這個聾啞之人不該被殺死嗎？」

愛比克泰德，《語錄》

為什麼我們看見身體有缺陷或傷殘之人時不會動怒，卻無法忍受一個心智畸形的人？比起身體殘缺之人，批評者的缺陷更為嚴重。

蒙田，《論交談的藝術》（*Of the Art of Conference*）

或者，更確切地說，那些侮辱別人或犯下其他錯誤的人，可能和我們所有人一樣意志薄弱。

在人類的各種不幸中，還有這一種——我們心智的黑暗，與其說是犯錯的衝動，不如說是犯錯的欲望。為了避免你被單一之人惹怒，你必須赦免全人類，你必須寬恕全人類。

塞內卡，《論憤怒》

將軍可能會嚴格要求單一士兵遵守紀律，但是當整個部隊都逃散，赦免是無可避免的。什麼可以帶走智者的憤怒？當犯錯者人數眾多。因為智者知道，對於普遍存在的邪惡感到憤怒是多麼不合理又多麼危險的事。

塞內卡，《論憤怒》

最後一個觀點：如果你受到不公正的侮辱，可以將這樣的侮辱視為是針對別人而來——你只是被誤認為別人，是對方認錯了人。這是約瑟夫．艾迪生④在轉述愛比克泰德話語時對斯多葛主義立場的解釋。

一個人會因為你傲慢無禮或脾氣不好而責備你嗎？會因為你心懷嫉妒或誇耀自己而責備你嗎？會因為你愚蠢無知或詆毀別人而責備你嗎？仔細想想對方的責備是否屬實。如果並非實情，不妨認為自己並非對方責備之人，他所辱罵的是一個虛構的人，而且他可能喜歡真正的你，只是討厭你表面上看起來的樣子。如果他的責備屬實，如果你確實是他責備的那種心懷嫉妒、脾氣不好的人，那麼你就改變自己，讓自己變成溫和、友善、樂於助人的人，他對你的責備自然就會停止。雖然他很可能會繼續責備你，但你已不再是他責備的那種人。

艾迪生，《旁觀者》第三五五期（*The Spectator*, 1712）

比較一下蒙田講述的這幾段軼事，這些軼事是他從普魯塔克和第歐根尼．拉爾修⑤的著作中借用並濃縮而來：

馬其頓的國王阿奇拉走在街上時，有人把水潑到他身上。他的侍從說他應該懲罰對方。「啊，他並沒有把水潑在我身上。」阿奇拉國王回答：「他是把水潑到他認為是我的人身上。」蘇格拉底被告知別人說他的壞話時的反應是，「無所謂，我身上完全沒有他們說的那些毛病。」

蒙田，《論維吉爾的幾首詩》（1580）

十三、同理心與寬恕

除了將敵人視為沒有判斷能力的殘疾人士之外，斯多葛學者還以同理心看待對方。他們的想法是：冒犯別人的人，只是從自己的角度去做自以為正確的事，畢竟沒有人想要犯錯。

「每個靈魂都在違反自己意願的情況下被剝奪真理」——也在違反自己意願的情況下被剝奪正義、自制、仁慈等諸如此類的事。請永遠牢記這一點，因為這能使你對其他人更加溫和。」

馬可．奧理略，《沉思錄》

馬可．奧理略引述的這句話，來自柏拉圖在《智者》中的話語——或者他是引述自愛比克泰德，因為愛比克泰德曾引用柏拉圖的這句話。愛比克泰德表示：

有人冤枉你或說你的壞話時，請記住：他只是在做自己認為正確的事。對你而言正確的事情不可能引導他，因為他只會被對他而言正確的事情所引導。因此，如果他看錯了什麼，他才是受害者，因為他是被欺騙的人……基於這個理由，你將學會溫和地對待任何侮辱你的人。永遠記得一件事：「那只是他認為如此。」

愛比克泰德，《師門述聞》

斯多葛學者試著更明確地理解哪種思維會導致別人侮辱或攻擊他人，同時寬宏大量地加以解釋及回應。或許你和你的敵人並沒有太大不同。

某人冤枉你時，應該立刻思考是什麼樣的善念或惡意導致他冤枉你。一旦看清楚這一點，你就會同情他。你將不會感到驚訝，也不會因此動怒，因為你對於善的理解可能和他一樣，或者對惡的理解與他相同。如果真是這樣，你就必須寬恕他。如果你對同樣的事情是善是惡已經與他認知不同，就更容易以仁慈的態度對待你明知已經犯錯之人。

馬可．奧理略，《沉思錄》

最後，關於敵人，值得安慰的一件事是：你們兩人都很快就會死去。

人能愛人，而且連對犯錯的人也是如此。當你想到犯錯者是你的同胞、對方因無知和過失而犯錯，而且你們兩人不久後都會死去，以及最重要的是他沒有對你造成傷害——他沒有使你的裁決能力變得比以前還糟，你就能夠愛他。

馬可．奧理略，《沉思錄》

在競技場的晨間表演中，有時候會看見被綁在一起的公牛與熊進行對決。在牠們互相廝殺之後，有人在旁邊等著結束牠們的性命。我們也在相同的處境中：我們挑釁那些和我們緊密相繫之人，但是勝者和敗者在不久之後都會走到人生的盡頭。應該把剩餘的少少時間花在保持心靈的平和與靜謐！別讓我們的屍體受任何人憎惡！鄰人大喊「失火了」的呼救聲，往往能中斷一場鬥毆；一頭野獸的突然現身，會讓打劫旅行者的土匪強盜跑開。一旦更大的威脅出現，我們就沒有時間與較小的邪惡爭鬥。我們何苦還要想著各種衝突與陰謀？讓你生氣的那個人——除了死去之外，你還希望他淪落到哪種更悲慘的下場？可是你不需要做任何事，因為他很快就會死了。

塞內卡，《論憤怒》

注釋——

①犬儒主義（Cynicism）是對他人的動機從根本抱持不信任的心理態度。奉行犬儒主義之人拒絕財富、權力和榮譽。

②埃里亞努斯（Claudius Aelianus, 170 C.E.–235 C.E.）是在羅馬教書的希臘修辭學家暨斯多葛學派信奉者。

③ 戈特霍爾德・埃弗拉伊姆・萊辛（Gotthold Ephraim Lessing, 1729 C.E.–1781 C.E.）是德國啟蒙運動時期最重要的作家和文藝理論家之一。

④ 約瑟夫・艾迪生（Joseph Addison, 1672 C.E.–1719 C.E.）是英國散文家、詩人、劇作家以及政治家。

⑤ 第歐根尼・拉爾修（Diogenes Lærtius, 180 C.E.–240 C.E.）是羅馬帝國時代的作家。

第八章 評估

一、我們總是忽視當下
二、運用過去
三、時間的價值
四、無形的成本，無形的收益
五、自知之明
六、對自己的愛
七、投射

本章是關於我們自己應該負起責任的另一組誤判：低估現在、低估廣義的時間、低估其他的無形事物、高估自己，以及因為在別人身上看到自己的缺點而對他人做出錯誤的評估。將這些問題的處理方式放在一起並非慣例。本章的後半部分與前半部分的相關性不高，但主題都是關於心智方面的錯誤，與斯多葛學者在本書談論的大部分錯誤不同，因為這些錯誤與前述的欲望、恐懼、快樂或痛苦無關，而是對價值的誤判。

斯多葛學派的某些教義也可在其他傳統思想中發現，本章列出幾個特別明顯的例子，其中之一就是珍視當下。斯多葛學者意欲改正我們對於過去和未來的偏見，認為我們花在回憶、希望和恐懼的時間大都只是浪費（但並非總是如此，我們在後面會讀到）。他們也認為我們通常未能意識到時間的價值，因此會輕易浪費時間，比浪費金錢缺乏警覺，儘管時間更具有價值。

斯多葛學者對於時間的分析，與他們對於無形成本與收益之一般觀點類似。本章也會談論到無形的成本與收益。我們高估金錢、低估時間，就如同我們高估了物質商品與別人的認同、低估了放棄這兩者所能獲得之收益。斯多葛學派以這種觀點看待許多事情。不好的事情發生時，通常會有隱性的補償。相反的，令人興奮的機會出現時，如果留意並評估其後果，需要付出的代價往往會比最初看起來的更高，無論是有形或者無形的代價。理解這一點有助於斯多葛學派在這兩種情況中取得平衡。

我們總是對自己和他人有錯誤的評估：我們忽略自己的缺點，但輕易地在周遭的人身上發現缺點。認清這一點能幫助我們學會寬恕。別人讓你感到不愉快的事，可能不會比你所做的事糟糕。不過這點很微妙：我們譴責別人的缺點，正好就是我們憎惡但是無法從自己身上看見的缺點；人們會把自己的缺點投射在別人身上。因此，斯多葛學派致力於認識自己，並且毫不遲疑地承認自己的軟弱。

一、我們總是忽視當下

斯多葛學派很審慎處理對時間的誤判，我們稍後會讀到關於時間如何被浪費或誤解，但在這裡先來看看第一種。這也是最簡單的方式：忽視現在。

關於對時間的誤判，斯多葛學者的分析類似於我們對物質事物的誤判。第五章曾經談到，一旦我們擁有某個東西，就難以維持滿足的感覺。而對於當下的時刻無法感到滿足，也是類似的情況。我們總是以渴望獲得某個東西的精神去擔心和規畫未來，不管期待什麼。無論是未來，或者是新的事物，看起來一定都會比它實際來到我們面前之後更具有吸引力。斯多葛學派認為應該與已擁有的事物和平相處，而不是一直追逐著我們沒有的事物；透過關心現在而非沉溺於過去和未來，才能得到更大的滿足感。

斯多葛學派關於這個主題的某些評論有一種共通的特質：認為當下既難以捉摸，又是真實的存在。

> 當下這一瞬非常短暫——由於確實非常短暫，以至於對某些人而言似乎根本不存在。時間總是在流動，匆匆忙忙地流動，並且在到來之前就已結束。
>
> 塞內卡，《論生命的短暫》

> 請記住這一點：我們每個人都只活在當下這個不可分割的時刻，其他的一切要不就是已經發生，要不就是尚未確定。
>
> 馬可．奧理略，《沉思錄》

斯多葛學派對於當下的反思通常更為實際。他們試著解決我們耗費心力去擔憂未來的壞習慣。部分的論點是：對於過去和未來的想像比當下更難以承受，畢竟此時此刻總是可以忍受的。

不要馬上想像著自己整個人生，這麼做只會困擾自己。不要老是想著會有什麼樣的痛苦以及會有多少痛苦降臨在自己身上。相反的，在當下的每一種情況中都應該問問自己：「這有什麼無法忍受或難以承受的？」你將會尷尬地答不出來。

馬可・奧理略，《沉思錄》

回憶過去會追溯令人恐懼的折磨，展望未來會預期令人恐懼的折磨，只有當下才不會讓人感到痛苦。

塞內卡，《書信集》

沒有比擔憂未來更可悲的事。還剩下多少時間，以及未來是什麼樣子——憂慮的心靈會被無法解釋的恐懼所困擾。我們應該如何擺脫這種沉淪呢？只有一種方法：人生不要往前投射，只要好好待在當下。擔心未來的人無法從現在獲得好處。

塞內卡，《書信集》

活在此時此刻，除了可以免於想像未來的麻煩，同時這也是人生實際發生的唯一時刻。如果我們把心思花在未來上，就無法關注此時此刻正在發生的事，因此也無法好好生活。

想想單一的個體，並且想想人類普遍的情況，沒有哪個人不想著明天。你想知道這麼做會造成什麼樣的傷害嗎？無限大的傷害。因為他們不是真正活著，只是準備活著。

塞內卡，《書信集》

正如一條鎖鏈將囚犯與獄警緊緊相繫，恐懼和希望這兩種截然不同的東西也如影隨形地跟隨著彼此的腳步。我不覺得這會令人感到驚訝，恐懼和希望都是心中的懸念，讓心靈因為等待未來而感到不安。希望或恐懼的主要原因是我們未能適應當下，反而把思緒放在遙遠的前方。因為這個緣故，懷有遠見——原本應是人類最大的祝福——卻變成了邪惡之事。

塞內卡，《書信集》

我們永遠不在家，我們總是在別的地方。恐懼、欲望和希望將我們推向未來，用將來會發生的事情讓我們分心，藉此剝奪我們對事物的感受與關心，即便將來我們根本已經不存在。

蒙田，《感情在我們身後延續》（1580）

叔本華對斯多葛學派觀點的闡釋：

努力活在未來、希望活在未來而且只活在未來的人，總是在往前看，不耐煩地期待即將發生的事情，彷彿他們獲得這些事物時會感到開心。雖然他們看起來很聰明，但他們就像是人們在義大利看到的那些驢子。因為牠們的頭上綁著一根棍子，棍子的末端繫著一捆乾草，牠們前進的步伐十分快速。那捆乾草永遠懸在牠們前方，牠們拚命想吃到乾草。這些人對於自己的存在一直處於幻想的狀態，持續卡在時間的灰色地帶，直到死去。

因此我們不該老是想著計畫、焦急地展望未來，或者因為悔恨過去而放棄自己。我們應該要永遠記得，當下才是唯一的現實、唯一的確定。未來幾乎總是與預期的相反，過去也和我們以為它該有的樣子不同。但是就整體而言，過去和未來的影響比我們想像中的還要小。距離會使得肉眼可見的事物看起來比較小，也會使得它們在想像中看起來比較大。只有當下才是真實且實際的，是我們唯一擁有完整真實的時刻，我們的存在完全只在當下。

叔本華，《我們與自己的關係》（1851）

二、運用過去

剛才所提到的一切，讓人以為斯多葛學者只想完全活在當下，但這種看法有點太偏激。斯多葛學派並不認為我們應該忽略未來，或者在沒有計畫的情況下迎接未來。他們認為應該關注現在，並且謹慎地做出屬於我們未來的決定，但是不必浪費精力去思考和擔心將來會發生的事（請參閱第二章第六節）。至於過去，塞內卡主張斯多葛主義的務實作用——也就是說，透過思考一件事情對心智會不會更有助益，來決定要不要做，以及如何做那件事（這裡是指回顧過去的種種）。請試著比較以下的引文：

因此我們必須根除兩件事：對未來不幸的恐懼，以及對過去悲痛的回憶。因為一個已經與我無關，另一個目前尚與我無關。

塞內卡，《書信集》

只對當下事物感到快樂的人，將自己的樂趣設定了狹隘的限制，畢竟未來和過去都可能讓我們感到快樂——因為一個令人期待，另一個充滿回憶——然而未來的一切並不確定，可能不會發生，而過去的一切已經無法改變。因此，如果不好好把握最可靠的事物，實在非常瘋狂！

塞內卡，《書信集》

在第二段引文中，塞內卡在一封以悲傷為主題的信件中建議失去親人的人珍惜他們擁有的回憶。他並未表示我們原則上應該避免回憶往事，但是他不鼓勵回憶壞事，只鼓勵回憶讓我們愉快的事，因為歡樂的回憶對我們有所幫助。斯多葛學派的目標不僅在於精準地看待時間，還要充分地運用時間——包括過去和現在。關於回憶的好處，普魯塔克也有類似的建議。

我們每個人都把寧靜和沮喪藏在自己心中——美善與邪惡的酒罐不是儲存在「宙斯的住處」，而是儲存在我們自己的精神裡——我們在感受上的差異會清楚表現出這一點。愚蠢之人甚至會忽略眼前的美好事物，因為他們老是想著未來。聰明之人會透過記憶讓那些甚至已不存在的事物在自己心中充滿活力。

普魯塔克，《心中的寧靜》

更多關於斯多葛學派運用記憶的方式，敬請參閱第九章第十三節。

三、時間的價值

從斯多葛學派的角度來看，我們不僅經常看不見現在的重要性，也看不見時間的意義。塞內卡認為，大多數人都沒有意識到時間的流逝。

> 不久之前我還只是一個坐在哲學家索提翁課堂上的年輕人、不久之前我才剛剛開始在法庭上辯論案件、不久之前我失去了辯論的欲望、不久之前我失去了辯論的能力。時間流動的速度非常快——對於回首往事的人來說，這一點似乎更為清楚。由於時間的流逝如此輕柔，專注於當下的人根本不會注意到。你想知道原因嗎？逝去的時間都來到相同的地方，那些時間看起來都一樣，全都在一起。所有的一切都落入了相同的深淵。
>
> 塞內卡，《書信集》

索提翁是一位來自亞歷山卓①的哲學家，和阿塔羅斯一樣。他是塞內卡早期的另一位老師，亦是塞克斯蒂烏斯學派②的講師。塞克斯蒂烏斯學派融合了斯多葛學派和畢達哥拉斯學派的思想。

針對某些主題的對話或閱讀或深入思考，會使人深深著迷，讓人先發現自己已經抵達這趟旅程的終點，然後才意識到自己正在接近那個主題。就像是永不停歇和變化多端的生命之旅一樣，我們無論醒著或睡去，都以相同的速度前進。那些全神貫注的人，直到最後一刻才會意識到這一點。

塞內卡，《論生命的短暫》

如果不留意時間，會導致時間的浪費。為了說明這一點，塞內卡提出一個深受歡迎的主題：時間與財富的比較。

我們得到的生命並不短暫，但我們讓它變得短暫；我們也不覺得它有所不足，只會浪費它。就好比龐大且奢華的財富在落入壞主人手中的那一刻就潰散零落一樣——相反的，無論財富多麼有限，如果託付給一個好的監護人，就會因為被善用而增加——因此生命對於正確使用它的人而言時間相當充足。

塞內卡，《論生命的短暫》

約翰遜以不同的方式來表達：

一位義大利哲學家的座右銘寫道：時間是我的莊園。事實就是如此，假如沒有好好耕種，時間將讓人一無所獲；但只要沒有任何時間因疏忽而浪費、被有毒的植物覆蓋，或者被拿來展示而非好好運用，時間就會豐厚地回報努力運用它的人，並且滿足其最大的欲望。

約翰遜，《漫步者》第一〇八期（1751）

約翰遜提到的義大利哲學家是吉羅拉莫・卡爾達諾③。卡爾達諾在他書房的門上刻著約翰遜提到的座右銘：時間是莊園（Tempus ager meus）。

塞內卡認為時間是我們擁有的東西之中最具有價值的——而且也是唯一具有價值的，可是我們卻沒有像守護財富那麼小心翼翼地守護時間。每個人都會擔心失去一些金錢，但只有少數人會擔心失去一些時間。

> 沒有人願意將自己的金錢分給別人，但我們每個人都把自己生命中的許多時間花在別人身上！人們會緊緊守護自己的財富，在浪費時間時卻很奢侈——我們應該要對時間貪婪。
>
> 塞內卡，《論生命的短暫》

> 從這點可以看出我們的愚蠢：我們只看重自己花錢買來的東西，卻覺得我們耗費自己心力得來的事物是免費的。如果必須放棄房子或具吸引力的資產或具有生產力的莊園，我們永遠不會願意購買那些事物，可是我們卻願意以陷入焦慮、陷入危險、失去榮譽、失去自由和失去時間的代價來獲得那些東西——因為我們覺得自己最廉價。
>
> 塞內卡，《書信集》

> 盧基里烏斯，所有的事物都屬於別人，只有時間是我們自己的。大自然讓我們擁有這種轉瞬即逝和充滿不確定的資產，任何人都可以隨意浪費。凡人多麼愚蠢啊，他們願意付出金錢來獲得最廉價、最不重要、可以被輕易取代的事物。如果他們花了時間，沒有人會因此覺得自己負債——不

過，就算是最心存感激的債務人，也無法償還時間。

塞內卡，《書信集》

塞內卡提供了一些心理練習，以更生動地說明時間的價值。舉例來說，如果我們沒有意識到時間比金錢重要，可以拿那些耗盡時間和花光金錢的人所感到的痛苦來做比較。

沒有人珍惜時間，每個人都奢侈地浪費時間，彷彿它是免費的。然而這些人生病的時候、死亡愈來愈接近的時候，且看他們如何跪求醫生。當他們面對死刑的威脅，且看他們如何花光自己擁有的一切以求延長壽命！

塞內卡，《論生命的短暫》

如果我們每個人都能把未來剩餘的歲月擺在面前，就像我們過去的歲月一樣，當我們看見自己只剩下多少時間，將會顯得多麼驚惶失措！當你知悉自己擁有的數量，就會懂得要善加管理，即使數量很少。假如你不知道什麼時候會用完，就必須更謹慎地保護你所擁有的。

塞內卡，《論生命的短暫》

我們的時間可能掌握在別人手中，這種觀點會讓人感到十分震驚。

我看見有人吵著要占用別人的時間、被要求的對方也因此縱容地浪費時間時，都會感到十分驚訝。他們都看著需要耗費時間的目標，卻沒人注意到時間本身，彷彿沒有被索討任何東西，也沒有任何東西因此被付出。

塞內卡，《論生命的短暫》

四、無形的成本，無形的收益

斯多葛主義要求我們去留意大家沒有看見或者被忽視的事：擁有財富不是透過擁有而是透過對金錢漠不關心；貧窮是因為我們沒把時間視為自己的資產而隨意浪費。此外還有其他形式的無形損益，這是愛比克泰德經常一再提到的主題。

每當你失去一些外在事物，記得要抱持這種想法：你因此得到了什麼？如果你得到的東西更有價值，永遠不要說「我遭受了損失」——如果你失去一頭驢但得到一匹馬，或者失去一隻羊但得到一頭牛，或者使用一點點錢但做了好事，或者減少毫無意義的閒聊但獲得充滿知識的閒暇時光，或者以自尊取代了淫穢的行徑。

愛比克泰德，《語錄》

是不是灑漏了一點點油？是不是被偷了一點點酒？你可以說：「這是平靜的代價，這是心靈平和的代價。」——因為天底下沒有免費的東西。

愛比克泰德，《師門述聞》

你沒有受邀參加某人的晚宴？因為你沒有支付主人晚餐的代價。讓他請吃晚餐的代價，是必須讚美他、關注他……難道你沒有得到任何可以取代那頓晚餐的事物嗎？當然有。你不必讚美你不想讚美的人，也不必忍受到他家吃飯的那些人。

愛比克泰德，《師門述聞》

同樣的想法可以從自己轉向他人。在怨恨或嫉妒他們之前，你應該想想他們為自己擁有的事物所付出的代價。

這就是為什麼我失去了我的燈，因為小偷比我更擅長保持清醒。然而他為了這盞燈付出了高額的代價，因為他變成一個小偷，變得不值得信賴，變成一頭畜生。他似乎覺得這是一筆划算的交易！

愛比克泰德，《語錄》

這種探究代價的方式不限於小偷的不法行為，也適用人們所做的各種選擇。斯多葛學派經常以公職人員為例，進行這一類的分析。

如果你看見有人經常獲選為公職人員，或者在論壇上名聲十分響亮，不要心懷嫉妒，因為這些事物得用一生為代價來換取。

塞內卡，《論生命的短暫》

看到別人擔任公職時，請想想自己實際上對公職有沒有需求。如果別人很富有，請想想自己擁有的事物。倘若你一無所有，你很悲慘；倘若你根本不需要財富，你應該要知道自己擁有的其實比對方還多，而且價值更高。

愛比克泰德，《語錄》

我言行舉止良好，但他擁有總督的職位；他有將軍的軍銜，但我擁有自尊。

愛比克泰德，《語錄》

若有人說「因為我們不是執政官或總督，所以我們的事情一點也不重要」，我們可以回答：「我們的事情非常重要，而且我們的生活令人羨慕，因為我們不必卑躬屈節、不必背負重任，也不必奉承巴結。」

普魯塔克，《心中的寧靜》

同樣的，塞內卡提出一種生動的比較，讓這個論點變得更為生動——那些看起來免費的事物，通常都有其成本。

就和我們的各種計畫及活動一樣，當我們接近一名在路邊兜售商品的小販，請記得做一件我們習慣做的事：看看要得到這個我們喜歡的小東西得付出多少代價。一毛錢都不必支付的東西往往代價最高，我可以向你們展示許多會使我們失去自由的事物。如果不去擁有這些東西，我們就是屬於自己的。

塞內卡，《書信集》

請想像以下的場景：命運女神左右了遊戲的結果。在這群兇惡的人類面前，命運女神搖出了我們的榮耀、財富與影響力。這些瑣碎的小玩意兒，有一些在試圖抓住它們的人手中慘遭撕裂，有一些被不可靠的合作關係所共享，有一些對於得到它們的人造成極大傷害，有一些落入完全無關的人手上，有一些因為人們太努力抓住它們而掉落，因而從那些貪婪地想得到它們的人手中溜走。即使幸運獲得這些戰利品的人，擁有它們的喜悅也無法持續到第二天。因此智者看到這些小玩意兒被帶進來時，馬上就從劇院裡跑走，因為他們知道這些小玩意兒會讓他們付出昂貴的代價。

塞內卡，《書信集》

典型的斯多葛學派結論是：

如果你為自由設定較高的價值，就必須對其他事物設定較低的價值。

塞內卡，《書信》

第歐根尼．拉爾修講述了錫諾普的第歐根尼的軼事（這兩位第歐根尼之間並沒有任何關係）：

有一次，正在洗菜的第歐根尼嘲笑了經過的阿瑞斯提普斯④說：「如果你學會只吃蔬菜過日子，就不必成為暴君殿堂裡的奴隸。」阿瑞斯提普斯回答：「如果你懂得如何在人群中表現自己，就不必坐在那裡洗菜。」

第歐根尼．拉爾修，《傑出哲學家的生平》（*Lives of Eminent Philosophers*）

在後來的重述中，這則軼事中的順序經常被人顛倒，並被賦予更斯多葛主義的味道：阿瑞斯提普斯嘲笑第歐根尼，說如果他學會奉承君王，就不必靠吃扁豆過日子。第歐根尼則回答，如果阿瑞斯提普斯學會靠吃扁豆過日子，就不必繼續奉承君王。

紀堯姆·杜·維爾提出一種用來表達我們現今觀點的方式：在你嫉妒別人之前，先問問自己，願不願意為了得到他們擁有的事物而支付他們付出的代價。

我發現，大多數的時候我們會羨慕別人的財富、榮譽與特權，但如果有人對我們說「你可以付出同樣的代價來擁有和他們一樣的事物」時，我們就不想要那些東西了。因為，為了要擁有他們擁有的那些東西，我們必須奉承他人、必須忍受屈辱和傷害，還必須放棄我們的自由。

杜·維爾，《斯多葛學派的道德哲學》（1585）

五、自知之明

接著討論另一種自我欺騙的類別：這種自我欺騙與我們自身的才能有關。正如我們已經在許多章節中讀到的，斯多葛主義是一種謙遜的哲學，它的起始點在於坦然地評估自己的缺陷和愚蠢。斯多葛學派認為承認軟弱不是軟弱，而是通往智慧的道路。

哲學的起點——至少對那些以正確方法通往正確途徑的人而言——是意識到自己在最重要的事情上的脆弱和無能為力。

愛比克泰德，《語錄》

伊比鳩魯將這種想法表達為一句格言：

認識錯誤是得到解救的開端。

伊比鳩魯，引述自塞內卡《書信集》

塞內卡把這個論點變成一種方法：檢舉自己。

不知道自己犯錯的人不希望被人糾正：你必須發現自己的錯誤，然後才能夠做得更好。有些人誇耀自己的缺點，把自己的惡習當成美德，你認為他們會打算採取任何補救措施嗎？因此，應該盡可能地建立自己的罪惡感，並且調查自己，由自己扮演檢察官的角色，然後再扮演法官的角色，最後才扮演辯護律師的角色。有時候我們可以冒犯自己。

塞內卡，《書信集》

約翰遜對於檢舉自己的看法如下：

博學多聞、明智審慎、信仰虔誠的布爾哈夫表示，每次他看見罪犯被拖往刑場時都會問問自己：「有誰知道這個人的罪責是否比我輕？」在這座城市處決囚犯的日子裡，每個觀看這種可怕遊行的旁觀者應該都要在心裡問自己同樣的問題……哪個人敢說自己一生中沒有做過比偷一塊錢更破壞別人平靜或成功的行為？

約翰遜，《漫步者》第一一四期（1751）

赫爾曼．布爾哈夫（一六六八－一七三八）是一位荷蘭科學家暨哲學家，被認為是現代醫學的創始人。

六、對自己的愛

這點與我們剛才介紹的努力自我反省相反。斯多葛學派還發現一種反制力量：對自己的愛。我們人類習慣高估自己，並且忽略或原諒自己的缺點。

> 我們把別人的過錯放在眼前，把自己的過錯放在背後。
>
> 塞內卡，《論憤怒》

> 每個人都高估了別人對他的冒犯，卻認為自己冒犯別人情有可原。
>
> 蒙田，《論飲酒》（*Of Drunkenness*, 1580）

> 人類心靈脆弱最常招致的批評，莫過於忽視自己的過錯（無論那些過錯多麼明顯），還有易於原諒自己的錯誤，無論他們多麼頻繁地重複犯錯。
>
> 約翰遜，《漫步者》第一五五期（1751）

這些傾向可能會變成更具體的錯誤，例如為自私找藉口以及推卸責任。

沒有人意識到自己是貪婪的。雖然盲人至少需要一位嚮導，我們卻在沒有嚮導的情況下四處遊蕩，還說：「我沒有野心，可是在羅馬就必須要這樣生活。我沒有揮霍，可是在城市裡就必須有可觀的開銷。我暴躁易怒不是我的錯，因為我還沒有決定要擁有安定的生活——畢竟我還年輕。」為什麼要自欺欺人？我們的邪惡與外在事物無關，而是發自我們的內在，邪惡就坐在我們的生命裡——如果不知道自己生病了，要重獲健康就會困難得多。

塞內卡，《書信集》

或者採行雙重標準。

「那麼，為什麼我們要因為敵人對我們所做的壞事而心煩意亂？」因為我們沒有預期到那些壞事會發生，或者至少沒有想到那些壞事會如此嚴重。這是太愛自己的結果，讓我們以為就算敵人也傷不了我們。我們每個人都抱有以己為尊的心態：允許自己去做的事情，不許別人對我們做。

塞內卡，《論憤怒》

讓我們把自己放在惹我們生氣之人的位置上。從這個角度來看，可以看見我們的憤怒來自不合理的看法。我們自己也不願承受自己意圖施加在別人身上的事。

塞內卡，《論憤怒》

或者容易受到奉承。

我們主要的障礙是易於對自己感到滿意。如果遇到有人說我們是好人、我們很聰明、我們很正直，我們會承認對方描述的準確性。適度的讚美無法讓人滿足，因此無論多麼厚顏無恥的奉承加諸在我們身上，我們都會接受，認為這是自己應得的。我們認同那些稱讚我們最優秀且最聰明的人，儘管知道那些讚美全是謊言。

塞內卡，《書信集》

如果你撫摸一隻貓，牠會發出呼嚕聲。同樣的，如果你讚美一個人，他的臉上會出現喜悅的表情，即使那些讚美顯然是謊言。只要你讚美的內容是他引以為傲的事，他就會欣然接受。

叔本華，《人生的智慧》（1851）

關於這種傾向的固執：

為什麼沒有人承認自己的缺點？因為他仍然在那些缺點的操控範圍中。人在醒來之後才會知道自己做夢。承認自己的缺點是心智健全的表徵。

塞內卡，《書信集》

蒙田也提出類似的觀點來說明為什麼我們很難發覺自己的誤判：因為我們的能力有限，以致我們無法察覺自己能力有限。

人們常說好品味是大自然分配最公平的禮物，因為沒人會對自己分得的配額不滿意——這不是很合理嗎？能看透這一點的人都能夠看見超越自己視野所及之處。我認為自己的觀點美好又充分，但哪個人不是這樣認為自己的觀點？

蒙田，《論自命不凡》（1580）

斯多葛學派傳承者提出了一些附加理論，用來說明當我們清楚看見自身缺點，會遇上什麼麻煩。蒙田的另一個觀點是我們會以理想化的方式來看待自己，就像看著自己深愛的人。

還有另一種變化形式的自豪，那就是我們對自身價值的誇大看法。我們以粗心草率的愛意奉承自己，以致它所展示的並不是我們原來的樣子。這種對自身價值的誇大看法，就像一種激情的愛，讓人只看見它擁抱對象的美麗與優雅，並以其混亂無序的判斷力，使抱持這種看法的人將深愛的自己當成比原本更為完美的模樣。

蒙田，《論自命不凡》（1580）

約翰遜提出一種不同的論點——我們以為別人看不見我們自己心知肚明的真實樣貌。

對自己的愛往往會比盲目更為傲慢，它不會向我們隱瞞自己的缺點，反而會說服我們這些缺點已經避開別人的注意，還讓我們怨恨別人對我們缺點的譴責，生怕必須向正義坦承一切。我們會暗中意識到自己的缺點與惡習，而且希望這些缺點和惡習能避開眾人的眼光。我們用無數的冒名詐欺來取悅自己，但事實上根本沒能騙倒任何人。

約翰遜，《漫步者》第一五五期（1751）

斯密有不同的看法：看清自己是一種讓人難以忍受的痛苦，因此我們選擇視而不見。

認為自己不好的想法會讓人不舒服，因此我們故意將自己的觀點從可能致使我們做出對自己不利之判斷的情境中移開。人們說他是一位大膽的外科醫生，他對自己動手術時雙手不會顫抖；他往往也同樣大膽，可以毫不猶豫地揭開自欺欺人的神祕面紗，那面紗掩飾了他自身行為的畸形殘缺……自欺欺人這種致命弱點，就是人類生活混亂的大半源頭。如果我們從別人看我們的角度來看自己，或者從別人可能會知道真相的角度來看自己，我們免不了要改過自新，否則無法忍受這種看待自己的視角。

斯密，《道德情操論》（1759）

七、投射

太愛自己的人，往往會對別人的冒犯以及別人的缺點極為敏感。斯多葛學派對於最後這種傾向的某項特質格外有興趣：傾向指責別人身上那些我們可能也有的過錯。也就是我們只會批評別人，卻不反思自己類似的錯誤。就算我們沒有犯下與別人同樣的錯誤，也應該承認自己可能會犯同樣的錯，或者可能會做出其他同樣不好或者更糟的事。

當你因為別人的過錯而感到憤怒，立刻轉頭找出自己最相似的錯誤——例如對金錢、歡娛、名聲或任何事物的依戀。看清這一點之後，你很快就會忘記自己的憤怒。你會想到他是被迫這麼做的，不然他還能如何是好？

馬可．奧理略，《沉思錄》

如果有人能回想起自己曾經多少次遭到莫名懷疑、自己的善行曾經多少次被誤認為壞事，以及自己曾經憎恨過多少人但後來學會愛對方，他就能夠因此避免任何突發的憤怒，尤其每當有冒犯他的事情發生，他都會先默默地對自己說：「我也犯過同樣的錯。」不過，我們要去哪裡才能找到這種公正的法官？

塞內卡，《論憤怒》

「那個人傷害了我，不過我沒有傷害他。」但也許你已經傷害過他了，也許將來有一天你會傷害他或者傷害別人。不要只看這一小時或者這一天，想一想你整個心智的特質。即使你從來沒有做過壞事，你將來也有可能會去做。

塞內卡，《論憤怒》

然而有時候問題更暗中為害，不僅因為我們只批評別人卻不反思自己理應受到譴責，而且我們在別人身上看見的缺點正是我們自己最討人厭的毛病。簡而言之，這是一種投射。

背叛者最講究忠誠，偽證者會處罰說謊的人，不講道德的律師不會對自己提起訴訟。

塞內卡，《論憤怒》

我們都是未能慎重考慮而且沒有思考能力的人，不值得信任，喜歡抱怨又野心勃勃——為什麼要用溫柔的話語掩飾大家共有的瘡疤呢？——我們都是邪惡的，每個人都會在自己身上發現我們指責別人的那些缺點……因此讓我們更善待彼此。大家都很邪惡，而且與惡人一起生活。只有一件事能帶給我們平靜——溫厚地對待彼此。

塞內卡，《論憤怒》

普魯塔克表示：

相較於我們自己在說話時的狀態，我們在傾聽別人說話時，更容易發現對方思想貧乏、措辭空洞、舉止令人反感、對讚美的飄然興奮與鄙俗喜悅等表徵。因此我們應該將這種細膩的觀察從說話者轉移到自己身上，檢查自己是否也在無意間犯下這些錯誤……每個人在觀察到別人的錯誤時都應該隨時對著自己複誦柏拉圖的話：「我是不是和他們一樣？」

普魯塔克，《論聆聽講座》（*On Listening to Lectures*）

蒙田將這種投射描述為「人類最普遍且最常見的錯誤」。他接著表示：

若我們每天嘲笑鄰居，等於嘲笑自己一百倍；我們討厭別人的那些缺點，在我們自己身上更為明顯，而我們還好奇別人為什麼那麼缺乏自我意識和羞恥心。

蒙田，《論交談的藝術》（1580）

我們無時無刻不在說別人的閒話，但那些話可能更適合套用在自己身上，如果我們懂得將延伸到別人身上的觀察力巧妙地轉向自己。

蒙田，《論飲酒》（1580）

約翰遜再一次對這種習慣的根源抱持觀點。有時候我們懷疑別人，是因為我們自己值得被懷疑，所以才會假設別人和我們一樣。

要對自己不清楚的事物形成意見，只能透過將之與我們知道的事物做比較。因此，經常心存懷疑、認為別人的建議充滿詭計的人，如果不是從經驗或觀察中見識過人性的邪惡，就是因為經常遭受或見識到背叛，因而學會了避免被人訛詐，再不然就是從他自身的意向做出判斷，將他自己顯著的特質歸咎於他人。

約翰遜，《漫步者》第七十九期（1750）

叔本華認為我們很難看清自己的惡習，因為我們就生活在惡習中。因此我們對別人的批評也有附帶的好處，就是可以讓我們窺見自己內心最醜陋的一面。

一個人承受著自己身體的重量卻毫無感覺，但如果他想推移其他物體，就會馬上感受到那個物體的重量。同樣的，一個人可以看見別人的缺點與惡習，但是看不到自己的缺點與惡習。這種安排有個優點：可以把別人當成一面鏡子，從別人身上清楚看到自己本性的邪惡、錯誤、粗野與討人厭的一切。這就像是一隻狗對著自身倒影狂吠的那個老故事，牠看見的是自己，而不是牠所想像的另外一隻狗。

叔本華，《我們與自己的關係》（1851）

注釋

①亞歷山卓（Alexandria）是埃及的第二大城。

②塞克斯蒂烏斯學派（School of Sextius）是羅馬的哲學學派，起始於西元前五〇年左右。

③吉羅拉莫・卡爾達諾（Girolamo Cardano, 1501 C.E.－1576 C.E.）是義大利文藝復興時期的學者，主要成就在數學、物理與醫學方面。

④阿瑞斯提普斯（Aristippus, 435 B.C.－356 B.C.）是古希臘哲學家，蘇格拉底的學生之一，享樂主義的支持者。

第九章 情感

一、對情感讓步
二、恐懼的干擾
三、恐懼的解藥
四、不要自找麻煩
五、當恐懼成真
六、憤怒與破壞
七、憤怒只是一種看法
八、運用幽默
九、善用延遲
十、避免形成憤怒的起因
十一、無止境的憤怒
十二、不受情感左右
十三、關於悲傷

對現今的許多人而言，斯多葛主義意味著「冷漠無感」（unfeeling）。然而斯多葛學派有時候不僅欣然接受**感覺**（feeling），甚至還追尋感覺。在這裡借用兩段我們將在第十一章讀到的引文：

> 這是哲學給我們的第一個承諾：同情心、慈愛、社交性。
>
> 塞內卡，《書信集》

> 我不該像雕像一樣無情，我應該關心我先天與後天的關係——包括身為虔誠之人、兒子、兄弟、父親和公民。
>
> 愛比克泰德，《語錄》

或者回想一下塞內卡在第四章結尾處的教誨：「要從你的孩子身上得到快樂，也讓你的孩子從你身上找到快樂。毫不遲疑地把快樂表現出來」。這不是對感覺懷有敵意之人會說出口的話語。然而，斯多葛學者確實試著避免某些類型的感覺，尤其是特定形式或上升至一定程度的感覺，我們可以把那種感覺稱為**情感**（emotion）。那麼，斯多葛學者到底喜歡什麼樣的感覺？什麼程度的感覺算是太多呢？

根據本書闡述的方法，我們可以勾勒出一些基本答案，無須贅述羅馬斯多葛學者和希臘斯多葛學者所發展的整套理論。首先，這麼做有助於不再把斯多葛學派視為反對感覺或情感（我們稍後會說明這兩者的區別）的哲學，而是把它們當成「認為我們應該精準看待世界並透過理性生活與外在事物保持距離的哲學」。感覺和情感——以及任何心理狀態——如果干擾了上述的目標，就會不受歡迎。有時候，感覺和情感確實會干擾我們：憤怒的人可能無法做出明確的判斷、輕率的情感依戀可能是憤怒的源頭。塞內卡在前面提到的同情心是不一樣的，因為同情心不會消除理性，也不涉及對任何外在事物的幻覺或依戀。這些都是衡量斯多葛學派是否歡迎某種感覺的最佳標準：有這種感覺的人，他的快樂是否取決於該種感覺？這種感覺是否會模糊視力，以致具有這種感覺的人判斷錯誤？如果這些問題的答案都是否定的，就沒有必要以斯多葛學派的說法去貶低這種感覺或類似的狀態。

以簡單的詞彙來說明剛才解釋的區別也很有用：一種是依戀外在事物或威脅理性優先權的內心激變狀態，另一種則是不具有這些屬性的狀態。由於沒有現成的英語術語可以描述這樣的差異，為了方便起見，我有時候會把第一種狀態稱為「情感」，把第二種狀態稱為（純粹的）「感覺」。其實這樣的用法並不符合「情感」和「感覺」的現代定義，但我無意要反駁其他的定義或者對其造成混淆。這些詞彙在此僅供上述差異的概略代稱，而這種差異對斯多葛學者而言非常重要。

其次，斯多葛學者比他們名聲所暗示的意義更注重實際面，起碼晚期的斯多葛學者皆是如此。本章提到的代表人物為塞內卡，他不吝於表現出激動的感覺——眼淚、顫抖、欲念——但前提是它們能夠被理性控制。這些感覺被認為是自然的衝動。塞內卡承認人們在有所失去之後必然會感到悲傷，他就像其他非斯多葛學者一樣迅速駁斥對這一點的懷疑。他認為斯多葛學派的目標是避免毫無益處地自憐並且因襲慣例而加劇自然的悲傷，這些都是人道的建議。如果這種見解導致人們說塞內卡是不夠格的斯多葛學者，那麼我們應該對這種不道地的斯多葛哲學感到滿足。

第十三章的一篇短文對這些主題進行了深入的討論，該文表示斯多葛學派回應事件的方式，類似於具有長期經驗的人——就像是你已經經歷過某種情況一千次會有的反應。這種結果並非毫不在乎或者毫無感覺，儘管可能不會涉及太多情感。這種反應是一種經驗豐富的態度。

本章先從斯多葛學派對一般情感的分析開始談起，接著再轉向探討其中三種情感：恐懼，憤怒和悲傷。斯多葛主義提供了因應這三種情感的方法，這些方法可以簡單地套用在其他類型的情感上。

一、對情感讓步

斯多葛學派有時候會被嘲諷為否認情感在人類經驗中的地位，因此我們先從塞內卡對情感讓步的地方開始談起。首先，有些非自願的情感反應是無可避免的。

> 盧基里烏斯，有些事情是任何勇氣也無法避免的，大自然會點出勇氣的易朽，因此勇敢的人仍會因為悲傷的事情而皺眉、因為突發的事情受驚嚇。如果他站在懸崖邊，會感到頭暈目眩。這不是恐懼，而是一種自然的感覺，無法以理性克服。
>
> 塞內卡，《書信集》

> 任何後天與先天的事物都可以透過練習來減少其震撼力，但是無法完全抑制。有些人雖然經常在公眾場合現身但依然會緊張得冒汗，宛如他們累壞了或太熱了；有些人在發表演說之前會雙腳顫抖，有時候還會牙齒打顫、舌頭打結、嘴唇發抖。無論透過訓練或累積經驗，都無法擺脫這些狀況。更確切地說，是大自然在展現它的力量警告我們：每個人都會有特定的缺點——包括最強壯的人。
>
> 塞內卡，《書信集》

斯多葛學派也不相信聖人的靈魂在初次受到驚嚇時能抵禦幻想。相反的，他們認為，在天空發出巨響或者建築物倒塌時（舉例而言）被嚇得臉色發白及感到緊張，都是自然的反應。我們對其他的情感反應也該如此，只要我們的判斷依然保持健全完整、理性沒有受到任何損害或改變，而且沒有屈服於恐懼和痛苦。

蒙田，《論堅定》（*Of Constancy*, 1580）

塞內卡也承認，有時候我們不該否定更強大的感覺，無論我們對那些感覺有什麼樣的看法。悲傷就是個例子，我們在本章後面將有更詳細的探討。不過，斯多葛學派的基本目標是透過思考這些感覺的方式，或者透過別人鼓勵我們思考這些感覺的方式，幫助我們不會有更糟糕的反應。

當你被那些試著說服你不要覺得快樂的人包圍，不要思考自己聽到他們說些什麼，而應該想著你自己的感受。

塞內卡，《書信集》

我勸你要心狠手辣嗎？我要求你在葬禮上不要表露任何情感嗎？我不讓你的靈魂被觸動嗎？絕非如此。以你活著時觀看葬禮的同一雙眼睛來觀看自己的葬禮儀式，而且在家人崩潰時不為所動，是野蠻而非勇敢的。就算我真的禁止你這麼做，有些事物仍有自己的權利：淚水會從那些試圖壓抑它們的人眼中流下來，當眼淚落下，精神就提振了。那麼我們應該怎麼做呢？我們應該允許眼淚落下，但不要命令人們流淚；讓他們在情感範圍內盡情落淚，而非模仿別人的樣子流淚。我們

> 不要為悲傷添加任何東西，也不要為了符合別人的樣子而擴張自己的悲傷。
>
> 塞內卡，《書信集》

斯多葛主義提供了描述情感發展的分類法，情感的發展可能很難保持在一直線。然而斯多葛學派更遠大的目標是理解最重要的務實觀點：讓理性成為選擇、行動與平衡的基礎，並且對外在事物毫無依戀。

> 因此情感並不是指被事物的表象感動，而是指向事物臣服且追隨那種隨性的衝動。如果有人認為臉色發白、激動落淚、性欲激發、深深嘆息、眨動雙眼及任何類似的反應都是情感與精神狀態的表徵，那麼他就錯了，他不明白這些都只是生理衝動……有人認為自己被人傷害，想要復仇，然後——因為某種原因受到勸阻——又很快地冷靜下來。我不會把這種反應稱為憤怒，這只是一種臣服於理性的精神衝動。憤怒是指凌駕於理性之上並且失控的狀況。
>
> 塞內卡，《論憤怒》

二、恐懼的干擾

接著我們要討論特定的情感，恐懼是其中的一種。恐懼符合本章的定義，因為它是一種有時候會干擾理性與判斷的感覺。斯多葛學派因應恐懼的方式，大家現在已經很熟悉了：看出我們因應外在事物的特定心智狀態或方式有多麼愚蠢，然後提出理性的方法加以改變。首先，恐懼帶來的麻煩在於會使我們的問題倍增。如果某事物出現時會讓情況變得很糟，當我們因為恐懼而將它們拉到現在，只會增加它對我們的影響。為什麼要讓自己受苦兩次？

如果愚昧地害怕某件壞事，就會被對那件壞事的預期所拖累，彷彿那件壞事已經到來。因為不想受苦而恐懼，反而因為恐懼而吃苦……還有什麼會比被尚未發生的事情折磨更加瘋狂？你不把力氣保留到實際承受痛苦的時候，反而用來召喚並加速自己的悲慘。如果沒有辦法擺脫壞事，起碼應該拖延它的發生。

塞內卡，《書信集》

恐懼帶來的不僅是災難，而且往往還會將災難誇大。

盧基里烏斯，有更多事情會讓我們害怕而不是實際影響我們，在臆測中比在現實中更常受苦……我們會放大悲傷，或者想像它，或者提早見到它。

塞內卡，《書信集》

恐懼除了會使我們遇上兩次或者好幾次可能只需要忍受一次的事情之外，還會破壞當下的享受。即將到來的痛苦根本尚未到來，除非我們透過自己的想法將它強加在自己身上，否則不會感受到。同時，如前一章所言，存在於此時此刻的事，八成是我們可以忍受的。

心靈擔憂未來時，會是一場災難。在不幸開始之前就先陷入痛苦，焦慮不幸可能會永遠緊抓能帶來快樂的事物不放。由於這樣的心靈永無喘息的機會，在等待未來的過程中會忘記當下可能的享受。害怕失去某事物與後悔失去某事物同樣糟糕。

塞內卡，《書信集》

過去的事和尚未發生的事都不存在，我們都感覺不到。因此除了你自己的感受之外，根本沒有痛苦。

塞內卡，《書信集》

恐懼還會導致我們去想和做出愚蠢及怯懦的事，讓情況變得更糟。

我們表現得像鹿一樣。當鹿受到驚嚇並且逃離獵人朝牠們揮舞的羽毛，牠們會轉向哪裡？牠們會撤退到哪個安全的地方？牠們會跑進網子裡。因為心生混淆，在應該自信時卻充滿恐懼，所以遭到毀滅。

愛比克泰德，《語錄》

蒙田闡述了一長串類似的災難，內容是關於因恐懼而犯錯和蒙羞之人。他的結論是：

我最害怕的是恐懼。

蒙田，《論害怕》（*Of Fear*, 1580）

最後，恐懼和其他情感往往會在開始出現後就逐漸積累，這就是塞內卡為什麼對適度放縱情感的可能抱持著懷疑的態度。

如果理智占上風，情感甚至不會被激發；一旦情感開始蔑視理性，這種情況就會持續下去。一開始就阻擋情感，會比等它們逐漸聚集力量後再控制來得更容易。因此所謂的「適度」是騙人且無用的，就好比有人建議應該「適度發瘋」或「適度生病」一樣。

塞內卡，《書信集》

因此，斯多葛主義認為恐懼是類似生病或被奴役的狀態，征服恐懼是哲學家的優先任務。

就算現在沒事，不代表將來一定也沒事。大多數凡人都活在焦慮的狂熱中。

塞內卡，《書信集》

感到害怕、痛苦或煩惱的人都不是自由的。從苦惱、恐懼和煩惱中解脫的人，就像從被奴役的狀態中得到解脫。

愛比克泰德，《語錄》

三、恐懼的解藥

從斯多葛學派的角度來看，恐懼是對即將發生之事情的看法，這些看法可以簡化為恐懼者深信的一系列事物，即使他們是出於無意識或者沒有說出口——他們深信某事一定會發生而且很可怕，因此值得現在就心煩意亂。斯多葛學派認為這種意向大都是錯的，可以藉著拆解這種意向來戰勝恐懼。首先，我們應該直接審視那些可怕的事物，並且嚴格考驗其真實性。

> 我們不以辯論反駁及推翻讓我們恐懼的事物；我們不仔細檢查它們，只會發抖和退縮，就像因為害怕牛群踩踏時飛揚之塵土而棄守營地的士兵，或者因為真相不明的謠言而陷入恐慌的士兵。不知什麼緣故，最讓我們感到不安的是內容不實的報告，因為真理有其明確的範圍，但不確定性所產生的事物只能由恐懼的心靈來猜測及決定其界線。
>
> 塞內卡，《書信集》

如果理性的審查無法消除恐懼，我們可以調整自己的驗證標準，直到恐懼消失為止。塞內卡請我們依照自己的意願來修正這個遊戲。我們當然可以這麼做，因為對手也玩得不公平。雖然這在哲學上令人質疑，但在心理學上沒問題。

> 權衡你的希望和恐懼。當一切都不確定，支持你自己：相信你喜歡的那一邊。就算恐懼獲得比較多的支持，你還是要往另一邊彎曲，不要再困擾自己。
>
> 塞內卡，《書信集》

四、不要自找麻煩

對恐懼的下一個回應：可怕的事情或許不會發生。我們經常無法考量到這種可能性，那就是既然我們害怕的事可能不會到來，為此而苦惱就很愚蠢。恐懼不僅讓我們因為只需遭受一次的事而痛苦兩次，甚至會讓我們為了可能不會遭遇的事而感到痛苦。

> 那些讓你害怕的事情彷彿即將發生，但可能永遠不會到來，而且它們確實還沒有來。有些事情對我們的折磨比原本該有的折磨還多，有些事情在發生之前就先折磨我們，有些事情則根本不該，卻折磨著我們。
>
> 塞內卡，《書信集》

> 將來可能會發生一些壞事，但是現在還沒發生。意外發生的機率會有多高呢？你期望的事是不是總是無法實現！……許多事情可能會插進來，導致即將發生或已經存在的危險因此停止或結束，或者轉而威脅別人。遇上大火也可能找到逃生方式；災難的結果可能只讓一些人稍微失落；利劍有時候會從喉嚨邊挪開；人可能在劊子手面前逃過一劫。即使厄運來襲，也可能突然發生轉變。也許會，也許不會，但就當下而言，壞事還沒有發生。
>
> 塞內卡，《書信集》

塞內卡敦促這種思考方式時，表示自己並不是以斯多葛學者的身分說話，但這仍與他其他的主張吻合。不過，這種論點可能會被認為是斯多葛學者在傳授純粹主義，而不是真正的斯多葛學派的教義。

只有確定在某日期會到來的壞事才有權利擾亂我們，但是能滿足這種描述的壞事少之又少，因為壞事分為兩種：一種是可能會發生，但最多只是**可能發生**；另一種是無可避免。即使肯定會發生的壞事，發生的時間也不確定。一個總是在為壞事做準備的人，無法讓自己享有片刻的寧靜。由於有些壞事本身並不確定，另一些壞事則很久之後才會發生，如果不想因為害怕壞事而失去生活中的所有舒適，就應該認為有些壞事永遠不會發生，而且有些不太可能很快發生。

叔本華，《我們與自己的關係》（1851）

五、當恐懼成真

假設，你的恐懼最後成真。或許從現實的角度來看，事情並沒有想像中的那麼糟糕，又或許它們最後的結果可能會比表面上更難判斷。無論如何，你可以使用此時此刻所能運用的相同資源來處理。

我會透過另一條道路讓你安心：假如你擔心的事情一定會發生，你應該放下所有擔憂。無論那件壞事是什麼，都要在自己的腦中衡量它，估算你恐懼的程度。你很快就會明白，你害怕的事物要不就是並不嚴重，要不就是不會持續很久。

塞內卡，《書信集》

別人說：「也許最壞的情況不會發生。」你說：「如果真的發生了呢？我們來看看誰會贏。也許壞事是為了我好才發生的，這樣死去將使我的人生擁有尊嚴。」毒芹使蘇格拉底變得偉大。拿走他手中那把加圖的劍——他自由的辯護者——你將帶走他大部分的榮耀。

塞內卡，《書信集》

這裡提到的主題——我們擔心的事有時候被證明是最好的事——將在第十章第八節有更詳盡的討論。

不要讓未來的事打擾你。因為如果需要的話，你將帶著現在處理當下事務所運用的相同理智來到它們面前。

馬可．奧理略，《沉思錄》

六、憤怒與破壞

這種激情是塞內卡大量討論的主題。憤怒所造成的危險與代價如下：

如果你看看憤怒的影響以及它造成的傷害，簡直就像對人類而言代價最慘烈的瘟疫。你將會看見屠殺與毒害、人們相互控訴、城市的沒落與整個國家的毀滅、王子在拍賣會上淪為奴隸、房屋付之一炬、敵人放火燒光城市也燒光遼闊的鄉村。

塞內卡，《論憤怒》

理性只考慮爭論的問題本身，但憤怒會被問題以外的小事影響。舉止過於自信、說話音量太大，演講內容太放縱、穿著打扮過於精美、鼓吹過度熱心、在大眾面前太受歡迎——這些都會引起憤怒。很多時候憤怒譴責被告的原因是因為它討厭被告的律師，即使真相就在眼前，它也寧可選擇錯誤並且支持錯誤。憤怒拒絕被人說服，並且認為堅持一開始的錯誤會比懺悔更為光榮。

塞內卡，《論憤怒》

巨大的憤怒將以瘋狂告終，因此我們應該避免憤怒——不是為了節制，而是為了神智清楚。

塞內卡，《書信集》

塞內卡可能對憤怒特別感興趣，因為在他那個年代，憤怒的破壞潛力無窮。舉例來說，他寫了維迪烏斯．波利奧①的狂怒。當維迪烏斯．波利奧對他的奴隸發脾氣，會把奴隸抓去餵食他的七鰓鰻——七鰓鰻是一種長著利齒、像鰻魚一樣的吸血魚，在羅馬時代是一種很受歡迎的美食（牠們在第五章已經出現過）。維迪烏斯的一名奴隸因為打破水晶杯而被下令以這種方式處死時，皇帝奧古斯都正好是座上嘉賓。根據塞內卡的說法，奧古斯都下令饒恕了那個奴隸的性命，並且在維迪烏斯面前打破另一個水晶杯。塞內卡在這裡這樣表示，可能是為了要引述這類問題的結尾，以進一步證明我們憤怒的程度與表達方式都取決於我們自己。

七、憤怒只是一種看法

事實上，關於意見或判斷在形成某種情感時的必要與否，憤怒提供很好的說明。雖然怒氣可能自行萌生，但還需要我們對憤怒對象的看法才能得到支持。你可以想一想實際的例子來看清這一點，並且觀察倘若情感是根基於錯誤的看法，我們會如何改變或消除這樣的情感。比方說，你以為你的東西被別人弄壞了，結果那根本是別人的東西；或者你以為有人故意欺負你，結果發現對方只是不小心。感覺會跟著事實走，或者更精確地說，**感覺會跟著你對事實的想法走**。斯多葛學派認為，所有關於憤怒的例子都可以這樣加以分析。就算支撐憤怒的事實並未出現剛才所說的那些錯誤，憤怒仍然必須取決於我們其他的看法。從斯多葛學派的角度觀之，那些看法一定是錯的——例如相信這件事值得我們動怒。

> 毫無疑問，憤怒是因為我們被誤解而引起。但問題是：憤怒是立即從這種印象中產生，並在沒有心智幫助的情況下出現，還是在與心智合作之下才能激發出來？我們的看法是，它本身不會隨意冒險，只有在心智認可後才會發生作用。因為要產生受到傷害的印象、萌生報仇之意，然後將這兩種主張結合起來，認為自己不該被冤枉且應該報仇——這絕非未經過心智決斷的衝動行事。
>
> 塞內卡，《論憤怒》

因此，斯多葛學派對憤怒的第一種補救方式，就像這種類型的其他問題一樣，是回到第一章所教的：承認它只是一種看法，然後放手。

> 你依然憤慨而且抱怨連連，但不明白在你提到的所有邪惡中，實際上只有一個問題——你的憤慨與抱怨。
>
> 塞內卡，《書信集》

如果我們輕鬆看待，沒有任何事情是嚴重的；如果不加入自己的憤怒，沒有任何事情會激起憤慨。

塞內卡，《書信集》

擾亂我們的不是別人的作為（因為那些作為是他們自己應該控制與論證的），而是我們對別人所做之事的看法。將這種看法除去之後——將你認為別人所做之事很糟糕的判斷趕走——你的憤怒也會跟著消失無蹤。

馬可．奧理略，《沉思錄》

八、運用幽默

但正如本書前面所提到的，斯多葛學者明白我們心中的干擾無法總是以這些方法擺脫，因此在這裡要提出與第七章第八節相同的模式（也就是因應侮辱的方式）。該議題與我們這裡討論的主題密切相關）。除了將憤怒視為一種應該被棄絕的看法之外，斯多葛學者還提供其他補救措施——將心智重新定向，並且用更好的觀點來代替沒有益處的想法。回應憤怒的方式之一，就是蔑視造成憤怒的原因。身為斯多葛學者，必須要具有幽默感。

我們應該將世人的各種惡習視為可笑而非可恨之事。我們應該模仿德謨克利特②而不是赫拉克利特③。赫拉克利特每次出現在眾人面前都會掉眼淚，而德謨克利特總是笑呵呵，因為赫拉克利特認為我們所做的一切都很可悲，而德謨克利特覺得荒謬。我們應該輕鬆地看待事物，嘲笑人生比哀嘆人生更為文明。

塞內卡，《心中的寧靜》

德謨克利特和赫拉克利特都是前蘇格拉底的希臘哲學家。赫拉克利特在西元前五世紀初去世，德謨克利特則在赫拉克利特去世不久後出生。德謨克利特因為認為萬物皆滑稽而被稱為「笑的哲學家」，赫拉克利特因其陰暗的觀點而被稱為「哭的哲學家」。以這種方式將兩者配對，顯然是索提翁（塞內卡童年時期的老師之一）的風格。

應該特別注意的是，斯多葛主義不會透過犧牲他人來讚揚笑聲。

我們最好冷靜接受人類共通的行為與惡習，不需要大笑或流淚。為了別人的痛苦而傷心，將會永遠悲苦；樂於看見別人痛苦，則是不人道的快樂。

塞內卡，《心中的寧靜》

取笑自己是良好的幽默方式，斯多葛學派完全認可他們所受到的公然侮辱。自我貶抑的幽默可以解除對手的武裝，而且貶抑自己的人不會引人攻擊（請參閱第七章第十一節）。斯多葛學派還認為幽默另有其他用途，因為一個笑看攻擊的人可以超越攻擊並且削弱攻擊者的力量。然而最重要的——也是與我們觀點最相關的——是幽默可以化解憤怒。

看看那些我們所讚揚的寬容之人——例如蘇格拉底，他對於別人公開拿他的經驗開玩笑並且在舞台上演成喜劇展現了良好的幽默感，不亞於他的妻子贊西佩④向他潑水的時候。安提西尼⑤被人嘲笑他的母親是野蠻人、是色雷斯人⑥，他回答：即使是眾神之母，也是來自伊達山⑦（位於克里特島）。

塞內卡，《論智者的恆定性》

很多種方法可以制止憤怒，很多事情可以變成遊戲和笑話。據說蘇格拉底有一次被人打頭，當時他只表示：真糟糕，沒人知道什麼時候應該戴頭盔出門。重點不是如何被人冒犯，而是如何接受別人的冒犯。

塞內卡，《論憤怒》

加圖在辯論某事時，雷恩圖盧斯——我們的祖先說他是暴力的強硬派——在加圖的額頭上吐了一大坨濃濃的口水。加圖擦擦臉，說：「我向所有的人保證，雷恩圖盧斯，他們說你不會隨便亂噴口水，他們錯了。」

塞內卡，《論憤怒》

最後這段話是俏皮話，字面上翻譯得不好。加圖當時是對雷恩圖盧斯說，別人認為他不善言辭是錯誤的看法。這是拉丁語的文字遊戲，我只能試著翻譯出相似的意思。

有些人在理髮師推他們的時候會生氣。當他們看見一個守門人表現無禮、一名侍從表現自負、一位男僕表現傲慢，會覺得自己受辱。這種想法應該引來笑聲！當你將自己內心的平靜與別人犯錯所引起的躁動相互對照，你的心靈應該充滿了滿足感！

塞內卡，《論智者的恆定性》

> 相信我，激怒我們的事情都是小事，就像引起孩子爭吵和打架的小事一樣。雖然我們如此悲慘地看待它們，但它們全都不嚴重，而且全都不重要。我告訴你們，這就是憤怒與瘋狂的源頭——你太看重這些瑣碎的小事。
>
> 塞內卡，《論憤怒》

九、善用延遲

斯多葛學派有一個簡單的建議：在生氣時先等一等。第十三章的第一篇文章表示斯多葛主義能加快通往原本要隨時間流逝才能自然建立的心靈框架，但是這裡的論點正好相反：無法透過哲學思考來保有好脾氣的人，可以藉著延遲時間來落實這個目標。

> 糾正憤怒的最佳方式就是拖延時間。開始動怒時就要求自己這樣讓步，目的不是為了寬恕，而是為了做出判斷。憤怒來襲時非常沉重，可是過一會兒就會消退。不用試著馬上摧毀憤怒，將它零散地打碎，就可以徹底征服憤怒。
>
> 塞內卡，《論憤怒》

> 我們之中哪個人會因為奴隸在五天前或十天前燒焦食物或打翻桌子或回應召喚太慢而懲罰並鞭打奴隸？然而正是這個原因——事情剛剛發生並且在腦中記憶猶新時，會讓我們感到心煩意亂，變得嚴厲無情。就像透過迷霧所看到的形體一樣，透過憤怒看見的事物會比實際情況嚴重。
>
> 普魯塔克，《控制憤怒》（*On Controlling Anger*）

十、避免形成憤怒的起因

這裡所談的比較偏向斯多葛實用主義。避免憤怒的好方法，就是避免可能引發憤怒的事由，或者至少避免涉入我們可能會動怒的場面。塞內卡發現人們有時候會想知道別人怎麼說他們，然而那些批評可能會導致他們不高興。我們很難清楚且公平地看待挑釁，因此最好加以忽略。

> 你不想要心煩意亂嗎？不要過分好奇。想知道別人說他們哪些閒話的人，以及想挖掘私下流傳之惡意八卦的人，都只會讓自己心煩意亂，因為我們的解讀會讓那些事情看起來像侮辱。其實有些話應該被放到一旁、有些話應該一笑置之，還有一些話應該被原諒。
>
> 塞內卡，《論憤怒》

塞內卡讚揚了君主所表現的這種自制，他們拒絕讓自己暴露於會造成憤怒的原因中。

> 偉大的尤利烏斯・凱撒展現了他在內戰勝利時的仁慈特質，當他發現可能是反對黨或中立人士寫給龐貝的信，便燒毀了那些信件。無論他的脾氣多麼溫和，他寧可避免這種場面發生。他認為最優雅的饒恕形式就是不知道別人對他的冒犯。
>
> 塞內卡，《論憤怒》

鑑於斯多葛學派通常堅持不掩飾真理，讀者可能會希望他們更詳細地討論在什麼情況下不知道真相比知道真相好。但是對有在實踐斯多葛哲學的人而言，只要把這件事情當成比普通問題更應當深思熟慮的問題就足夠了。

同樣的克制也可應用於自己的內心——也就是當我們聽見流言蜚語時應該如何解讀。塞內卡知道我們有時候會有生氣的欲望，或者太快找到發怒的理由。我們應該選擇往另一個方向走，不要急著將別人所說的話解讀為冒犯或敵對，並且學習不懷疑。

> 懷疑和推測——那些騙人的挑釁——應該從腦中驅逐。「這個人沒有客氣地問候我；那個人在我親吻他的時候沒有擁抱我；這個人突然中斷我們的談話；那個人沒有邀我吃晚飯；這個人故意避開我。」我們永遠不缺懷疑的理由，但是我們需要坦率直接，並且以最佳觀點來看待事物。我們應該只相信我們看到的，不要產生誤解。每當我們的懷疑被證明為毫無根據，我們應該責怪自己的輕信，這種自我責備會幫助我們放慢腳步並且相信別人。
>
> 塞內卡，《論憤怒》

斯多葛學派通常不會承認因為我們天生個性不同，所以有些人可能比其他人更易於動怒，然而塞內卡有時候會提到這一點，我們在本章第一節和第六章第九節（關於快樂和玩樂）中就讀過這種例子。他區分了性格暴躁之人所面臨的挑戰以及可能被描述為枯燥或乏味之人所面臨的挑戰。我們談論憤怒的時候，有些人也必須採取與其他人不同的預防措施。

> 天性是很難改變的，我們可能無法改變從出生開始就與我們緊密結合的天性，儘管如此，我們應

該要知道性格暴躁的人應該遠離葡萄酒，以免火上加油。柏拉圖也認為孩童不該喝酒。

塞內卡，《論憤怒》

任何容易動怒的人都該避免擁有罕見稀有的物品，例如飲水杯、用印指環和寶石，因為比起常見且易於獲得的東西，如果這些物品遺失了，會使得它們的主人更容易失去理智。這就是為什麼尼祿皇帝打造一個巨大的八角形帳篷、一個因美麗、昂貴且值得一看的景象時，塞內卡表示：「你已經證明自己是個可憐之人，因為如果你失去這個帳篷，將無法再獲得另一個類似的帳篷。」事實上，後來運送這個帳篷的船隻沉沒了，帳篷沒了。尼祿記住了塞內卡的話，並以更大的節制承受自己的損失。

普魯塔克，《控制憤怒》

尼祿皇帝是個殺人無數的劊子手——他殺害的人包括他的對手、他的第一任妻子、他的母親，以及其他人（最後包括塞內卡），所以人們可能會懷疑普魯塔克是不是帶著諷刺的口吻寫出這段話。然而這裡並未記載尼祿「更大的節制」是什麼樣的表現。

十一、無止境的憤怒

塞內卡認為，如果憤怒是由外在事物導致的，那麼憤怒將會不斷發生，因為生活中充滿讓人生氣的好理由。

> 智者的情感被別人的邪惡所影響，還有什麼事情比這種情況更可恥？偉大的蘇格拉底回家時會失去他出門時的好脾氣嗎？如果智者會因為卑劣的行為而動怒、如果他會因為違反道德的行徑而焦躁不安，那麼肯定沒有比智者的命運更加可悲的東西。他的一生將在憤怒和悲傷中度過，因為他時時刻刻都會看見他不贊同的事物。
>
> 塞內卡，《論憤怒》

這段話暗指蘇格拉底的妻子贊西佩對他的評價：「當國家受到千百種苦難的壓迫，蘇格拉底依然帶著相同的眼神出門和回家，因為他的心智在任何場合都平靜開朗且遠離悲傷，尤其還會遠離恐懼。」（埃里亞努斯，《諸多歷史》9.7）

塞內卡在最後一段文字中使用的論證模式——「沒有盡頭」的論點——在斯多葛主義中經常看到：如果你對某種事物感到不安，應該要意識到該事物無所不在，所以你不妨一直感到不安——或者保持理智，永遠停止（或者不要那麼經常）對該事物感到不安。我們已經看到這種想法適用於對侮辱的敏感以及擔心別人的看法，現在還可套用在對於不當行為的憤怒。塞內卡並將這種想法應用在悲傷上：

> 來吧，看看你，調查所有的凡人——到處都有充分且數不盡的理由讓人哭泣……比起令人悲傷的原因，眼淚才更快使我們變得虛弱……這就是我們度過一生的方式，所以應該有所節制地做這件我們經常要面臨的事。
>
> 塞內卡，《對波利比烏斯的安慰》

十二、不受情感左右

在結束我們對憤怒的討論之前，我們可以簡單反思一下：在支持例如正義之類的價值觀時，我們有沒有必要動怒。斯多葛學派對憤怒的反對，有時候會引起人們對於他們是否為和平主義者的疑問，並且認為他們太講求情感疏離而不在意糾正錯誤。絕對不是這樣。斯多葛學派的主張會影響伸張正義與追求美善的精神，但是這不表示他們對這些事物的本質抱持溫和的看法，或在守護這些價值時會感到怯懦。

> 在必要的情況下，理智會安靜沉默地除去染上瘟疫的家庭的根與枝，並且摧毀那個家庭的妻子和孩子；它會毀掉他們的房子，將房屋夷為平地，並且消滅與自由為敵者的名號。理智會做到這一切，但是不會氣得咬牙切齒，也不會激烈地搖頭晃腦。這些對法官而言早已司空見慣，法官的表情在任何時候都像他們在做出重大判決時那麼平靜或冷淡。
>
> 塞內卡，《論憤怒》

斯多葛學派的法官就像冷靜的醫生，他們最關注的是制止壞人並且使其變好——為了社區好，也為違法者好，這點顯而易見——而不是報復。以下是這樣的法官可能會有的進一步想法：

> 他會展望未來，而不是回首過去，因為正如柏拉圖所言：「明智的人不會因為別人已經做錯事而懲罰對方，只會為了不讓別人做錯事而懲罰對方。雖然過去已經無法挽回，未來卻可以預先阻

> 止。他會公開殺死壞人的榜樣，以便讓其他壞人慢慢屈服。與其說那些人應該要被摧毀，不如說毀滅他們可以嚇阻其他人，這是必須權衡與思考的事。當他優先處理最需要審慎處理的事情——也就是運用力量來控制生死——你能看出他多麼不受情感的左右。
>
> 塞內卡，《論憤怒》1.19.7（引述自柏拉圖《定律》）

斯多葛主義者認為基於好理由而一決死戰是光榮的，他們從廣闊的視角來檢視衝突雙方的德性。

> 西庇阿很偉大，他包圍了努曼西亞，並且強迫他無法征服的敵人自取滅亡。那些捍衛者的靈魂也很偉大——他們明白只要通往死亡的道路是開放的，對於在自由的懷抱中嚥下最後一口氣的人而言就沒有阻礙。
>
> 塞內卡，《書信集》

我們在第四章中提過努曼西亞，這是西班牙的一座城市，在西元前一三四年被羅馬人包圍了十三個月，城裡的居民最後都自殺了，而非投降。對於想了解西庇阿的讀者（這裡提到的是小西庇阿⑧），他是大西庇阿（大約在六十年前擊敗漢尼拔．巴卡的羅馬將軍）的義孫。請勿將這兩人與梅特勒斯．西庇阿（曾在第四章第七節中提到過）混淆。

正如這些文字所表達的，斯多葛學派的超脫並不表示缺乏與世界的接觸或者不願意參與世事，而是一種保持平衡且精準看待世界的技術。正義是另一個獨立的問題，對斯多葛學派而言非常重要。如何花用時間與精力也是一個獨立的問題——斯多葛學派對這個問題的建言絕非隱退（關於這些論點，敬請參閱第十一章）。

這些節錄的文字及其原文的更多討論，可能還會引出更多問題。超脫的斯多葛學派究竟如何找到意志或動力為世事而努力並且成功地奮戰——甚至可以說付出所有的一切——卻又不會太關心世事？或者（也許以更好的方式來說）不以錯誤的方式關心世事？其中一種可能性，是他們可能針對斯多葛主義的內涵說了點謊，對於外在事物的投入有時候比他們所說的還多，我們在塞內卡的文字中經常可以窺見這種情況。但是也有更令人滿意的答案：好的斯多葛學者雖然對特定事物保持超脫，但可能對於理想有堅定的承諾，因此同意將某些事情視為緊急事件。最好的醫生會非常關心他們的病人，並且努力幫助每個病人。他們會全力以赴，但往往不會注入太多情感，並且能夠很快地從任何失敗中走出來（他們必須如此）。我們可以這樣思考：這種類似的心態，加上承諾與超脫的結合，就是斯多葛學者渴望的平衡。我們將在第十三章再回到這個議題。

十三、關於悲傷

斯多葛學派在處理情感上最大的挑戰，可能是人們在面對失去時無法避免悲傷。後期的斯多葛學者對早期斯多葛學派的敘述提出一種不妥協的觀點。塞內卡對悲傷的觀點較為慎重，他承認在某些情況下沒有人能避免悲傷，而且並未把這種情況描述為一種錯誤。但他認為如果我們用想法餵養並慫恿這種自然的悲傷，就會有悲傷過度的風險。

悲傷與見解

「為親人悲傷是自然的。」只要拿捏得當，沒有人會否定這種悲傷。光與親人離別就會為最堅強的心帶來無可避免的刺痛和緊繃，更遑論失去最親愛的人。然而預期心理會為我們的悲傷添加比大自然之命令更多的悲傷。

塞內卡，《對瑪西亞的安慰》

當令人難過的死亡消息初次打擊我們——當我們懷抱著即將進入火焰的屍體——會有一種自然的強迫力擠出我們的淚水；生命的氣息被悲傷的打擊所撼動，震撼了我們整個身體，也震撼了我們的雙眼，擠出了比鄰的水分。這樣的眼淚被逼出且落下，違反我們的意願。當回憶起那些我們慟失之人的記憶，又有一種不同類型的眼淚會流出來，這是我們允許的，但前一種淚水則戰勝了我們。

塞內卡，《書信集》

我們所教導的內容是高尚的：當情感從我們身上擰出一些淚水，也就止住了空想，我們的心靈就不會被悲傷所占據。

塞內卡，《書信集》

塞內卡小心翼翼地將自己的立場與他認為不太合理的其他人加以區隔。以下他所指的可能是其他的斯多葛學者：

我很清楚，有些人的智慧是嚴酷而非勇敢，他們否認智者也會悲傷。不過，在我看來，這些人最好永遠別遭遇這樣的不幸。否則命運之神就會把他們引以為傲的哲學從他們身上剔除，就算違背他們的意願也要強迫他們承認真相。假如理性能消除過度且多餘的悲傷，便已經達成目的。理性不許悲傷存在的論點，不值得我們期盼和渴望。相反的，我們應該讓理性建立一種既非複製冷漠也非複製瘋狂的權衡，使我們的心靈處於充滿深情而非不平衡的狀態。讓你的眼淚流出來，但是也讓它們停止；將你最深的嘆息從胸中排出來，但是也讓它們結束。控制你的想法，這樣你才能贏得智者與同儕的認可。

塞內卡，《對波利比烏斯的安慰》

塞內卡關於這些議題的創作，乃是根據自身的經驗。他四十多歲時有個兒子過世了，前面那段文字應該是在他兒子過世後的幾年寫下的。

悲傷和掌控

塞內卡針對克服悲傷的過程提出了他的見解。他認為擁有這種感覺一段時間是恰當的，應該好好評估，然後將之完全理性化。這種處理悲傷的方式比起藉由分散注意力或等它自然消失來得更好。

當你失去最親愛的人，承受永無止境的悲傷是一種愚蠢的放縱；但如果沒有感受到任何痛苦，又是沒有人性的鐵石心腸。在投入悲傷和保持理性之間，最好的中間路線是感到失落並有所克制。

塞內卡，《對赫爾維亞的安慰》

沒有哪種情感是可以控制的，尤其是悲傷。它會狂野又頑強地抵抗每一種補救措施。有時候我們想要隱藏悲傷、收回啜泣，但就算故作鎮靜，眼淚仍順著臉頰傾瀉而下；有時候我們將心思轉向競技或鬥劍，然而在企圖轉移注意的視域中，一些悲傷的小提醒又會讓心靈崩潰。因此，征服悲傷會比自我矇騙來得更好，因為被矇騙且被歡樂與專注轉移的悲傷將再次升起，從短暫的休息中匯聚後續的肆虐之力，但是屈服於理性的悲傷將可以永遠平息。

塞內卡，《對赫爾維亞的安慰》

我知道我補充的內容是陳腔濫調，但我不會因為每個人都這麼說就予以省略。如果悲傷不是經由你的判斷來結束，也會隨著時間的流逝而結束。然而對於一個理智之人而言，悲傷最基本的補救方法就是厭倦它。我寧可你拋棄悲傷，也不希望你的悲傷拋棄你。應該盡快停止那些即使你願意也不該長期做下去的事。

塞內卡，《書信集》

悲傷和徒勞

斯多葛學派談到以理性戰勝悲傷，並且就此提供一些推論，請參閱本書第四章（關於死亡）。不過他們也專門提供了關於悲傷和減少悲傷的見解，其中一種方法是理解我們悲傷對於悲傷的對象也沒有好處，而且或許對任何人都沒有好處。

潘西婭或波爾迦摩現在還坐在維魯斯的墳墓旁嗎？喬里亞斯或迪奧提摩斯還坐在哈德良的墳墓旁嗎？太荒謬了。好吧，假設他們確實坐在那裡，死者會意識到這一點嗎？倘若死者意識到這一點，他們會高興嗎？

馬可．奧理略，《沉思錄》

無論讀者是否知悉作者的這段文字在談論誰，都可以清楚理解他想表達的論點。路奇烏斯．維魯斯是馬可．奧理略的義弟，他們共同擔任皇帝，直到維魯斯於西元一六九年去世。潘西婭是維魯斯的情婦。哈德良是羅馬早期的皇帝——哈德良與馬可．奧理略都是「五賢帝」之一。至於文中提到的其他人則身分未知。

如果你能反思悲傷對於哀悼的對象或者你自己而言都沒有任何意義，這對你也有不少幫助，因為你就不會想讓這種沒有用處的行為繼續延長。

塞內卡，《對波利比烏斯的安慰》

你悲傷的對象會因為你悲傷而不高興。對方可能不希望你悲傷，也可能根本不知道你悲傷，所以你所謂的責任根本沒有意義。如果你為對方悲傷，對方卻沒有意識到這一點，那麼悲傷就是無用的；如果他意識到你為他悲傷，他會感到不高興。因此我可以大膽地說，在這遼闊的世界裡，沒有人會從你的淚水中得到任何愉悅。

塞內卡，《對波利比烏斯的安慰》

要克服悲傷，還有什麼比意識到它沒有好處而且毫無意義來得更有效？

西塞羅，《圖斯庫路姆辯論》

悲傷和回憶

斯多葛學者也在回憶中找到悲傷的慰藉。塞內卡認為回憶是持續存在的東西，安全地活在以前的世界裡。存在於以前的世界和存在於現在的世界並沒有什麼不同，對我們來說都具有很大的價值。

相信我，即使我們所愛的人因為某些事故被帶走了，他們有很大的部分依然和我們在一起。過去的時間屬於我們，沒有比存放在過去更安全的東西。我們對於已經得到的東西不懂感激，因為我們對尚不存在的事物懷抱著希望——彷彿不管它是什麼，假如真的降臨在我們身上，都不會很快地變成「我們已經得到」的東西。

塞內卡，《書信集》

如果我們相信我們的朋友阿塔羅斯所說的：「想著那些活著的朋友，就像享受蜂蜜和蛋糕；回憶那些死去的朋友也會令我們覺得快樂，同時還帶點悲痛。誰會否認具有一絲尖銳氣味的酸食也能激起食欲？」然而我不同意這種說法：回憶已經死去的朋友對我來說是甜蜜又愉快的，我擁有他們的感覺好比我將失去他們，我失去他們也好比我依然擁有他們。

塞內卡，《書信集》

斯多葛學派關於回憶的更多討論，敬請參閱第八章第二節。

限制

本章欲以務實的角度呈現晚期斯多葛學派關於情感的教義，然而在本章結束前，我希望簡要地提出這次討論所避開的複雜問題，因為某些讀者可能會希望我們單獨探討這些問題。

早期的（希臘）斯多葛學者對情感採取強硬的觀點，如本章第八節所討論。他們認為各種情感都相當於一種判斷。經歷某種情感的人，就好比同意了某種主張（例如「這是一件值得憤怒的事」），但這是錯的，因為它涉及對外在事物的依戀，也就是對該情感目標對象的依戀。我們已經讀到塞內卡將這種方法稍微放寬，可是基本想法依然存在於所有形式的斯多葛主義中。這是一種在許多面向上都會遭受批評的理論，尤其是針對其嚴格的形式。例如嬰兒和動物也都會感到憤怒和恐懼，但希臘斯多葛學者的觀點讓人很難理解這些生物怎麼可能會有任何情感，畢竟他們缺乏形成主張或同意那些主張的心理能力。後人一直努力修正斯多葛學派的這個理論，使其免於受到這方面問題的影響，至少晚期的斯多葛學者明白我們的判斷可能根深柢固且不須使用語言表達，如同第一章所言，因此我們或許可認為動物和嬰兒是對讓他們產生情感的事物做出非語言的評估。

現代哲學家對這些問題與相關議題的分析廣泛而複雜。希臘斯多葛學派關於情感的想法本來就很混亂，包括情感的詳細分類，以及它們分別出於何處的主張。然而這些都無法在該領域伸張正義，有志研究斯多葛理論的人，可以先從瑪莎．努斯鮑姆⑨和瑪格麗特．格雷夫⑩近期的學術著作開始讀起，她們的著作詳細地探討了這方面的內容。

注釋

①維迪烏斯．波利奧（Vedius Pollio, ? –15 B.C.）是羅馬皇帝奧古斯都的朋友，以奢侈的品味以及對奴隸的殘酷而聲名狼藉。

②德謨克利特（Democritus, 460 B.C.–370 B.C.）是來自古希臘愛琴海北部海岸的自然派哲學家，被稱為「笑的哲學家」（The Laughing Philosopher）。

③赫拉克利特（Heraclitus, 540 B.C.–480 B.C.）是古希臘哲學家，生於貴族家庭。相傳他生性憂鬱，被稱為「哭的哲學家」（The Weeping Philosopher）。

④贊西佩（Xanthippe）是哲學家蘇格拉底之妻，他們生有三個兒子。傳說她比蘇格拉底年輕四十歲，以伶牙俐齒聞名。有次夫妻兩人起了爭執，她向蘇格拉底潑水，蘇格拉底幽默地說：「打雷之後通常都會下雨。」

⑤安提西尼（Antisthenes, 約445 B.C.–365 B.C.）是古希臘哲學家，蘇格拉底弟子之一。

⑥色雷斯人（Thracians）是古代居住在色雷斯地區（現今巴爾幹半島北部）的居民。

⑦伊達山（Mount Ida）是希臘神話中的聖山。

⑧小西庇阿（Scipio Aemilianus, 185 B.C.–129 B.C.）是羅馬共和國將領，曾兩次出任執政官。

⑨瑪莎．努斯鮑姆（Martha C. Nussbaum, 1947 C.E.–）為美國哲學家，以其在政治與道德哲學、古希臘羅馬哲學、女性主義哲學等方面的研究而聞名。

⑩瑪格麗特．格雷夫（Margaret Graver）是美國達特茅斯學院（Dartmouth College）的古典哲學教授，專業領域為希臘和羅馬哲學。

第十章 逆境

一、偏好
二、必然性
三、荷米斯的神杖
四、裝備
五、逆境是一座試驗場
六、逆境訓練
七、逆境是特權
八、謙遜的判斷
九、觀點
十、預期
十一、痛苦和看法
十二、適應

斯多葛學者會像任何具有理智的人一樣避開逆境，但有時候仍免不了遭遇逆境。他們的目標是正確看待逆境，不讓內心的平靜因為逆境到來而崩塌毀滅。當然，斯多葛學派的理想更為遠大：我們應該不受衝擊地接受逆轉，並利用其有益的部分來創造更偉大的事物。沒有人希望遇上困難，可是從長遠的眼光來看，逆境是形成有價值之人和有價值之成就的必要因素。斯多葛學者會在任何事情中尋找其價值。

就這方面而言，逆境就像死亡：它既是我們會誤判的外在事物，也是可以拿來利用的資源。就斯多葛學派的角度來看，我們不喜歡逆境——主要是因為逆境的含義——這與我們誤判許多其他外在事物的原因相同。我們以心理狹隘主義來看待它們，用直接的想法貪圖方便地定義它們的規模、價值與好壞。放下這些想法，你就能看清楚逆境原本的樣貌——它不像初發生時那麼令人毛骨悚然，有時候還會具有重要的益處，而且無論如何都無法避免。

斯多葛主義提供我們一系列將逆境變好的策略，雖無法選擇發生在我們身上的事，但可以選擇如何因應。因此當挫折來臨，斯多葛學者會盡可能以具有建設性的方式解釋逆境——當成證明自己、學習事物或重新打造自我的機會。這些回應方式帶來的價值，可能超越逆境造成的代價。斯多葛學者對自己預測未來的能力抱持審慎的看法，因此對於顯然發展不佳之事一定會每況愈下，他們持保守態度。最後，斯多葛學者有其削弱逆境勢力的技巧，他們會以特定方式思考逆境：從別人的角度來看待自己身處之逆境、提前預測，並理解如何接受與適應。這些都有助於對逆境的管理。

一、偏好

斯多葛哲學在這方面有時候會遭人誤解，因此我們要首先指出這一點：雖然斯多葛學者不懼怕逆境而且準備善加利用它，但是他們更偏好避免遇上逆境。

「你認為勇敢之人會讓自己暴露於危險中。」他說。但絕非如此。勇敢之人不害怕危險，但是他會避開危險。他選擇了謹慎而非恐懼。

塞內卡，《書信集》

我當然希望戰爭不要爆發，但如果戰爭真的爆發，我希望高尚地受傷、挨餓，並且承受所有必然的苦痛。我沒有瘋狂到想要讓自己生病，但如果必須生病，我希望自己不會做出任何沒有節制或軟弱的事情。令人嚮往的不是艱苦，而是忍受困苦的勇氣。

塞內卡，《書信集》

所有保護自己不受傷害的光榮手段不僅是被允許的，而且是值得讚揚的。保持堅定的主要功能就是耐心地忍受那些無法避免的艱苦。

蒙田，《論堅定》（1580）

與難相處的人互動也是如此。遇上他們可被視為是一種逆境，但可以有尊嚴地避開他們，不帶仇恨或者恐懼。

> 假設軍隊裡有人用指甲抓你、用頭撞你，使你受到傷害，我們不會把對方當成壞人，不會覺得自己被冒犯，不會懷疑他日後會謀反。我們只會保持警覺——不是把對方當成敵人或心存懷疑，而是友好地迴避他。這種態度應該當成我們日常生活中其他面向的行為準則，讓我們無視那些曾經宛如我們練拳夥伴的許多人事物。因為正如我所言，你可以避開他們——不用懷疑他們，也不用仇恨他們。
>
> 馬可．奧理略，《沉思錄》

馬可．奧理略建議的友好迴避方式，在斯多葛學派的創新理論清單上排名不高，但如果人們以使用頻率來衡量教義的價值，這種方式的評分就會升高。

二、必然性

斯多葛學派認為逆境與我們的存在密不可分，因此應該抱持接受的心態來面對。

> 人生就像在澡堂裡、在人群中、在旅行時會遇到的種種：有些事會朝著你直衝而來，但有些事只會偶然發生。生活不是一道精緻的美食，你已經踏上一條漫長的道路，難免會跌跌撞撞、疲憊不堪，甚至還會忍不住大喊：「噢，我想死！」——換句話說，你會說謊。你將會在某個地方拋棄同伴，在另一個地方又拋棄另一個同伴，還會在其他地方害怕你的同伴。你必須在這類麻煩中進行這趟崎嶇的旅程。
>
> 塞內卡，《書信集》

馬可・奧理略採取不同的類比方式——他將心智接受逆境的方式與身體其他器官接受並處理逆境的方式相互比較。

健康的眼睛應該看得見所有能看到的東西，而不是說：「我只想看見綠色的東西」——因為那是眼睛生病的跡象。健康的聽覺和嗅覺應該要為聽見和聞到所有的東西做好準備……因此健康的心靈也應該為可能發生的任何事做好準備。如果你的心智說：「讓我的孩子安全」和「讓每個人都讚美我做的任何事」，就形同只找尋綠色事物的眼睛，或者只找尋柔軟食物的牙齒。

馬可・奧理略，《沉思錄》

蒙田提出另一種比較：我們經歷的各種事物，無論是否令人愉快，都可以當成是音樂的元素。

我們必須學會忍受無法避免的事。人生就如同這世界的和諧狀態，是由彼此對立的事物所組成——各種不同的音調，包括甜美的與刺耳的、尖銳的與平淡的、活潑的與莊嚴的。只喜愛其中一些音調的音樂家——他能夠怎麼做？他必須知道如何利用所有的音調，將它們融合在一起。我們對好事與壞事的態度也必須如此，好事與壞事和我們的人生具有相同的本質。

蒙田，《論閱歷》（1580）

這些關於逆境的觀點——逆境是人生中無可避免的部分，而且與順境不可分割——對於我們的思考和說話方式還具有一些其他的意涵。舉例來說，斯多葛學派認為抱怨人類存在之固有問題沒有任何意義。「斯多葛主義」的哲學在此最接近這個詞彙的現代含義。

「這根黃瓜是苦的。」把它扔了。「路上有荊棘。」繞道而行。這樣就夠了，不要接著又說：「為什麼世界上會發生這種事？」你將因此被大自然的研究者嘲笑，就好比如果你在木匠和鞋匠的工作室裡看見刨花和鑲邊就批評他們，你將會因此淪為笑柄。

馬可．奧理略，《沉思錄》

如果你自己可以自行跟隨，卻選擇被拖著行走，這是多麼瘋狂的事！同樣的，如果你因為缺少某些東西或因為某些事情造成不好的影響而悲傷，或者因為某些事——我是指死亡、葬禮、疾病及所有困擾人類生活的意外事物——會同時發生在好人和壞人身上而感到驚訝及憤慨，我真心認為這是愚蠢且無知的。無論宇宙用什麼方式讓我們受苦，都應該以高尚的心態去接受。忍受人類的現況是我們被約束的詛咒，不要因為我們無法避免的事情而感到困擾。

塞內卡，《論快樂的生活》

斯多葛學派對責備也不感興趣。

未受教育之人，會把自己的糟糕狀態歸咎於他人；已經開始接受教育之人，會把責任歸咎於自己；受過完整教育之人，既不會責怪別人也不會責怪自己。

愛比克泰德，《師門述聞》

斯多葛學者認為我們應該透過預先思考其潛能來接受伴隨人生的不幸——在它們發生於任何人之前。畢竟這些不幸是每個人都必須面對的潛在危險。我們雖然不會遇上相同的不幸，但是身為凡人所承受的風險是平等的。

不要對伴隨我們出生的不幸心存懷疑，而且任何人都不該抱怨，因為那些不幸對所有人一視同仁。同樣的，我說：即使某人現在逃過一劫，他可能還是免不了會受苦。事實上，平等法則並不是指每個人都會體驗相同的苦，而是每個人都有機會受苦。讓你的心智將這種公平視為一種規則，也讓我們毫無怨言地支付伴隨死亡的稅金。

塞內卡，《書信集》

抱怨「可能發生在任何人身上的事卻發生在某些人身上」，這就是不公正的。

蒙田，《論閱歷》（1580）

然而斯多葛學者回應逆境的方式不僅僅是不責備與不抱怨，他們還試著以熱情來面對無法避免的所有事。

無論發生什麼事，讓你的心智假設這種事情注定會發生。不要抱怨自然法則。

塞內卡，《書信集》

不要堅持認為一切應該依照你希望的方式發生，應該希望事情依照它們實際發生的方式發生，如此一來你的人生才會過得順利。

愛比克泰德，《師門述聞》

弗里德里希．尼采①不是斯多葛學者，但是他對於amor fati（「愛你的命運」）的見解經常被拿來與愛比克泰德的觀點相提並論。

我認為人類最偉大的準則是amor fati：不期望自己有任何事與別人不同，無論在生前或死後或永遠。人類不僅應該毫不逃避地接受必然發生之事——所有的理想主義在必然發生之事面前都是假的——而且還必須去愛必然發生之事。

尼采，《瞧！這個人》②（1888）

三、荷米斯的神杖

斯多葛學派認為逆境或與我們意願相反的事情，都被我們以各種形式誤判。逆境是打造堅固事物所需的原料，稍微調整一下這裡的比喻，好比拿到我們不需要的牌，或者骰子出現某個點數。斯多葛學派的目標是在這類情況下避免產生「噢，不！」的感覺，改以比較接近「現在該怎麼做」或者「我們看看還能怎麼做」的心態來取代。人生的任務就是把所有事情都轉化為具有建設性的結果，這是斯多葛學派對於逆境最重要的想法，也是每一位斯多葛作家熱中探討的主題，而且他們通常會以隱喻的方式探討，例如愛比克泰德是以荷米斯的神杖來譬喻。荷米斯的神杖可以施展魔法，在斯多葛學派心目中，這種神奇的力量可以將逆境變成優勢。

> 這是荷米斯的神杖，據說拿這個神杖觸碰任何東西，都能把那個東西變成黃金。雖然並不盡然，但無論你拿什麼東西過來，我都能把它變成好東西。你把疾病、死亡、貧困、侮辱、重罪的懲罰帶來——這些都能因為荷米斯的神杖而變成好事。
>
> 愛比克泰德，《語錄》

將逆境比喻為路上的阻礙：

> 心智會在遇上阻礙時轉向，並且將阻礙變為促成其目標的助力。行動的阻礙會變成行動的一部分，路上的阻礙會變成前進的道路。
>
> 馬可．奧理略，《沉思錄》

挫折的火焰將會燒得更猛烈：

> 內心控制我們的力量，與大自然結合時可以輕易適應任何事情與任何可能。它不需要特定的材料，在環境允許的情況下就能促成其目的。無論將什麼東西放在它面前，都可以把該事物變成材

料，就像烈火可以戰勝被扔進火中的一切。雖然小小的火焰會被撲滅，但強大的火勢會迅速吞噬放在它上面的任何東西，並且讓火焰攀升得更高。

馬可．奧理略，《沉思錄》

懂得善用手邊任何素材的雕塑家：

你認為壞事會成為智者的負擔嗎？智者會利用壞事。菲迪亞斯③不僅知道如何用象牙製作雕像，也知道如何用青銅製作雕像。如果你給他大理石，或者一些比較便宜的材料，他依然可以雕刻出最棒的雕像。因此，如果能夠過得富裕，智者會在富足中展現美德，但如果無法擁有富裕，他在貧困中也可以展現美德；如果可以安居，智者會在家中展現美德，但如果無法安居，他在流亡時也可以展現美德；如果能夠當上將軍，智者會在擔任將軍時展現美德，但如果無法當上將軍，他在擔任士兵時也能夠展現美德；如果可以享有健康，智者會在健康時展現美德，但如果無法享有健康，他在身體虛弱時也能夠展現美德。無論得到什麼，他都會讓它變得卓越非凡。

塞內卡，《書信集》

以馴獸師為譬喻：

有一些馴獸師甚至能迫使最野蠻、最可怕的野獸向人類屈服。他們不滿足於消除野獸的兇猛，甚至能使野獸變得平靜、與人類成為室友。獅子的主人把手放進獅子嘴裡，飼養員親吻他的老虎，瘦小的衣索比亞人命令大象跪下及走鋼索。同樣的，聖人也是善於馴服不幸的大師。痛苦、貧困、恥辱、監禁、流放，無論在什麼地方都很可怕——然而當它們來到智者面前，就被完全馴服了。

塞內卡，《書信集》

以蜜蜂為譬喻：

沒有生存技能及生存知識的人，就像既不能忍受炎熱也不能忍受寒冷的病人，會因為好運而高興、因為逆境而沮喪。他們被這兩種情況強烈地困擾，或者更確切地說，是在這兩種情況下被自己強烈地困擾。在那些被稱為「好事」的情況下，他們的困擾並不會比較少……然而理智的人就像蜜蜂從百里香中汲取花蜜一樣，百里香是最辛辣且最乾燥的植物，蜜蜂往往以相同的方式從最不利的環境中汲取適合他們且有用的東西。

普魯塔克，《心中的寧靜》

當然也有更符合字面意義的表達。

在哲學的協助下，不會有不愉快的生活，因為你將學會從每個地方和每件事物當中汲取快樂。財富會使你快樂，因為它可以讓你得到許多東西；貧窮也會使你快樂，因為沒有什麼事情需要擔心；榮耀會使你快樂，因為它會讓你受人尊敬；沒沒無名也會使你快樂，因為它讓你不必擔心遭人妒忌。

普魯塔克，《論美德與惡行》

塞內卡還指出幽默在逆境中的價值。幽默是反覆出現但被人低估的斯多葛議題。有時候可以透過幽默的觀點使壞事變成好事。

在任何一種人生之中，你都能找到娛樂和歡娛，只要你願意蔑視壞事，不把它們當成可恨的事。

塞內卡，《心中的寧靜》

四、裝備

斯多葛學者認為我們具有管理生活中各種逆境的裝備。

發生在人們身上的任何事情，沒有什麼是他天生無法承受的。

馬可．奧理略，《沉思錄》

大自然不希望我們受到騷擾，因此無論它要求我們做些什麼，它都已經幫我們配備了應對的能力。

塞內卡，《書信集》

無論發生什麼事，記得問問自己有什麼力量來面對它。如果看見一個好看的男孩或女人，你會發現面對這種事情的力量是自制；如果手邊有累人的工作，你會發現自己的力量是忍耐；如果被人辱罵，你會發現面對的力量是耐心。只要養成這種先問問自己有什麼力量的習慣，就不會因為事物的表象而激動得失去自制力。

愛比克泰德，《師門述聞》

五、逆境是一座試驗場

我們接著討論使逆境變成好事的更具體方式：將它當成證明自己的機會，因為挫折能顯示出我們的真本事。

烈火能測試黃金，不幸能測試勇者。

塞內卡，《論天命》

塞內卡這句名言早已眾所周知，但它的要義是來自一句古老的諺語，也曾出現在《便西拉智訓》④第二章第五節，屬於「經外書」⑤的一部分。

說到這裡就會想到我們的朋友德米特里厄斯。他把無憂無慮、不用擔心財富的生活稱為「死海」，因為已經沒有任何事物能激發你、喚起你行動，也沒有外來的攻擊可測試你的精神力量。你只是躺在毫無震撼的懶散中——這不是寧靜，而是被困在無風的平靜之中。

塞內卡，《書信集》

在《高盧戰記》⑥中，凱撒曾形容大海為 malacia ac tranquilitas，意思是「死寂且靜默」。塞內卡在剛才的摘文結尾處表示：「這不是寧靜，這是死寂。」「Malacia」在希臘語中也有道德軟弱的意思。至於德米特里厄斯，他是一位憤世嫉俗的哲學家，也是塞內卡的朋友。他的人生沒有無風的平靜，因為他於西元七一年和其他哲學家一起被逐出羅馬。

另一種類比是，我們應該歡迎逆境，就像我們在比賽中歡迎我們的對手一樣。

> 沒有對手，美德就會萎縮。我們只有在美德透過耐力展現它的能力時，才能看出它到底多麼偉大、多麼強勁。好人也應該這樣做，他們不該在艱苦和困難中退縮，也不該抱怨命運。我們應該充分利用發生的各種事，並且將它們變成好事。
>
> 塞內卡，《論天命》

> 你是一個了不起的人，但如果命運沒有給你機會展示你的價值，我要怎麼知道你的偉大？你參加了奧運會，但你是唯一的參賽者，你得到的是王冠，不是勝利，我向你祝賀不是把你當成勇者，而是像祝賀獲得執政官或領事職位的人那樣祝賀你：「你變得非常有名了！」同樣的，如果沒有更艱困的環境讓好人有機會展示他的心靈力量，我也可以對他說：「我斷定你是不幸的，因為你從來不曾遭遇不幸，你度過了沒有對手的人生，沒有人知道你能做什麼，甚至連你自己也無法得知。」
>
> 塞內卡，《論天命》

與艱困奮戰並且征服艱困，是人類至高的幸福。其次的幸福是與艱困奮戰並且理應將其征服。然而他的人生已經過去了，沒有任何競爭，因此既不能吹噓他的成功，也沒有任何功績可言，只能把自己當成一個無用的東西。如果他對自己感到滿意，要將這種滿足歸功於他的麻木不仁。

約翰遜，《冒險家》第一一一期（1753）

六、逆境訓練

逆境可被視為一種訓練或學習的機會。一個人如果不知道如何因應挫折，就無法成就任何大事。因此，斯多葛學派認為我們應該輕鬆地面對逆境——這是一種適應能力。遭遇不幸可被視為學習的過程。

危機可以顯示出人的價值，因此當危機來臨，請記住：神就像摔角教練，把你放在一個粗暴的年輕對手面前。你問祂為什麼要這樣做？這樣你才可以成為奧運冠軍。因為沒有汗水就無法實現這個目標。

愛比克泰德，《語錄》

我們應該把自己獻給命運，這樣在我們與命運奮戰時，可以更強硬地面對它。命運會使我們漸漸成為能與它匹敵的對手，不斷與危險爭鬥可以慢慢地使我們蔑視危險。就像水手的體格被大海的波濤衝激得更強硬、農夫的雙手磨出厚厚的繭、士兵的手臂因投擲武器而力氣變大、跑步者的雙腿變得靈活，我們鍛鍊的部位會變得最為強壯。經歷過苦難之後，心靈就學會蔑視苦難。

塞內卡，《論天命》

我們可以認為生活中不斷發生的小煩惱是為了幫助我們在人生中承受巨大的不幸，這樣才不會因為事業繁盛而變得完全失去活力。

叔本華，《世俗財富》（*Worldly Fortune*）（1851）

七、逆境是特權

逆境可以被視為一種榮譽或好運，因為只有某些人能得到這種機會。

辛勞能夠召喚出最優秀的人。參議院經常整天開會，但同樣的時間那些無用之人要不就是在娛樂場所裡閒著沒事，要不就是待在小酒館裡，或者在某些聚會上浪費時間。相同的情況也發生在全世界。好人忙著工作，花費時間且精疲力竭，他們都做得心甘情願。命運不會拖累他們，他們跟著命運走，與命運的步伐一致。

塞內卡，《論天命》

「我多麼不幸，這種事竟然發生在我身上！」一點也不——應該說：「我多麼幸運，雖然這件事發生在我身上，可是我毫髮無傷，既不因為現在而沮喪，也不擔心未來。」因為這種事情可能發生在任何人身上，但並不是每個人都能不受傷害……請記住，在每一個可能導致你悲傷的場合，都要善用這種想法：「這並不是厄運。相反的，高尚地承受它，它就是好運。」

馬可．奧理略，《沉思錄》

八、謙遜的判斷

斯多葛學派不會輕易做出「事情明顯逆轉一定會變得更糟」的結論。除了剛才所說的將逆境轉化為好事之外，我們很難確定顯然的壞事會有什麼樣的結果。當下看似可怕的事件，有時候會變成好事，這可能是因為恢復過程出現了超越破壞的結果，或者是因為受到後發事件的影響，甚至可能只是因為出於偶然，才有我們無法預見的好結果發生。大體來說，我們通常會對自己不喜歡的事件發展採取短期的觀點，並且對最終的後果做出不好的判斷。因此，應該以謙卑和冷靜的態度來判斷那些看起來很糟糕的事件。

某個人可能很聰明，他以精確的判斷力做每件事，而且不會做超越自己能力的事……但這些可取且珍貴的特質沒有任何用處，除非做好迎接意外及其後果的準備，而且每次受到傷害時都會毫無怨言地表示：「諸神另有安排！」不，蒼天可以為證！——讓我們試著做出更勇敢、更真實的注解，並藉此讓自己好好打起精神——每當發生與預期不同的事情，你應該說：「諸神這樣的安排更棒！」

塞內卡，《書信集》

破壞往往會挪出空間給更大的繁榮；許多東西往下掉是為了彈得更高。蒂馬涅斯不在意羅馬城的快樂，他曾說過羅馬的大火只讓他想到一件事：他知道會有更好的建築物取代那些被燒毀的房舍。

塞內卡，《書信集》

蒂馬涅斯是希臘修辭學老師，他被羅馬人俘虜並淪為奴隸，後來獲得釋放。他顯然覺得自己與奧古斯都皇帝不合，因此逃離羅馬。

如果你決定要嘗試上述所有事物以找出最適合自己的，就不要對不順遂的情況動怒，而是要想一想你人生中發生過多少不如意卻對你最好的事。

莫索尼烏斯．魯弗斯，（斷簡27）

普魯塔克以一種有趣的方式來表達這一點。

這才是我們應該練習並致力於優先該做的事——就像那個朝著他的狗扔石頭卻擊中他繼母的人一樣。「這樣也不壞！」他說。因為我們從那些不如預期的事情中能獲得不同的東西。第歐根尼被流放了。「這樣也不壞！」——因為他被放逐之後才開始學習哲學。

普魯塔克，《心中的寧靜》

九、觀點

正如我們在其他地方讀到的，斯多葛主義大部分的內容都相當於視角的藝術——也就是**找出最有用的觀點來看待發生的任何事**。比起在未經反思的情況下傾向於以自我中心的觀點來看待事物，斯多葛學派會從更有助益的觀點來看待一切。舉另一個例子：斯多葛學派在回應逆境時會問自己：當同樣的事情發生在別人身上，自己會有什麼想法。

> 如果你鄰居的奴隸打破了他的酒杯，你通常會立刻表示：「這種事很平常。」當你自己的酒杯被打破，你的反應應該要與鄰居的酒杯被打破時一樣。把相同的想法應用在更重要的事情上：別人的孩子死了，或者他的妻子死了，大家都會說：「這就是人類的命運。」然而當自己的孩子死去時，我們會立刻產生的念頭是：「我太不幸了，我好可憐！」我們必須記得：聽見別人發生同樣的事情時，我們會有什麼樣的感覺。
>
> 愛比克泰德，《師門述聞》

> 記住，類似的不幸發生在別人身上時，你會如何做出判斷。想想你如何不為所動，甚至還會責備對方，將他們的埋怨擱置不理……比起對自己的遭遇，我們對別人的遭遇看法更為公正。
>
> 杜・維爾，《斯多葛學派的道德哲學》（1585）

斯密對斯多葛學派觀點的解釋：

> 我們不該用自私的熱情來看待自己，應該用這世界上其他人看待我們的眼光來看待自己。對於發生在我們身上的不幸，應該當成發生在鄰居身上的不幸，或者用鄰居的眼光來看待發生在我們身上的不幸。
>
> 斯密，《道德情操論》（1759）

十、預期

斯多葛學者建議我們提早思考逆境。預期逆境可以帶走它造成的恐懼，並且在它來臨時減少其威力。

> 智者會漸漸習慣未來可能發生的壞事。其他人在經過長時間的忍耐之後會變得可以忍受壞事，但是智者在經過長時間的反思之後會變得可以接受壞事。我們有時候會聽見沒有經驗的人說：「我不知道自己會遇上這種事。」然而智者知道那些事情已經在等著自己。無論發生什麼事，他會說：「我早就知道了。」
>
> 塞內卡，《書信集》

別種翻譯方式會將最後一句話譯為「我知道會發生什麼事」（I knew it）。在古希臘原文中其實只有一個字——sciebam（意思為：I knew，我已知悉）——我認為維持原文的意思似乎更好，但是讀者可能希望有不同的選擇可供參考。

「壞事可能發生在任何人身上。」如果一個人願意讓這種想法沉澱在他心靈的最深處，而且願意去看看困擾別人的各種壞事（因為每天都有數不清的壞事發生），簡直沒有能夠阻擋壞事找上他的方法——那麼他會在遭受壞事攻擊之前就先將自己武裝妥當。等壞事來臨之後才裝備心靈對壞事的忍耐力，就已經來不及了。

塞內卡，《心中的寧靜》

以軍事演習來比喻：

士兵在和平的日子裡會進行軍事演習，即使沒有敵人也會架起防禦工事，並且對這些沒必要的工作不覺得疲累，以便做得與必要的工作一樣好。如果希望一個人在危機來臨時不會退縮，就必須在危機來臨之前好好訓練他。這就是那些人所遵循的方法。他們模擬貧窮，讓自己每個月都幾乎一貧如洗，他們便永遠不會從這已經時常練習的狀況中退縮。

塞內卡，《書信集》

對我而言，當我受到財富青睞，我會為貧困做好準備；當我輕鬆自在，我會在想像力可及的範圍內思考未來的邪惡——就好比我們在和平時期以競技和比賽來習慣戰爭的感覺。

蒙田，《論退隱》（1580）

普魯塔克和西塞羅講述了阿那克薩哥拉⑦的一段著名軼事。

阿那克薩哥拉在他兒子去世時說：「我生下他時，就已經知道他是會死去的凡人。」我們不僅可以欽佩阿那克薩哥拉的想法，還可以模仿這樣的意向，並應用在命運可能帶來的一切：「我知道財富是短暫且沒有保障的。」「我知道賜予我權力的人可以將它拿走。」「我知道我的妻子很優秀，但她是女人，而我的朋友是男人，而且正如柏拉圖所言，她們天生就是善變的。」當令人討厭但並非意想不到的事情發生，早有準備且具備這種想法的人會拒絕接受「我永遠不曾想到過」、「我希望會有其他結果」和「我從未預期到這一點」。他們除去了心中的欲念，平息了心裡的瘋狂與紛亂。

普魯塔克，《心中的寧靜》

阿那克薩哥拉是前蘇格拉底時代的希臘哲學家，據說是第一個將哲學帶到雅典的人。西塞羅在講述同樣的軼事之後還加以評論：

毫無疑問，所有被認為邪惡的事物，都會因為未被預見而變得更沉重……智慧的超群卓越與神聖本質在於近距離觀察並且徹底了解人類所有的事務，讓人們在發生任何事情時都不會感覺到驚訝，也不會認為尚未發生的事情可能不會發生。

西塞羅，《圖斯庫路姆辯論》

叔本華提出一項理論來解釋為什麼遠見有助於減輕不幸。

> 如果我們把不幸之事的發生視為並非不可能，並且如諺語所說的為其做好準備，那麼我們不覺得事態有那麼沉重的主要原因可能是：在這種不幸來臨之前，我們已經悄悄將它當成可能發生或可能不會發生的事情來思考，我們已經知悉它的全部範圍……但如果我們沒做任何準備，而且它出乎意料地到來，心靈會處於驚恐的狀態，無法衡量災難的完整程度。它的影響力看起來會如此深遠，以致受害者會認為它們無窮廣大。不管怎麼說，它的範圍會被誇大。同樣的，無知與不確定必然會增加危險的感覺。
>
> 叔本華，《世俗財富》（1851）

斯多葛學派對於預測不幸的建議，似乎與他們對於避免擔憂未來的建言互相衝突（請參閱第九章第四節）。預測不幸之建議最好要以下列的想法來加以調和：上面提到的預先演習，不會引起我們的擔憂。正如同塞內卡建議要細細品味美好的回憶，而非再次想起不好的回憶，斯多葛學派鼓勵我們對未來的壞事進行排練，但不要因為未來的壞事而感到焦慮。

叔本華還有補充的建議：不僅要想像可能會發生什麼事，還要想像它已經到來。

> 偶爾看一看可怕的壞事會有一定的用處——例如看一看原本可能發生在我們身上的不幸——把它們當成真的發生。如此一來，當瑣碎的壞事真的出現，我們會比較容易接受。回顧那些從未發生的重大不幸，能讓人感到一絲欣慰。
>
> 叔本華，《我們與自己的關係》（1851）

十一、痛苦和看法

斯多葛學者知道，某些類型的痛苦無法被我們的看法完全消除，但他們認為我們對痛苦的反應依然受到自身判斷的強烈影響——就看我們如何與自己交談或者如何調整回應的方式。疼痛是最明顯的例子，你不可能在這種感覺下還以理性做出回應，不過斯多葛學者認為，我們的看法依然與我們如何體驗這種感覺以及這種感覺如何影響我們有著很大的關係。

> 不要讓自己的病情變得更糟，不要讓自己背負抱怨的重擔。如果你不以看法添油加醋，痛苦就會微不足道。事實上，如果你開始鼓勵自己：「這沒什麼，這肯定只是小事，堅持下去，痛苦很快就會離開。」——當你認為它只是輕微的小事，就能夠將它變得微不足道。
>
> 塞內卡，《書信集》

> 面對大部分的痛苦時，讓伊比鳩魯的這句話來拯救你——想一想痛苦的局限性，那麼痛苦就既非無法忍受也非永無止境。不要在想像中增加你的痛苦。
>
> 馬可．奧理略，《沉思錄》

> 我願意承認痛苦是我們存在最糟糕的困境。我是這地球上最討厭痛苦且最想避免痛苦的人，可能是因為我太無法習慣它，感謝上帝。儘管如此，一切都操之在己：如果你不消除痛苦，至少要耐心地減輕痛苦——即使身體受到痛苦的干擾，也要讓我們的理性和靈魂保有良好的狀態。
>
> 蒙田，《善惡的觀念主要取決於我們自己的看法》（1580）

蒙田後來補充：「痛苦就像寶石一樣，看起來明亮或黯淡全都取決於鑲嵌它們的金箔。痛苦只會占用我們允許它存在的空間。」對這個主題感興趣的讀者可以回頭參閱第一章第三節。

十二、適應

最後，斯多葛學派明白時間可以幫助我們接受逆境——這是我們現在可將之稱為「適應」（或者熟悉感的好影響與壞影響）的另一個例子，斯多葛學派對這方面非常了解。適應並不一定是有益的，因為它可能導致我們習慣應該加以修復的壞事，或者習慣不去欣賞某件好事（更多相關的討論請參閱第十三章第一節）。然而適應毫無疑問是協助我們與無法改變之逆境和平相處的巨大助力，因為大多數的壞事在剛發生時會困擾我們，一旦我們習慣了，就會變得比較可以忍受。斯多葛學派早已注意到這一點。

> 對於那些沒有經驗的人來說，任何壞事的影響力有很大的部分在於它還很新穎。你會發現：在習慣這些壞事之後，人們就可以更勇敢地承受他們曾經認為嚴苛的事物。
>
> 塞內卡，《書信集》

> 大自然在這件事上面最值得稱讚：它知道我們人生的艱苦，所以發明了習慣以減輕災難帶來的苦痛。即使最嚴重的不幸，我們也能很快就習慣它。如果逆境持續的力量都像它第一次來襲時那樣，就沒有人能夠抵抗逆境。
>
> 塞內卡，《心中的寧靜》

注釋

①弗里德里希．威廉．尼采（Friedrich Wilhelm Nietzsche, 1844 C.E.－1900 C.E.）是出身德國的古典語言學家暨哲學家。

②《瞧！這個人》（*Ecce Homo: Wie man wird, was man ist*）是德國哲學家尼采的自傳，完成於一八八八年，並於尼采死後的一九〇八年由其妹出版。

③菲迪亞斯（Phidias, 約480 B.C.－430 B.C.）是古希臘的雕刻家、畫家和建築師，被公認為最偉大的古典雕刻家。

④《便西拉智訓》（*Ecclesiasticus*）是基督新教經外書（Biblical apocrypha）的一部分，成書期大約為西元前一八〇年到前一七五年間。

⑤經外書（Biblical apocrypha）是對基督教聖經部分經書的稱呼，泛指新教教徒認定天主教所屬聖經與新教聖經中差異的部分多餘經文。

⑥《高盧戰記》（*Commentarii de Bello Gallico*）是凱撒描述自己從西元前五八年到前五〇年擔任高盧行省省長時遭遇到種種事件的隨記。

⑦阿那克薩哥拉（Anaxagoras, 500 B.C.－428 B.C.）是古希臘哲學家暨科學家，首先把哲學帶到雅典，影響了蘇格拉底的思想。

第十一章 美德

一、美德的定義
二、美德的好處
三、誠實
四、始終如一
五、愛、善良、同理心
六、相互依存和服務

斯多葛主義大部分的內容涉及剝去外在事物的幻覺並從中獲得超脫。當然，斯多葛主義也有肯定的事物，許多人認為這是斯多葛學派最核心也最重要的思想：追求美德。這個主題原本可以放在這本書的開頭，之所以出現在這裡，是因為斯多葛學派的美德來自我們迄今已經學到的教義。美德是精確運用理性的自然結果，而理性是區隔人類與動物的獨特天分，因此我們必須在理性中找到人類生存的目標。前面的章節已經指出理性對於斯多葛學派的意義，首先——而且與本章最相關的——是它應該讓我們精確地看出個人的渺小（第三章的主題），然後我們就可以由此推論出人類在這個世界上的相應位置，忠實地在大環境中扮演好小螺絲釘的角色。

斯多葛學派認為美德足以在各種場合產生快樂，也是快樂的必要條件。斯多葛學派所珍視的核心快樂是幸福（eudaimonia），或健康（well-being）——是美好的人生而非美好的心情，但他們相信美德也能帶來喜悅和內心的平靜，因為美德會附帶產生這些良善的結果。換句話說，斯多葛學者的主要任務是對別人有所助益、為更偉大的利益效命；他們這樣做不是為了讓自己快樂。而是因為這是正確且自然的生活方式。不過事實證明，只要基於這種精神去做，就能讓他們感到快樂。

正如我們已經讀過的，斯多葛學派有各種方法來發展他們的觀點並且使其具有說服力。他們試著將關於美德的主張立基在邏輯之上，尤其希臘的斯多葛學者會試著透過連貫的演繹系統來建立他們的道德結論。他們認為大自然命令我們服從理性，並讓我們被美德所吸引。這些比較不屬於斯多葛學派的不朽論點，其中一部分的原因是他們認為自然是理性的，而且來自神意。現在很少有人同意這一點，批評者也抱怨斯多葛學派所說的某些內容是循環認證。我不打算在這裡探討這些問題，只想大膽地著重在斯多葛學派為了證明我們應該追求美德所做的努力。美德就如同他們定義的那樣，不太可能說服那些不贊同他們主張的人。

然而斯多葛學者對美德的觀點具有吸引力，可與他們教義上的問題分開來看。斯多葛學者對美德與快樂兩者關係的信念，蘊藏著大量的心理學洞見。有些心靈狀態很難直接獲得，因為只有在我們為了其他事物而努力時才會產生這些副產品。許多人發現快樂就是一例：為了追求快樂而做的努力通常效果不彰，必須在追尋其他事物時才能順便找到快樂（這個論點現代經常拿出來大張旗鼓地重申）。斯多葛學派所指的其他事物，主要包括對理性的奉獻以及對別人的承諾——提供服務、伸張正義、以自己能夠做到的方式給予別人幫助。這些都是吸引人的生活價值觀，無論它們是否伴隨著正確的邏輯保證。這些也被認為是通往幸福的可靠道路，或者比其他任何行為都更可靠的道路。然而我們應該要記得一點：為了找尋快樂而暫時把快樂放在一旁，是作弊的行徑。快樂不是斯多葛學派的目標，就連當成祕密的目標都不可以。斯多葛學派的觀點是，我們應該為了美德本身而擁抱美德，這樣做才能獲得其良善的副產品。有興趣的讀者可以好好想一想，並且進行實驗。

本章與這本書其他部分一樣（而且與第九章關於情感的內容大致相同），沒有試著列舉早期斯多葛學者所發展的美德理論框架與分類法，而是以大綱形式展現晚期斯多葛學者關於美德意涵的教義、追尋美德的好處，以及某些特定美德的價值與培養，包括誠實、始終如一和善良。我們也將讀到斯多葛學派認為參與公共事務以及為他人服務非常重要之論點。

一、美德的定義

首先，斯多葛學者認為美德是運用理性與判斷。

美德就是正確的論理。

塞內卡，《書信集》

美德可以用幾句話快速地傳授：美德是唯一的良善，或至少沒有美德就沒有良善。美德存在於我們身上最高貴的部分，也就是理性。美德到底是什麼？真實且堅定的判斷。心靈的悸動會從這種判斷湧現而出，而且透過這種判斷，任何擾動這種悸動的外在事物都會淪為透明。

塞內卡，《書信集》

健全的理性推論與判斷會依序產生斯多葛學派尋求的具體特質或美德，其中的諸多例子都已經在前面的章節討論過。

他們不會因為你的機智而欽佩你。那又如何！你還有許多其他的特質，你不需要說：「我天生不具備某種專長。」向他們展現那些取決於你自己的特質：真誠、莊嚴、對艱困的忍耐力、不貪求歡樂、不抱怨命運、清心寡欲、善良慷慨、謙虛、寡言、心靈高尚。難道你沒有看見自己可以馬

> 上展現出多少優點嗎？——不應該找藉口推說自己缺乏與生俱來的能力或才能。你怎能心甘情願地認為自己達不到要求？
>
> 馬可．奧理略，《沉思錄》

馬可．奧理略看重的那些美德，也可以在他給予他人的感謝中看見，例如他對克勞迪斯．馬克西姆斯①的感激——克勞迪斯．馬克西姆斯是羅馬的執政官、法官和斯多葛哲學家，曾經是馬可．奧里略的老師之一。

> 我從馬克西姆斯那裡學會自我管理，不被任何事物左右，並且在所有情況下都保持歡樂，即使生病的時候。我公正地混合樂趣與尊嚴的道德特質，毫不埋怨地接受我面前的一切……他有一種本領，能以令人愉悅的方式展現幽默感。
>
> 馬可．奧理略，《沉思錄》

塞內卡看出學習人文科學的價值，他所謂的人文科學包括文學、音樂和數學（第七章第五節中有關於這一點的注釋）。但他說那些都比不上哲學重要，因為那些科目沒有教導學生美德的意義。他闡述這一點時列出了斯多葛學派所珍視的諸多美德。

> 勇氣能蔑視激發恐懼的事物，它會輕視、挑戰並粉碎恐懼的力量，以及所有箝制我們自由的東西……忠誠是人類心中最神聖的美善，沒有一種壓迫能逼它背叛，沒有任何事物能賄賂它。善良會禁止你欺壓朋友、禁止你貪得無厭，並且在言行舉止與感情表達上溫柔有禮地對待所有人……

人文科學會教導我們這些品格嗎？不會，它們只會教導簡樸、適度和自我克制。

塞內卡，《書信集》

二、美德的好處

斯多葛學派認為美德是「eudaimonia」真正的唯一來源。「eudaimonia」這個詞彙有時候被翻譯為「快樂」，但（如本章開頭所述）它的含義更接近幸福或美好的人生。美德會伴隨它而出現，同時還帶來歡樂和喜悅。

如果美德能夠帶來幸運、心靈平靜和快樂，那麼朝著美德邁進當然就等於朝著這些事情前進。

愛比克泰德，《語錄》

塞內卡詳細闡述了與美德有關的寧靜或心靈平靜：

因此，我們想發掘的是心智如何能保持平坦適切的路線、如何能贊同自己、在思考自己處境時感到快樂，而且不受干擾地擁有這種快樂——它如何能在這樣的位置上保持平靜，永遠不會失控和沮喪。這就是心靈的平靜。

塞內卡，《心中的寧靜》

這是智慧的結果：一種持續不變的喜樂。智者的心靈像月亮上的天堂，那裡的天空總是晴朗……這樣的喜悅只能從對美德的意識中產生。

塞內卡，《書信集》

馬可．奧理略表示：

你從經驗中可以得知自己走了多遠卻找不到美好的人生。美好的人生不在於邏輯、財富、名聲、歡娛——哪裡都沒有。那麼，要去哪裡才能找到它呢？去做順從人類天性的事。應該怎麼做呢？掌握支配衝動與行為的原則。什麼樣的原則？關於孰善孰惡的原則——除了使我們具有正義、節制、勇氣和自由的事物之外皆不是善，除了會產生相反結果的事物之外皆不是惡。

馬可．奧理略，《沉思錄》

然而斯多葛學者強調，在他們的觀點中，不該為了美德能帶來的好結果才追求美德。這些結果是值得歡迎和重視的，但它們依然只是附帶產品。

「但你也培養美德。」他回答。「因為你希望從中獲得一點歡娛。」首先，儘管美德能保證帶來歡娛，但是不該為了歡娛而追求美德。它所保證的不是歡娛，但也是歡娛；美德不會為了歡娛而努力，但是它的努力——儘管目標是別的東西——也能實現這一點……因此歡娛並不是美德的獎勵或理由，而是美德的附帶產品。

塞內卡，《論快樂的生活》

比較約翰・史都華・彌爾②所做出的結論。他認為這項結論是對大多數人比較精確的描述。

（我認為）只有把思緒專注在自身快樂以外事物之人，才是真正快樂之人。他們關心別人的快樂、關心改善人類的福祉，甚至關心藝術或某些值得追求的事物。他們關心自身快樂以外的事物並不是一種手段，而是一種理想的目標，因此他們專注於其他事物上，但順便找到了快樂。

彌爾，《自傳》（*Autobiography*, 1873）

彌爾曾將馬可・奧理略的著作描述為「古人思想的最高道德產物」。

三、誠實

斯多葛學派的多種美德，例如節制，已經在這本書的其他部分討論過了，現在我們要討論的是一些尚未討論的主題，先從誠實開始——誠實不僅僅是說出實話，還包括在不隱瞞任何事的情況下過生活。關於我們行為的坦率：

當你下定決心去做某件事，而且已經開始執行，即使大多數人不贊同你，也不要加以隱瞞。假如那件事不對，你就不要去做，但如果那是正確的事，你為什麼要害怕別人會錯誤地批評？

愛比克泰德，《師門述聞》

如果你能在大眾面前過日子，如果你的牆壁是用來自我保護而不是隱藏，你就能享有真正的快樂——然而在大多數情況下，圍繞我們的牆壁不是為了讓我們更安全地生活，而是為了讓我們更隱祕地做壞事。讓我告訴你一個可用來判斷我們行為的事實：你很難找到一個敢敞開大門過生活的人。

塞內卡，《書信集》

另請參閱：

在你的人生中，不要做任何被鄰居發現之後會引起你恐懼的事。

愛比克泰德，《梵諦岡格言》

即使在私底下也能保持良好秩序的人很少見。每個人都可以在舞台上扮演誠實之人，但重點是你的內在也必須是好人，在能夠允許一切及隱藏一切的內心之中也必須是好人。最接近內心的地方就是在自己家裡，在你的日常行為中，因為你不需要對任何人負責，在那裡沒有刻意安排或虛假的行徑。

蒙田，《論悔恨》（1580）

以下是關於心靈的坦率，或者保有不會羞於承認的念頭：

你應該習慣只想這些事——如果突然有人問：「你在想什麼？」你能夠坦率且毫不遲疑地回答自己在想這個和那個。

馬可・奧理略，《沉思錄》

最近大家都瘋了！他們會輕聲向諸神祈禱最可恥的事。如果有人在聽他們禱告，他們就不敢出聲。他們不想讓任何人知道，卻敢告訴諸神！你看看這個規則是不是有益健康：與別人共同生活時，就當成諸神正在看著你；與諸神說話時，就當成別人正在一旁聆聽。

塞內卡，《書信集》

我禁止自己說出我不敢去做的事，甚至不喜歡自己有不敢公開的念頭。對我而言，我最惡劣的行為和個性還不如我不敢擁有的念頭那麼可鄙且卑怯。

蒙田，《論維吉爾的幾首詩》（1580）

四、始終如一

斯多葛學派對美德有一項考驗，該項考驗也許是通往美德的捷徑：始終如一。始終如一聽起來像是一種與本質無關的特性，而且對壞事（或錯誤）始終如一看似對品德美善始終如一同樣簡單。但是請想一想始終如一與上一節所描述的思想率真和行為率真之間的關係。真正的始終如一意味著永遠認為某事是正確的，而且永不偏離。這也意味著在所有環境中都以相同的方式行事及思考——無論在公共場合或者獨自在家，永遠不表現虛偽，因為虛偽不僅會被描述為不誠實，還會被認為始終不一。斯多葛學派認為，如果一個人設法在剛才所述的面向保持始終如一，那麼他也將必然具備美德。

要拋棄關於智慧的舊有定義、改採用涵蓋人類生活全部範圍的新定義，我可以接受這樣的說法：什麼是智慧？總是想要擁有特定的東西，並拒絕特定的東西，而且不需添加下列的小條件：「前提是你想要擁有的東西是正確的」——因為假如那不是正確的東西，你不可能總是想著要擁有它。

塞內卡，《書信集》

這就是最清楚顯露心智愚蠢的方式：心智一會兒表現這樣，一會兒又表現那樣，而且——依我看來最糟糕的是——心智沒有表現出它的本質。相信我，始終如一是很棒的事。

塞內卡，《書信集》

從古時候開始，要挑選出十幾位已經形塑自己人生並且堅持特定道路的人就是一件非常困難的事，因為這樣做就是智慧的主要樣板。

蒙田，《論人的行為變化無常》（*Of the Inconstancy of Our Actions*, 1580）

五、愛、善良、同理心

這些都是在斯多葛主義中被低估的主題，因此值得多花一點時間加以闡述。以下的內容本身就具有啟發性，同時還可以讓那些認為斯多葛主義冷酷、尖酸的人看一看。馬可·奧理略表示：

讓自己去適應你招來的環境以及你命中注定要與他們相處之人，真心地愛他們。

馬可．奧理略，《沉思錄》

講求理性的靈魂，進一步的特徵就是對鄰居的愛、注重真理、充滿同情，以及不重視理性之外的任何事物，因為這也是講究律法的特性。因此，正確地講求理性與公正的論理之間並沒有任何差異。

馬可．奧理略，《沉思錄》

善良是無敵的，只要是真心誠意，而不是刻意表現出來。

馬可．奧理略，《沉思錄》

愛比克泰德表示：

我不應該像雕像一樣無情，我應該關心我先天與後天的關係——包括身為虔誠之人、兒子、兄弟、父親和公民。

愛比克泰德，《語錄》

塞內卡表示：

我們共同的人生建立在善良與和諧之上，也被束縛在互相幫助的契約之中。這不是出於恐懼，而是因為對彼此的愛。

塞內卡，《論憤怒》

這是哲學給我們的第一個承諾：同情心、慈愛、社交性。

塞內卡，《書信集》

對待比你差的人，就如同你希望被比你好的人所對待的方式一樣。

塞內卡，《書信集》

最後這段節錄文字在翻譯方式上很引人注意，但是它沒有完全依照字面上的意思翻譯。原文更清楚地表明出塞內卡是在思考人們應該如何對待奴隸。

留意別人，以免自己受傷，另一方面也是為了不要傷害別人。為所有人的快樂而喜悅，為他們的不幸表達同情。記住自己應該承擔哪些事，以及應該警惕哪些事。

塞內卡，《書信集》

只要我們還活著，只要我們活在人群之中，我們就該珍惜人性。不要造成任何人的恐懼和危險，讓我們克服失敗、侮辱、衝突和嘲諷，讓我們寬宏大量地承受無常的不幸。

塞內卡，《論憤怒》

如果我們能夠檢視一個好人的心靈，我們會看見一幅美麗的景象：其高貴平靜的心靈如此純淨、如此令人驚訝——它散發出正義和力量、節制和智慧的光明。除了這些之外，節儉、溫和、忍耐、善良、和藹可親，甚至人性——我們在人類身上很少看見人性，這一點很難令人相信——也會增添這些美德的光彩。

塞內卡，《書信集》

人們認為斯多葛學派不讓智者具有同情心或寬恕心，因此反對斯多葛學派。這些主張從表面看來是可憎的，似乎不留任何餘地給人類的缺點，並且將所有的罪過導向報復行為。如果真是如此，到底是何種學派指使我們忘卻人性，並阻止我們互助？互助是我們擺脫不幸的可靠避難所。事實上，沒有哪個學派比斯多葛學派更善良、更溫和、對人性更充滿深情。沒有哪個學派比斯多葛學派更關心人類共同的利益，所以它公開宣揚的宗旨就是服務且幫助別人，不僅要關心自己，還要關心每個人。

塞內卡，《論憐憫》（*On Mercy*）

我們已經讀到塞內卡和馬可．奧理略談到同情心的價值。對斯多葛學者而言，這是一個微妙的話題。他們的哲學要求我們把全人類都當成自己的親戚，並且幫助需要幫助的人，可是斯多葛學派不贊成同情，也不贊成因為同情他人而難過，或是把別人的悲傷變成自己的悲傷——亦即因為別人覺得沮喪就變得沮喪。塞內卡的立場是：好的斯多葛學者會做出任何具憐憫心之人會做的事，可是他們自己不會陷入悲憐的情緒。憐憫被認為是一種沒有意義的悲痛形式，只會損害良好的判斷力。

悲傷不適合用來精準地看清事物、理解如何把事情做完、避免危險的情況，或者知悉什麼才是正義。因此智者不會沉浸在憐憫的情緒中，因為那會造成精神上的痛苦。智者會以一種崇高的精神

> 開開心心地去做憐憫別人之人會做的任何事：他會為別人的眼淚帶來解脫，但不會加上自己的眼淚。他會對遭遇船難之人伸出援手、為流亡者提供庇護所，並且寬厚地對待需要幫助的人。
>
> 塞內卡，《論憐憫》

我們在第十三章將讀到愛比克泰德的相似觀點。與此同時，孟德斯鳩③的結論是：

> 沒有比斯多葛主義更配得上人性、更適合塑造好人的原則。倘若我能暫時停止認為自己是基督徒，我就不該阻止自己把芝諾教派的毀滅與降臨在人類的不幸中相提並論。
>
> 斯多葛主義教導我們真正偉大的道理——對快樂和痛苦的蔑視。
>
> 這個教派造就了公民，光是這點就塑造出偉大之人，並成就出偉大的皇帝……
>
> 雖然斯多葛學者將財富、人類的宏偉、悲傷、憂慮和歡娛視為空虛，但是他們全心為人類的幸福而努力，並且履行對社會的職責。他們認為寓居他們體內的神聖精神是一種良善的天命，以便守護全人類。
>
> 他們為社會而生，每個人都相信為社會努力是他們的天命。無論多麼辛苦，他們的內心都能得到回報。他們的哲學就已經讓他們感到快樂，而且似乎只有別人的快樂才能更增添他們的快樂。
>
> 孟德斯鳩，《論法的精神》（*The Spirit of Laws*, 1748）

六、相互依存和服務

斯多葛學派認為人的生命乃相互依存，並從中找到責任、情感和慰藉。

只看得見自己並且把一切都變成自身利益的人也無法快樂地生活。如果你想要為自己而活，就應該也要為別人而活。

塞內卡，《書信集》

如果我可以只用幾句話讓你知道人類的責任，為什麼還要列出所有應該做的事和應該避免的事？你看到的一切，包括諸神和人類，全都是一體的。我們都是某個軀幹的四肢，大自然使我們彼此相似，因為她以相同的本質及相同的目標生下我們。她把我們對彼此的愛放進去，使我們成為群居之人。她建構公平與正義，而且依據她的管理統治，傷害別人的人會比被傷害的人更加可憐。我們應該順服她的命令，讓我們的雙手準備好去幫助別人。讓那句著名的台詞出現在你的心中和口中：「我是人類，因此我不會對哪個人類感到陌生。」讓我們保有共同之處，這就是我們被創造出來的樣子。我們的社會就像一座石頭拱門，如果這些石頭沒有互相抵著對方，就會坍塌倒下。我們的社會也是以同樣的方式支撐著。

塞內卡，《書信集》（摘錄自泰倫提烏斯④的劇本《自我折磨者》〔*The Self-Tormentor*〕）

你是誰？你是人。如果你只看自己，那麼活到年老、變得富有、保有健康是很自然的。但如果你將自己看成全體人類的一部分，看在人類全體的分上，你可能會生病，或者到海上航行冒險，或者需要別人幫助，也或許將被人處死。

愛比克泰德，《語錄》

這種相互依存的關係對於我們如何過日子和花時間具有重要的意義。斯多葛學派明白自己有責任為他人服務，包括參與公共生活。西塞羅對斯多葛學派的這項觀點解釋如下：

既然我們知道人類天生就會保護同伴，那麼從這種自然的傾向可以看得出來：智者會渴望參與政治管理工作，並透過娶妻及渴望與她生子來依循自然的法則過生活。即使愛的激情出於純粹，也不會被認為與斯多葛聖人的特性彼此矛盾。

西塞羅，《善惡的盡頭》

塞內卡對那些被孟德斯鳩稱為芝諾教派的斯多葛學者抱持著一種更簡潔有力的期許。

伊比鳩魯說：「聖人不會參與公共事務，除非有其必要。」芝諾說：「聖人一定會參與公共事務，除非沒有辦法。」

塞內卡，《論安逸》（*On Leisure*）

這裡的翻譯方式又有一點隨性——但這次是為了讓前後兩段彼此對稱，所以無可避免地調整了翻譯。但「公共事務」所指的到底是什麼呢？不光只是政治，還包括幫助他人，無論幫助的程度大小。

當然，我們必須幫助同胞——如果可以的話，幫助多數人；如果沒辦法，就幫助少數人；如果沒辦法幫助少數人，就幫助最親近的人；如果沒辦法幫助最親近的人，就幫助自己。因為讓自己有助於他人，就是參與公共事務。

塞內卡，《論安逸》

斯多葛學者也從廣義的角度看待幫助他人的意思，以這種哲學角度來加以闡述是重要的。他們也對必須服務的「他人」有廣泛的認知。他們不認為與自己最親近的社區或者他們的國人才是唯一重要的人，而是每個人都同樣重要。

當被問及你來自哪個國家，不要說「我是雅典人」或「我來自科林斯」。應該（像蘇格拉底一樣）說：「我是世界公民。」

愛比克泰德，《語錄》

人是什麼？人是國家的一部分——先隸屬由諸神和人類組成的國家，然後才隸屬你更直接歸屬的國家。你直接歸屬的國家是世界之國的縮影。

愛比克泰德，《語錄》

我們應該知道世界上有兩種政體——其中一種是幅員廣闊且真正共享的國家，擁抱相似的諸神和人民。在這種政體中，我們不偏袒地球的這個角落或那個角落，而是以太陽的路徑來設定公民身分的界線；另一種政體則是我們因出生而被意外分配到的政體……有些人同時效忠於這兩種政體——同時效忠較宏大的政體和較狹隘的政體——有些人只效忠於較狹隘的政體，有些人只效忠於較宏大的政體。

塞內卡，《論安逸》

注釋

① 克勞迪斯·馬克西姆斯（Claudius Maximus）是大約西元二世紀古羅馬政治家暨斯多葛哲學家，亦是馬可·奧理略的老師。

② 約翰·史都華·彌爾（John Stuart Mill, 1806 C.E.–1873 C.E.）是英國自由主義哲學家、政治經濟學家暨英國國會議員，其著作《論自由》（*On Liberty*）是古典自由主義集大成之作，對十九世紀古典自由主義學派影響巨大。

③ 孟德斯鳩（Montesquieu, 1689 C.E.–1755 C.E.）是法國啟蒙時期的思想家暨律師，也是西方國家法學理論的奠基者。

④ 泰倫提烏斯（Terentius, 195/185 B.C.–159/161 B.C.）是羅馬共和國時期的劇作家。

第十二章　學習

一、檢討
二、觀察
三、冥想
四、地點
五、隱居
六、好朋友和壞朋友
七、人群
八、身體力行
九、話語
十、鍛鍊
十一、致力奉獻
十二、鼓勵

斯多葛學者不僅研究斯多葛學派的教義，也研究實踐斯多葛哲學的學習過程。他們認為這門哲學是通往日常生活的入口，而非可以從外部享受或者只偶爾投入的智力成就，因此本章對於斯多葛主義的研究中哪些實際可行、哪些不注重實際、哪些對我們有助益、哪些沒有幫助，以及要從哪裡尋求鼓勵等議題皆發表了意見。

斯多葛主義為那些試著遵循其建言之人提供一些練習——回顧自己的每一天，檢視自己在哪個地方犯了哲學上的錯誤、哪個地方表現優異。想像自己被一位理想人物注視著，問問這位觀察者會怎麼想和怎麼說，並且冥想斯多葛主義的原則，直到自己能完全沉浸其中。斯多葛學者還針對獨自隱居和參與社會生活的價值提出看法，比較幫助或阻礙智慧進步的方式。最重要的是，他們強調要在這門哲學中獲得進步並不能只靠理解其訓誡，應該透過消化吸收並相應地思考與行動。

此外，斯多葛主義還是一種訓練心智的養生法。如果聽起來很困難，斯多葛學者認為，這表示我們還不習慣像訓練體魄那樣嚴肅地看待訓練心智。每個人都知道要成為一名表現純熟的運動員，必須靠長時間的全心鍛鍊，想在斯多葛主義中獲得進展也應如此。訓練心智的方式非常具有挑戰性，因為心智既是訓練者也是被訓練者，必須督促自己表現得更好。斯多葛學派看待事物的角度不同於無意識的視角，而且還會試著駁斥我們對發生之事的傳統反應，這些有賴穩健的專注力和精力，但隨著時間的經過會變得容易一些。

我們可以把斯多葛主義當成塞內卡所譬喻的嚴苛武術，必須勤加練習。我們得到的回報，就是這門哲學能提升我們內心的平靜、勇敢、安康與智慧。

一、檢討

斯多葛學者提供了諸多提升思想品質的方法，我們在其他章節中已經讀過一些，例如改變視角或對可能發生之事做最壞的打算。不過斯多葛主義也提供了超越技法——意即可以讓這些技法變得更好的技法，其中一項便是設定哲學的目標，並且記下實現這些目標的進展。

如果你不希望自己輕易動怒，就不要養成這種習慣、不要提供它飼料。第一步要先保持安靜，計算自己沒有發脾氣的日子。「我以前每天發脾氣，後來變成每隔一天發脾氣，然後是每隔兩天，再來變成每隔三天。」如果你能夠三十天不生氣，就向諸神獻祭。一開始先鬆動生氣的習慣，然後再將它完全摧毀。

愛比克泰德，《語錄》

一種類似的建議，是每天晚上從斯多葛學派的角度檢討自己如何度過一天。

我們應該每天召喚心智做些結算，塞克斯蒂烏斯①就曾經這麼做。當一天結束，他會在晚上準備休息時問問自己的心智：「你今天改正了哪些錯誤？你抗拒了哪些錯誤？你在哪些方面變得更好？」如果憤怒得知自己必須每天接受法官審判，就會因此離開並變得較為節制。有哪種習慣會比檢討自己一天的表現來得更好？……我的妻子長期留意我這種習慣，因此每當燈火熄滅，她就會保持安靜沉默，讓我回想自己的一天，並且回顧自己的各種言行。

塞內卡，《論憤怒》

塞克斯蒂烏斯是斯多葛學派和畢達哥拉斯學派的羅馬哲學教師，比塞內卡早一個世代。他在羅馬創辦了一所學校——塞克斯蒂烏斯學校——後來由他的兒子經營。該校從西元前五〇年左右一直經營到西元一九年。從塞內卡的信件中，我們得知他年輕時曾師從塞克斯蒂烏斯學派（請參見第八章第三節）。針對上述的每日省思，塞內卡還好心地提供範本：

確定你不會再那麼做了，這次我就原諒你。你在那場討論中口氣太咄咄逼人，以後不應該再與無知之人發生爭執。如果他們還沒學會，表示他們根本不想學。你批評那個傢伙的口吻太不客氣，結果不但沒有改正他，反而冒犯了他。從現在開始請多留意——重點不在於你說的是真理，而在於與你交談的人能不能接受真理。

塞內卡，《論憤怒》

這種每天自我檢討的建議，有時候被稱為畢達哥拉斯哲學。

這裡提供的忠告與畢達哥拉斯學派所建議的習慣相同——每天晚上睡覺前回顧我們這天做了哪些事。在工作或休閒的喧嘩中隨意度日，不反思自己的過去——這樣過生活就好比將棉紗從捲線車上扯下來——搞不清楚自己在做什麼。身處於這種狀態之人，情緒會有點混亂，思想也會有一定程度的混亂，他的談吐很快就會出現唐突和支離破碎等特徵，使他的話語像肉糜一樣。

叔本華，《我們與自己的關係》（1851）

斯多葛學派也會進行一種反向的檢討，為即將發生的事情做準備。

在一天開始之際，對自己說：今天我將遇見愛管閒事之人、忘恩負義之人和傲慢自大之人，也將遇見欺騙者、嫉妒者和孤僻者。這些人之所以如此，是因為他們不知道什麼是善、什麼是惡。然而我知道善的本質——它是美麗的；我也知道惡的本質，它是醜陋的。這些做錯事的人，本質都與我相似——並非因為他們與我出自相同的血脈，而是因為他們與我有相同的心智、也與我受相同的約束。我不會被他們任何一個人傷害，因為除了我自己之外，沒有人能讓我做出醜惡之事。我怎麼可以對同類發脾氣，或者對他們心生怨恨？

馬可・奧理略，《沉思錄》

這段話可被學術人員善加研究。塞內卡也提出類似的建議：

智者面對犯錯之人時是冷靜且公平的，他不與犯錯之人為敵，只會糾正他們。智者每天都會思考：「我會遇見許多嗜酒之人、淫亂之人、忘恩負義之人、貪婪之人，還有許多野心瘋狂之人。」他像醫生看待病人那樣友善地審視這些問題。

塞內卡，《論憤怒》

二、觀察

斯多葛學派調整視角的另一項練習是採用雙重思維，透過想像中的他人之眼來觀察自己。只要建立一種外在觀點，並將其擬人化，就能夠更客觀地看待自己在做什麼，並且以更高的標準來要求自己。

> 我們必須挑選出一些好人，永遠望著他們，如此做任何事情時，才能像他們在看著我們那樣度日，……選擇一個在生活、言談、個性等方面都符合你要求的人，把他永遠當成你的監護者和榜樣。我的意思是我們必須找一個人，把他當成楷模，以便衡量我們自己的行為。因為倘若沒有尺規，你就無法矯正已經扭曲的事物。
>
> 塞內卡，《書信集》

> 毫無疑問，為自己指定一個監護人是有助益的。找一個你能仰望的人，一個你認為可以參與你想法的人。最崇高的生活方式，莫過於你能隨時被某個在你身邊的好人看著。假如我做任何事情時都像有人正在看著我，我就已經心滿意足了，因為我們只有在獨處時才會受到邪惡的慫恿。
>
> 塞內卡，《書信集》

愛比克泰德描述了我們與這位觀察者可能進行的對話。

當你走到某位權威人士面前，請記得還有另外一個人正從上方觀察著這一切。你必須滿足的對象不是你面前的這個人，而是上面的那個人。那位觀察者會問你：「流放、監禁、束縛、死亡、屈辱——你在課堂上如何稱呼這些事情？」「我稱它們為不重要的事。」「那麼你現在如何稱呼它們？這些事情有沒有改變？」「沒有。」「你有沒有改變呢？」「沒有。」……好，請記住這些事，自信地往前走，你就會明白一個研究過這門哲學的年輕人在一群沒有受過教育的人之中是什麼感覺。在諸神的影響下，我認為你會有這種感覺：「我們為什麼要為了不重要的東西如此精心準備？這就是權力的意義嗎？花稍的大門、服侍者、貼身保鏢？我在那麼多講座裡聽課，就是為了這些東西嗎？這些什麼都不是，我卻為了它們精心準備，彷彿它們是很棒的東西。」

愛比克泰德，《語錄》

三、冥想

有時候人們可透過冥想、閱讀和書寫斯多葛哲學來獲得斯多葛主義的幫助。這門哲學既是一種生活方式，也是一種思維方法。人們可以藉著練習精確思考來實踐和改進斯多葛主義。

盧基里烏斯，我知道你非常清楚，倘若沒有鑽研智慧，沒有人能愉悅地生活甚至容忍生活。一旦學到智慧，我們就能過著歡娛的生活，就算只是剛開始學習智慧，也能讓生活變得可以忍受。但這樣的計畫必須藉著每天鑽研才有辦法持續加強與深入。堅持你已經做出的決定，要比立下崇高的新決定更加困難。

塞內卡，《書信集》

如果你經常把良好的箴言記在心中，就會像擁有良好的典範一樣獲益。畢達哥拉斯說，當我們進入寺廟、看見近在咫尺的神像並等待神諭的話語，我們的心智會就此改變。誰能否認即使最無知之人也可能被某些話語深深打動？「沒有多餘的累贅。」「貪婪的人對財富永遠不會感到滿足。」「你必須預期別人會以你對待他們的方式來對待你。」諸如此類的陳述簡潔扼要但是充滿力量。

塞內卡，《書信集》

你經常想到的事物特質，會成為你理解該事物之特徵，因為你的心智被這樣的想法染色。因此，請在諸如此類的連續想法中浸漬你的心靈，例如：我們在能夠過日子的地方才有可能過好日子。

馬可．奧理略，《沉思錄》

因為我終將死去，所以就應該抱憾而死嗎？因為我將被鎖上鏈條，所以就應該慟哭嗎？因為我遭到放逐，難道就會有人阻止我面帶笑容、興高采烈、不慌不忙地離開？「說出你的祕密。」但是我選擇不說話，因為這在很大的程度上取決於我自己。「那麼我就用鏈條把你鎖住。」你說什麼？你要鎖住我？你可以用鏈條鎖住我的腿，但即使是宙斯也無法壓抑我的意志。「我要把你關進監獄。」你的意思是關住我可憐的肉身。「我要把你的頭砍下來。」我什麼時候說過我的脖子不能被切斷？這些都是哲學家應該思考的事，應該要每天寫下來，用來當成練習。

愛比克泰德，《語錄》

四、地點

對於應該去的地方和應該交的朋友，斯多葛學者有不同的看法，如何做出選擇取決於你在哲學中的進展，或許答案與環境的細節息息相關。塞內卡認為有些地方更適合智慧的發展。

正如有些衣服比較適合智者和誠實的人——雖然智者並不特別討厭哪種顏色，但他會認為某些顏色的衣服不適合已採行簡單生活方式的人——智者（或立志成為智者之人）也會避免前往某些場所，因為那些地方不利於良善的人生。因此，如果他正在考慮靜修的場所，絕對不會選擇克諾珀斯，儘管克諾珀斯不會阻擋任何人成為賢者。他當然也不會選擇巴亞，因為那裡已經成為罪惡的巢穴。

塞內卡，《書信集》

克諾珀斯是埃及的一座海岸城市，巴亞則是現代義大利西南部的一個小鎮（位於那不勒斯附近），這兩個地方都是以縱情酒色聞名的古老度假區。儘管這些地方對智者充滿挑戰，斯多葛學者一般不會覺得自己身處哪個地方有那麼重要。他們覺得人生的關鍵在於心智，而非身體所在的地點，並且認為我們對新地點的渴望就如同對其他新事物的渴望。我們的感覺太遲鈍，無法欣賞已經存在於四周的事物。

「我什麼時候才能再看見雅典和雅典衛城？」可憐的人，難道你對於每天看到的事物還不滿足嗎？有什麼東西會比太陽、月亮、星星、整個地球或大海更為美好或更為偉大？

愛比克泰德，《語錄》

比較一下西塞羅的話語：

如果我們在永遠黑暗的狀態中突然被帶去重見光明，天空看起來會是多麼美麗！然而我們的心智已經因為每天接觸而逐漸習慣眼睛所見，我們也沒有花費心思去探求眼前事物的原理，彷彿事物的新奇性而非重要性才是激發我們探索的理由。

西塞羅，《論諸神的本性》（*On the Nature of the Gods*）

斯多葛學者對於風景轉變的興趣比不上對於自身轉變的興趣，認為如果自己沒有轉變，風景的轉變就不可能吸引人。

為什麼看見新的國家能帶給你快樂？為什麼了解城市和景點能帶給你快樂？這種悸動是無用的。想知道為什麼逃避沒有任何助益嗎？因為你始終帶著你自己。必須放下精神的重擔，新的地點才有辦法滿足你。

塞內卡，《書信集》

賀拉斯也針對這個概念發表主張：「他們改變了身處的環境，卻沒有改變自己的性格。他們的性格可以跨越海洋。」（賀拉斯，《書札》〔*Epistles*〕）。愛默生④對此也發表過眾所周知的見解。

我們初次到某個地方旅行的感動，其實根本沒什麼。我在家的時候，總是幻想著只要到了那不勒斯或羅馬，就能夠沉浸在美景之中而忘卻悲傷。於是我收拾行囊並與朋友道別，遠渡重洋。當我終於抵達那不勒斯，才發現一個殘酷的事實：我的悲傷絲毫未減，與我離開家時一模一樣。我尋找羅馬教廷與宮殿，假裝沉醉在美景與啟發之中，然而我並未陶醉其中。無論走到哪裡，巨大的包袱都緊緊跟隨著我。

愛默生，《自力更生》（*Self-Reliance*）（1841）

普魯塔克以類似的例子來比擬各式各樣對我們毫無助益的表面變化。

就像航行於大海上的人一樣，他們既害怕又暈船，認為如果能夠放棄小船改搭大船，或者放棄大船改搭戰艦，他們就能夠舒舒服服地熬過這段航程。然而這樣的改變對他們完全沒有幫助，因為噁心與怯懦依舊跟著他們。同樣的，即使改用完全相反的方式過日子，也無法緩解心靈的悲傷和苦惱，因為悲傷和苦惱是緣於我們對事情的愚昧和輕忽，沒有能力（也不知道應該如何）正確利用手邊的一切。這些缺點就像海上的風暴，同時折磨著富人和窮人、已婚者和未婚者。因為這個緣故，人們想要逃離人群，卻又發現寧靜的生活令他們難以忍受；因為這個緣故，人們想要求取公職上的晉陞，但是當他們升官之後，又會立刻感到無聊。

普魯塔克，《心中的寧靜》

五、隱居

斯多葛學者認為隱居具有類似的混合吸引力。關於隱居的價值：

隱居本身無法教導你誠實，鄉村也無法教導你節制，然而那些以炫耀為目的的惡習會在沒有旁觀者的地方逐漸消退。在沒有對象可以炫耀時，誰還會穿上紫色的長袍？誰還會在吃晚餐時使用金盤子裝盛菜餚？……沒有人會為了自己甚至幾位親密的友人展現優雅。我們會依照觀眾的人數展現惡習，事實就是如此：崇拜者會刺激我們的奢侈鋪張。如果不讓我們炫耀，我們就不會渴望事物。野心、奢華與缺乏克制力都需要展現的舞台，如果你躲起來不被人看見，就能夠治癒這些惡習。

塞內卡，《書信集》

關於隱居的非必要性：

他們找尋自己靜修的地點——鄉下、海邊、山上——你也因此同樣渴望那些環境。然而這是外行人的想法，因為你無時無刻都可以靠自己靜修。

馬可．奧理略，《沉思錄》

關於隱居的風險：

他們說，當克拉特斯——我在之前的某封信中提過，他是斯提爾波的學生——看見一個年輕人獨自走過，便詢問對方獨自一人在做什麼。「我在和自己交談。」那人表示。克拉特斯於是回答：「我想請你多加小心，並且仔細聽好：你正在和一個壞人交談。」……無知之人不該獨處，因為他們獨處時會訂出糟糕的計畫並製造未來的麻煩，無論是給別人添麻煩或者讓自己惹麻煩。他們獨處時會建構可恥的欲望。無論你的心智曾因為恐懼或羞恥而隱匿什麼，都會在獨處的時刻表現出來。隱居會讓人變得大膽，欲望會受到刺激，怒氣也會被激發。

塞內卡，《書信集》10.1-2

斯提爾波是出生於西元前四世紀的希臘哲學家。如塞內卡所言，他是克拉特斯的老師。犬儒學派的成員。斯提爾波和克拉特斯都被認為是斯多葛主義創始人芝諾的老師，而且這三人都被斯多葛學者視為英雄人物。

六、好朋友和壞朋友

斯多葛主義認為人生在世是為了與別人合作。因此，雖然斯多葛學者對社會生活的危害充滿警戒（如我們在第七章中所讀到的，而且稍後還會再次讀到），但他們也認為與別人的關係非常重要，因此高度重視友誼。他們會有選擇地結交朋友。

沒有比溫柔又忠實的友誼更能讓心智感到歡娛的事物。

塞內卡，《心中的寧靜》

與可以提升你的人往來，並且歡迎你可以協助他們改進的人。這種過程是互相的，因為教學相長。

塞內卡，《書信集》

動作熟練的摔角選手透過互相練習來精進技巧，音樂家的靈感來自技法純熟度與他相當的音樂家。智者也需要鍛鍊他的美德，而且就如同他激勵自己的方式一樣，他也會被其他智者所激勵。

塞內卡，《書信集》

壞朋友會帶來的危害則如下所示：

經常與特定之人往來的人，無論是為了聊天、聚會，或者純粹因為交情良好，最後一定都會變得像對方一樣，或者把對方變得像自己一樣。如果你把一根已經熄滅的木炭放在一根正在燃燒的木炭旁，要不就是第一根木炭導致第二根木炭熄滅，要不就是第二根木炭將第一根木炭點燃。既然如此危險，我們應該非常謹慎地與外人建立這種社會關係，並且在心裡牢牢記住：和全身被煤灰覆蓋的人互動，自己也將無可避免地沾染煤灰。

愛比克泰德，《語錄》

因此，在這些睿智的想法於你腦中固定下來之前，以及在你獲得一些保護自己的力量之前，我建議你和無知之人一同進入競技場時要格外小心，否則你在教室裡學到的任何知識都將一天一天地融化，就像陽光底下的蠟。

愛比克泰德，《語錄》

塞內卡認為我們在聆聽別人說話之前必須先謹慎挑選對象，這一點格外重要。

就像那些參加音樂會的人會在腦中記住樂曲的旋律一樣——那些旋律會妨礙你思考、不讓你專注於嚴肅的事物——阿諛奉承之人和讚美墮落之人的話語也會在你聽見它們之後駐留在你耳中。要將令人愉悅的音樂從你腦中趕走並不容易，它會不斷地持續著，而且經常重現，因此你從一開始就該緊閉雙耳，不讓邪惡的話語進入耳中。一旦那些話語找到入口並且進入我們的腦子，它們就會變得狂妄無比。

塞內卡，《書信集》

塞內卡還表示我們在日常生活中遇到的壞人就像我們內心潛藏的惡念，當我們與那些壞人廝混，我們內心潛藏的惡念就會顯現出來。

只要你與貪婪卑下的人一起生活，貪念就會附在你身上；只要你與傲慢自大的人一起生活，自負就會與你形影不離。如果你和劊子手共用一個帳篷，將永遠無法擺脫殘酷；如果你和通姦者來往，欲念將會被激發。倘若你希望除去惡習，就必須遠離不好的榜樣。貪婪者、誘惑者、殘酷者、詐騙者——如果這些人在你身旁，就可能會對你造成極大的傷害——將邪惡深植於你的心中。

塞內卡，《書信集》

七、人群

有個問題與我們的交友有關，關係著我們在公共場合與人們的社交行為。這對於斯多葛學派而言是個重要的議題，因為這門哲學要求我們參與公共事務，同時還要抵禦大眾對我們的批判與蔑視。斯多葛學派不該躲避人群，但應該與人群保持審慎的關係。愛比克泰德對眾人抱持親切的態度，並將這種親切的態度與我們喜歡看見農場動物成群結隊相提並論。

當你置身於人群中——例如在一場賽事、一次節慶或一段假期中——請試著與大家盡情享受，因為如果你熱愛自己的同胞，還有什麼比與一群同胞在一起更令人歡娛的事？當我們看見成群的馬匹或牛隻會覺得開心，當我們看見一支由許多船隻組成的艦隊會覺得開心。在我們看見許多人的時候，誰會感到痛苦？

愛比克泰德，《語錄》

塞內卡主張對人群採取節制的態度，這有時候需要透過輪流交替的方式來達成。

獨自隱居與接觸群眾這兩件事必須彼此結合並輪流交替。獨自隱居會使我們渴望大眾組成的社會，接觸群眾則會使我們渴望獨處，這兩者是彼此的補救措施。獨自隱居可以治癒我們對人群的反感，接觸群眾則可以治癒獨處的無聊。

塞內卡，《心靈的寧靜》

塞內卡還建議在人群中表現節制。他認為最好採取中庸之道：既參與社交活動，同時不屈服於它，也不討厭它。

當你的態度舉止受到四面八方的攻擊，你認為會發生什麼事？你必須模仿別人的態度舉止或者反駁別人的批評攻擊。然而無論採取哪種回應方式，都應該避免這種情況發生。不要因為壞人很多就變得像壞人，也不要因為很多人與你不同而仇視對方。

塞內卡，《書信集》

在眾人喝醉嘔吐的時候保持清醒是大膽的表現，但另一種選擇比較適切：不要表現得太疏離而引人注目——可是也不要參與他們——做與別人相同的事，只是方法不同。

塞內卡，《書信集》

八、身體力行

應該要吸收斯多葛哲學，而不光是表示欽佩。

羊毛會立刻吸收顏色，其他布料則不會吸收，除非經過反覆浸泡並且煮沸。其他的思想體系也是一樣，一旦我們的心智理解，就可以立刻加以實踐。然而我所說的那些思想體系，除非能夠深入心智並且長存，在刺激心智之餘還要為心智染上色彩，否則就不算完全落實。

塞內卡，《書信集》

因此，建議斯多葛主義的研究者不要光是一直討論，因為學習成果應該展現出來，而非說個不停。愛比克泰德認為：

永遠不要稱自己為哲學家，也不要在外行人面前談論哲學原理，應該依照哲學的原理行事……如果你必須在外行人面前談論哲學原則，請盡量少說一點，因為你很可能會馬上把還沒消化的東西全部吐出來。當有人對你說你什麼都不懂，如果你沒有被這樣的嘲諷刺傷，就表示你正在進步。綿羊不會為了向牧羊人展示牠們吃了多少草而把肚子裡的東西吐出來，牠們會將胃裡的草消化完畢，然後提供人們羊毛和羊奶。你也應該如此。不要向未受教導之人展示你的學習成果，應該在學習成果消化完畢之後透過實際的行動表現出來。

愛比克泰德，《師門述聞》

我們的心智應該這麼做：隱藏它所運用的一切，只展現出它產生的成果。即使你與你欽佩的對象有相似之處，而且他的影響力已經深植於你的內心深處，我希望你與他們相似之處是成為他們的後繼者，而不是成為一尊雕像，因為雕像是死的。

塞內卡，《書信集》

為闡述這種想法，普魯塔克提出一個後來眾所周知的直喻。

心智不像是需要被填滿的水桶，而像是需要被點燃的木頭——就是這樣——以便萌生探求真理的衝動以及對真理的渴望。想像一下，如果有人需要鄰居提供火源，而且順利地在鄰居那裡找到熊熊燃燒的火種，結果他只待在那裡取暖，直到火焰燒盡。這就好比某個人去找另一個人，想從對方那裡學習思想，卻沒有想到應該藉此激發出自己的想法。他只開開心心地聽聞知識，坐在那裡心醉神迷。

普魯塔克，《論聆聽講座》

九、話語

同樣的，斯多葛學派也小心翼翼，不會過於執著在話語上。他們認為哲學的進步是以思想和行動來衡量，而非以對戒律的知識來衡量。

如果不去實踐正確的想法，就會淪為他人觀點的闡述者。如今我們之中還有誰無法依循所有規則來揭露善惡？「在既存的事物中，有一些是好的，有一些是壞的，有一些是中立的。美德和落實善行的事物都是好的，與這些相反的事物就是壞的，財富、健康和聲譽則是中立的。」如果我們說話時有巨大的噪音，或者有人嘲笑我們，我們就會因此被干擾。請問這位哲學家：你剛才所說的那些道理在什麼地方？

愛比克泰德，《語錄》

因此斯多葛學者警告我們不要被口頭上的表述所迷惑。

> 這就是為什麼我們要孩子們熟記格言……因為孩子的心智在還無法處理更多事物之前，只能領會那些格言。對於心智已經發展完全的成年人而言，緊緊抓著修辭的點綴、將知名而簡短的話語當成後盾，並且依賴自己的記憶是羞恥的，因為成年人應該倚靠自己。他應該創造格言，而不是背誦格言。
>
> 塞內卡，《書信集》

> 一個人想要走向完美，必須透過言語和類似形式的指導，才能淨化自己的意志、糾正運用這種觀念的技能。指導這些原則需要一定的表達風格，而且方式需要具備相當的生動性與多樣性。有些研究者因此被這些原則迷惑，至今仍然被困在那裡——有些人迷惑於風格，有些人迷惑於演繹推論，有些人迷惑於語意不明確，還有些人迷惑於諸如此類的東西。他們困在那裡日漸消瘦，就像被海妖所迷惑。
>
> 愛比克泰德，《語錄》

對話語的小心翼翼也會影響一個人對於特定哲學研究的品味。本書探討的斯多葛學者無法忍受沒有產生具體回報的理論，然而理論的正確比例不僅是斯多葛學者與其他人爭論的焦點，也是每個斯多葛學者之間彼此爭執的議題。早期的希臘斯多葛主義以純熟的悖論和精確的概念聞名，但是羅馬的斯多葛學者不喜歡這些東西，因為他們認為接連不斷的抽象概念與太過極端的細節探討讓這門哲學變得太艱澀，因此塞內卡嘲笑以詭辯方式激發英雄行為的思想，包括斯多葛的演繹推論。

殺死厲害的惡魔需要極棒的武器……那些小小的飛鏢——你會用它們來抵禦死亡嗎？你會使用細針來抵禦獅子嗎？你提出的論點很銳利，但比不上稻草。有些事情會因為過於精細而變得微不足道，而且毫無用處。

塞內卡，《書信集》

心智習慣娛樂自己而不是治癒自己。我們將哲學視為轉移注意力的方法，但它其實是糾正之道。我不明白「智慧」和「聰明」之間有什麼差別，但我知道無論是否明白其中的差異，對我來說都沒有區別……既然如此，你為什麼要拿與智慧相關的專門術語來欺壓我，而不是善用智慧的成果？讓我變得更勇敢，讓我變得更平靜，讓我擁有和別人相等的財富，讓我超越這一切。

塞內卡，《書信集》

在塞內卡眼中，哲學的任務是幫助人們解決最嚴重的問題。

你想知道哲學能為人類做些什麼嗎？提供建議。這個人受死亡召喚，那個人被貧窮刺痛，另一個人則飽受財富的折磨——可能是別人的財富也可能是他自己的財富。這個人因為不幸而顫抖，那個人渴望擺脫自己的命運；這個人遭到別人虐待，那個人遭到諸神虐待。為什麼要設計那些文字遊戲？現在不是玩耍的時候，找你來是要幫助那些可憐的人。你已經許下承諾要幫助遇難之人、被俘之人、生病之人、貧困之人、即將被處決之人。為什麼你還到處閒晃？你在做什麼？

塞內卡，《書信集》

愛比克泰德有類似的建議：

愛比克泰德說，宇宙是由原子或簡單的物質所組成，或是由火和土所組成，這些對我而言有什麼差別？明白良善與邪惡的真正本質，以及欲望與嫌惡的適當界線，還有我們採取行動與不採取行動的衝動，並且利用這些規則來安排我們生活中的各種事務，向那些超出我們能力的事物道別，這些難道還不夠嗎？前面提到的那些東西很可能是人類心智無法理解之事，就算有人認為那些事情可以讓人類完全理解，理解它們又有什麼好處？

愛比克泰德，（斷簡，斯托拜烏斯）

十、鍛鍊

前面的章節已經談過斯多葛學者對於反覆出現的錯誤模式深感興趣。我們傾向於過分重視自己看見的事物，忽略我們無法看見的事物——因而誤認為金錢比時間重要，或認為得到某事物的益處遠遠超過其隱性成本。斯多葛學者以相同的方法看待學習哲學的進展。如果我們覺得改變思維習慣很困難，那是因為還不習慣對這件事許下如同我們對實體目標的承諾。因此，斯多葛學者將哲學的挑戰拿來與人們為日常小事所忍受之苦痛進行比較。

軍隊必須忍受各式各樣的剝削，只能靠吃樹根度日，並且以讓人不想多談的方式趕走飢餓。他們為了國家而忍受一切——更奇妙的是，他們是為了別人的國家！那麼，為了從瘋狂中解放自己的思想，誰還會因為必須忍受貧困而猶豫不決呢？

塞內卡，《書信集》

當然，每個人都會因為必須忍受貧困而猶豫不決，但斯多葛學派的立場是沒有人應該猶豫。有一套相關的論點將斯多葛主義所要求的努力和訓練拿來與鍛鍊壯碩體格所需要的努力和訓練相互比較。

多少人訓練自己的體格，又有多少人訓練自己的心智！多少人趕著去觀賞摔角比賽——那根本是假的，純粹為了提供觀眾娛樂——精美的藝術品卻乏人問津！我們欽佩那些運動員的肌肉和肩膀，可是他們非常愚蠢！

塞內卡，《書信集》

事實上，訓練心智似乎比訓練身體更容易。

我們的身體需要很多東西才能得到養分，可是心智會自己成長、自己提供養分、自己訓練。運動員需要大量的食物和飲料，並且需要塗抹大量的油膏，更不用說還得大量訓練，然而你可以在沒有任何設備的情況下免費獲得美德。

塞內卡，《書信集》

斯多葛主義者最喜歡拿特技演員所接受的訓練來比較。難道斯多葛主義會比那種訓練還要困難嗎？

沒有哪件事物會如此困難又遙不可及，以致人類的心智無法征服、無法透過持續練習來變得熟悉。沒有哪種情感會如此激烈又獨立自主，以致我們無法透過訓練來加以馴服。無論心智命令自己做什麼，它都可以辦到……特技演員可以學會在鋼索上奔跑、背起幾乎超出人類承重範圍的重量、潛入無邊無際的深海並且待在水底不呼吸。另外還有其他一千種例子可以說明堅持就可以克服各種障礙，只要心智命令自己忍受，沒有什麼事是困難的。

塞內卡，《論憤怒》

特技演員面對他們的艱巨任務毫不畏懼，冒著生命危險完成表演：有人在矗立的刺刀上翻筋斗，有人在架於高處的繩索上行走，有人像鳥兒一樣在空中飛翔，只要犯下一個錯誤就會導致死亡。他們做這些事都是為了微薄的工資——難道我們不該為了獲得完全的快樂而忍受困難嗎？

莫索尼烏斯．魯弗斯，《人應該蔑視困難》

十一、致力奉獻

我們必須明白實踐斯多葛主義必須要有奉獻的精神。斯多葛學者從不認為這門哲學只是一種嗜好。

研究哲學不該等你有空的時候，為了研究哲學，其他一切都可被忽略，因為花再多時間在哲學上也不夠，即使從童年開始就一路研究至生命的盡頭。

塞內卡，《書信集》

如果我們只在做壞事的空檔才練習對抗惡習，怎麼可能學到對抗惡習的充分知識？我們會因此無法深入學習，只能得到一些些提示。我們誤以為只要花一點時間在哲學上就足夠而且綽綽有餘，因為我們還有別的事情要忙。

塞內卡，《書信集》

專注之人的最後一份工作就是過日子——沒有比學習過日子更困難的事。世界上有各種人文科學的老師，有些孩子學得很好，甚至可以教授這些科目。然而學習生活必須花一輩子的時間，而且——可能讓你更感到驚訝的是——學習死亡也需要一輩子的時間。

塞內卡，《論生命的短暫》

十二、鼓勵

正如最後這幾節所談到的，斯多葛學者有時候會表示他們的哲學很艱澀，有時候又會說學習這門哲學輕而易舉。他們宣稱這門哲學需要花一輩子的時間才能學會，可是學了之後馬上會有進展。他們都是要求嚴格的樂觀主義者，我們已經見識過他們的種種要求，現在讓我們用樂觀主義來結束討論。

說實話，只要——如我所言——我們在心智嚴重歪曲之前就開始塑造並改正思維，這項任務就不困難。但是即使遇上困難，我也不會絕望，因為堅持努力以及專心恆久的注意力可以克服所有問題。無論橡樹多麼彎曲，都可以被人拉直；熱力可以使橫梁出現曲線，以各種形狀生長的事物都可以依照我們的需要改變形狀。我們的心智是柔軟的，比任何液體都還容易改變形狀！

塞內卡，《書信集》

我們會因為生病而受苦，但如果願意治療，那些疾病就可以被治癒，因為我們的天性會自助——我們生來就該遵循正確的道路。通往美德的道路並不如某些人想像的那麼陡峭崎嶇，其實只要透過平坦之路就能到達。我不會提供你錯誤的建議，通往快樂人生的道路真的很好走，只需要踏出第一步，在良好的啟發與諸神的協助下就能抵達。你現在做的事反而還比較困難。

塞內卡，《論憤怒》

我經常遇到一種人，他們認為凡是他們自己做不到的事，就一定不可能達成，他們還說我們總是在討論超出人類天性所能承受之事。然而我對那些人的評估更為正面！我認為他們也可以做到這些事，只不過他們不想做。除此之外，難道這些事曾讓那些嘗試去做的人失望嗎？有沒有人覺得那些事在實際去做之後比表面上容易？我們缺乏信心不是因為事情困難，事情困難是因為我們缺乏信心。

塞內卡，《書信集》

戰鬥是偉大的，成就是神聖的；為了帝國，為了自由，為了快樂，為了和平。

愛比克泰德，《語錄》

注釋 ——

① 昆圖斯・塞克斯蒂烏斯（Quintus Sextius the Elder）是西元前一世紀的羅馬哲學家。

② 拉爾夫・沃爾多・愛默生（Ralph Waldo Emerson, 1803 C.E. – 1882 C.E.）是美國思想家暨文學家。

第十三章 斯多葛主義及其批評者

批評一：斯多葛哲學冷酷無情？

批評二：根本不可能實踐斯多葛哲學？

批評三：斯多葛哲學好虛偽？

這一章算是本書的後記，內容包括三項簡短的討論，每一項都是針對斯多葛主義之批評以及對於該批評的回應。

批評一：斯多葛哲學冷酷無情？

第一項批評是針對愛比克泰德以下忠告之回應：

當你看到有人因為孩子遠行或者家財散盡而悲傷哭泣，千萬不要因為那受苦的模樣而誤會他是因為外在事物苦惱。牢牢記住這個想法：「折磨他的並不是那些事，那些事不會對別人造成同樣的影響。造成折磨的是他對那些事的看法。」在話語上你可以毫不猶豫地向他表達同情，甚至可以陪著他一同哀號，但是應該注意：你在心裡不要跟著哀號。

愛比克泰德，《師門述聞》

後來約瑟夫．艾迪生針對這段文字做出回應：

斯多葛哲學家棄絕一般人的情欲，不許智者憐憫別人的苦難。愛比克泰德說，如果看見你的朋友煩惱憂慮，可以露出悲傷的表情陪他一起哀悼，但是要小心不可以真的感到傷悲……我個人認為同情不僅能讓人性更純淨文明，而且比斯多葛智慧那種待人冷漠所能獲得之無情歡樂更讓人愉悅且認同。

艾迪生，《旁觀者》第三九七期（1712）

艾迪生的主張展現出對斯多葛學派最標準的批評——斯多葛哲學是無情的，而且沒有同情心。精通斯多葛理論的哲學家（倘若真有這種人存在）會對別人說此安慰的話語，可是心裡完全沒有同情之意（據說是如此）。斯多葛哲學家不可以關心別人，也不可以關心這個世界，因為這麼做就是對外在事物有情感依戀。

這完全是誤會，因為斯多葛學者並不譴責感覺，而且在一些重要的面向認可感覺。他們重視同情心、討厭無情，並且致力為人群服務——這與艾迪生所認為的斯多葛哲學相反。然而在特定情況下，斯多葛學派會暫時斷開內心的苦痛。為什麼？因為有來自四面八方的理由會造成我們內心的苦痛，並且分散我們對大局及任何具建設性之行動方案的注意力，所以斯多葛學者確實認為同情心對任何人都沒有幫助。然而他們想達成的目標是不依靠同情就做到別人基於同情所能做到的事，這一點在第十一章第五節已經說明過了（有時候斯多葛學者會建議對敵人抱持憐憫之心，但這種憐憫之心與對方的苦痛無關。敬請參閱第七章第十三節）。愛比克泰德在表達觀點時可能較為嚴厲，但他的結論在本質上與伊比鳩魯以下這句較溫和的話語並無太大的差別：

> 我們在分擔朋友的痛苦時，應該體貼地了解對方的遭遇，而不是陪著他們一起悲傷難過。
>
> 伊比鳩魯，《梵諦岡格言》

儘管如此，我不想以艾迪生並未詳讀斯多葛哲學為理由來為斯多葛學派辯解。羅馬斯多葛學者說過的諸多話語都可以拿來反駁艾迪生，但如果人們努力搜尋，一定也能找到支持艾迪生主張的言論。不過，至少我們都已經明白斯多葛主義與艾迪生所說的不同。與其繼續深入比較其他引文，我寧可將艾迪生的批評當成進一步思考的契機，以了解感覺和同情心在斯多葛主義中的地位，或者在本書中所提供之斯多葛多樣性中的地位。

正如第九章所討論的，斯多葛學者希望避開干擾我們精確看待這世界的情感或其他因素——換言之，就是阻礙我們理性思考的感覺因素，這些因素來自於（或者會創造出）我們與外在事物的情感依戀。斯多葛學者在面對這些因素時不會受到影響。為了方便起見，我在第九章中建議將良好或不令人討厭的因素稱為「感覺」，用來與「情感」區隔。區別「感覺」和「情感」十分重要——或者說，無論以哪一種更恰當的措辭來定義，區別「沒有理性的感覺因素」和「對理性沒有威脅、不會困擾斯多葛學者的感覺因素」十分重要。這種區別之所以重要，是因為從其定義來看，「感覺」對於激發同情心和其他令人欽佩的特質可能是必需的，但是「情感」可能不然。

讓我們更仔細思考斯多葛主義對研究者內心所欲產生之影響，尤其是對情感的影響，並且將其與時間之影響進行比較。先從艾迪生所提的例子開始談起：一個朋友遭遇了可怕的事。假如你這輩子活得夠長，你可能會遇到一千個這種悲傷的朋友。在第一千零一個朋友遇上這種不幸時，試想一下你可能會有什麼樣的反應。不是每個人都會對重複出現的經歷做出相同的反應，所以請你想像最可憐的情節。你可能會表現出像醫生一樣的態度——而且是非常好的醫生——執業很久、經常面對垂死病人及其家屬的醫生。我們會從最好的醫生身上發現善良、溫暖和同情，還會發現「感覺」，但不太可能發現「情感」。你會給予同情，但不會跟著哀悼，因為你已經看過這種場面太多次。

以上的思考方式尚未涉及斯多葛主義，只是針對長期經驗可能影響我們感知方式的觀察。但如果你接受這種思想實驗的結果，就符合了斯多葛學派所追求的相同心境，因為斯多葛的理論與其相似。時間和經驗都是人生的老師，會為我們慢慢帶來智慧。亞當．斯密曾說：

> 時間是偉大又萬能的安慰者，會將弱者漸漸帶往符合其尊嚴和勇氣的寧靜狀態，智者則是從一開始就抱持著這種平靜的心境。
>
> 斯密，《道德情操論》（1759）

我在這裡的主張正好相反。如果斯多葛學派認為我們被外在事物或邪惡或情感束縛，倒不如更精確地說我們受困於缺乏經驗，因為只有新手才會誇張、貪婪和恐懼，而我們都是新手。很遺憾的，生命非常短暫，無法靠著不斷嘗試來變得如我們所希望的那麼聰明，而斯多葛哲學就是彌補這種缺憾的機會——它是時間的替代品，或者也可說是時間的模擬。斯多葛主義讓我們無須一再重複相同的經歷就能學到智慧，而且試著讓我們透過沉思來記取教訓、免疫力和其他如果活得夠久自然能夠獲得的性格特徵。斯多葛學派的「智者」就好比因為活了很久而擁有豐富生活經驗之人——或許比任何人擁有的經驗都還豐富。斯多葛主義是經歷過一千次試煉的哲學。

我們可以擴大斯多葛主義與時間歷練的連結。想一想重複發生的事件對情感造成的影響：一開始令人恐懼的事物，長時間曝光之後會失去其恫嚇力，變得沒什麼可怕。恐懼的根源不會改變，但我們的心智可以改變。或者你可以想像一下自己賺進大筆財富然後又失去這筆財富，如此重複一千次；或者你墜入情網然後心碎一千次。你不可能因此就不在意這些事，也不可能希望自己不在意這些事，然而你可能會獲得一種面對這些遭遇時的平靜感，然後以超脫的心情與它們再次相遇——你仍然會有感覺，可是具有理性，因此不會再感情用事。在經歷過這麼多次獲得與失去之後，你不會再貪婪與虛榮，因為經驗使人謙卑。取而代之的，你可能會擁有其他喜悅——來自感恩和理解的平靜。

我們再回頭繼續探討剛才的主題：斯多葛教義中對外在事物不具情感的態度，可藉著長時間接觸該事物而自然產生。即便我們長時間重複體驗某事，感覺和同情依然會存在，可是情感不會。體驗事物的過程會對情感與感覺自然地進行篩選，這樣的結果與斯多葛學派希望透過實踐哲學所達到的目標相似。

將斯多葛學派的意向與長期體驗所產生的性格特質彼此連結，可以在好幾個面向上產生成效。

首先，它幫助斯多葛學派不至於太不食人間煙火。將斯多葛主義的長期經驗觀點視為我們生命的延伸——讓我們在人生道路上走得更遠，而不會像德萊頓[1]所批評的那樣（我們將在本章後面讀到）影響其神聖性。斯多葛主義讓我們知道在艱困的情況下能夠得到什麼，當然，前提是如果我們活得夠久。

其次，長期經驗可轉變心態的觀點，幫助我們更熟悉也更容易理解斯多葛主義的目標。每個人都有過因為多次經歷而變得習慣的經驗，也見識過感覺和情感會造成的不同結果。我們不需要經歷好幾輩子就能明白這一點，只要比較自己第一次遭遇不幸與第十次遭遇不幸，或者第一次看娛樂表演與第五十次看娛樂表演，或是第一次接吻與第一百次接吻的經驗。我們不必無視這些經歷的意義，也不必表現得毫無感覺。相反的，可以說在最引人注目的例子中，感覺會變得成熟且產生變化。但即便如此，這些事件到了最後也會失去情感索價，對理性不再具有威脅。當然在某些情況下，我們在情感上的習慣還是難以超脫。我只是想表達這樣的過程與斯多葛學派「智者」的特質對於大多數的一般人而言都不陌生。

第三，斯多葛主義的長期體驗觀點證明了斯多葛學派的理想令人欽佩。在經過多次試驗所形塑的個性中，我們看見精通斯多葛哲學之人具備迷人的特質。具有長期經驗而形塑的個性雖然不會心生厭倦，或者至少不會必然心生厭倦，但是可能不具有吸引力。有時候長期經驗會讓我們感到疲倦、能力遲鈍，然而當它與同情心結合，就會產生高貴的情操，這就是斯多葛主義所追求的。斯多葛哲學不僅想創造出因經歷多次試驗而變成熟的心智，還想創造出最棒的心智——要變成長時間學習醫術的醫生，能夠為病人提供良好的照護，並且讓自己精力充沛，而非變成對病人感到厭倦的醫生。

第四，將斯多葛主義視為長期體驗有助於解決一些難題。有時候斯多葛哲學的一般原則很難應用在特定事實上，例如斯多葛學派不鼓勵憤怒，但如果你是不公正之事的受害者呢？如果是這種情況，動怒難道不對嗎？——憤怒可能甚至很重要，可以激勵人們致力阻止不公正之事再度發生？我們可用這本書探討的戒律來討論這種問題，比方說：斯多葛學派本來就很關心正義，不需要憑靠動怒來激勵對於違反正義之事的回應（請參閱第九章第十二節）。然而我們目前討論的見解提供了一條捷徑：如果你希望自己能像斯多葛學者一樣，對於不公正做出回應，那麼就像經驗老到的人那樣——不是因為已經習慣不公正而不在乎，而是要投注畢生之力來改變不公正。根據我自己的經驗，這種人往往會以感覺來面對不公正，很少注入情感。他們的平衡不會被新的不公正破壞，因為他們太常遇到不公正，所以不會以那種方式回應。他們會以堅決、強悍、積極的方式回應，而且（再回到我們的問題）當不公正折磨他人，他們會展現高度的同情心。這些效果已經讓他們自然而然變成了斯多葛學者，最優秀的律師也可以像他們這樣。

我們可以逆轉稍早的思想實驗來結束這個部分的討論：你悲傷的時候可能會有兩個朋友來安慰你：對其中一個朋友而言，你的災禍是嶄新的體驗，因此在看見你悲傷時，這位朋友充滿情感；另一個朋友已經看過這種場面一千次，因此他對你雖具有溫暖和關懷的感覺，但沒有涉入情感。我會選擇第二位朋友的安慰，而且無論如何我都不會給予第一個朋友更多讚美。第二個朋友就是斯多葛學者。

❖ ❖ ❖

關於冷酷無情的批評已經談得夠多了，不過我想再補充幾句話來談談斯多葛主義與經驗之間的關係。剛才提到一些值得深入評論的讓步：倘若經驗會腐蝕情感，有些人可能認為這種腐蝕是一種損失，並因此害怕重複經歷某事，因為情感**無法**在重複事件中倖存。可以想像那些多次經歷同一事件的人在該方面似乎會變得比較不聰明，因為他們無法以新鮮的角度看待那件事。他們幾乎不會去注意那件事，也不欣賞它。他們已經被適應作用所腐蝕。

以最公允的方式來說，智慧有不同的類型，或者說識別力在不同場合中會有幫助。經驗豐富之人因為已經見識過太多次（無論任何事），所以能夠保有理性，不會情緒化，同時還具備其他優點：洞察力、良好的判斷力，以及因為長期的熟悉和了解所產生的輕鬆與溫暖。這些都是很棒的美德，是斯多葛主義的核心價值。然而這些美德並不是斯多葛學者唯一的目標，甚至不是斯多葛學者最想要的東西。無經驗之人在面對議題時也具有識別力——業餘者的優勢，例如對於手邊事物的欣賞力。

關於具有經驗或缺乏經驗造成影響的說法，可用這本書前面提到的觀念來加以討論。斯多葛學派在各種場合都會尋求最有用的視角，我在這裡強調：關於情感和逆境，斯多葛學者會希望擁有我們可從長期經驗中得到的智慧，不過在某些情境下，他們又會希望擁有新手的心態。第十二章第四節曾提到以下這段話：

「我什麼時候才能再看見雅典和雅典衛城？」可憐的人，難道你對於每天看到的事物還不滿足嗎？有什麼東西會比太陽、月亮、星星、整個地球或大海更為美好或更為偉大？

愛比克泰德，《語錄》

摘自第五章第八節：

不要想著擁有你沒有的東西。相反的，選擇一些你已擁有的美好事物，然後想一想如果沒有了它們，你會多麼渴望。

馬可・奧理略，《沉思錄》

事實上，可以區別兩種錯誤。我們無法欣賞某些事物，是因為對它們太過熟悉；我們對其他事物反應過度，則是因為對它們不夠熟悉。在第一種情況下，我們因為無法像新手那樣看待舊事物而痛苦；在第二種情況下，則是因為無法像老手那樣看待新事物而痛苦。斯多葛學派比較在意第二種錯誤，但是對於兩種錯誤都能理解，並試著依據適切的情況轉換他們的視角。

我們可以重新檢視這本書中的諸多議題，並根據處理這些議題時的理想心態可能要依賴多少「重複」（假設性的）來重新解釋。比方說我們可以透過新手的視角來讓自己接受和滿足，並且進而脫離欲望——學習將我們熟悉的事物視為不熟悉的事物，不以手上的老繭來觸摸這些事物。同樣的觀點可幫助我們理解因為太過習以為常而忽略身旁的事物是愚蠢又不公平的。情感和逆境（有時候也包括欲望）則需要透過相反的觀點——也就是說，我們應該採用具有長期經驗之人的處事態度。在考量我們喜歡或討厭的任何事物時——在考量我們對任何事物的任何反應時——都應該先問問自己，這種喜歡或討厭是否與遇上該議題的次數有關，不管次數是多還是少。這種思考過程深具啟發性。

❖ ❖ ❖

我們不該高估斯多葛主義，因為光靠反思無法產生長期經驗所具備的所有特質和感覺，也無法加以逆轉，那更是困難。我們也不該低估斯多葛主義，因為反思有助於解決這方面的某些問題，從不涉及感情的環境和涉及情感的環境中都能看出這一點。當某人熱中於某新奇事物但是思考得夠久，以致該事物失去讓人做出愚蠢行徑的魅力，這就是斯多葛主義。這是好的（你也可以將「新奇事物」替換為「奢華事物」或「名利地位」——效果亦同）。另一種情況是某人一次又一次接觸某新奇事物，到最後那個新奇事物的魅力就會被諸多關於該事物不重要的缺點所耗盡。我們可能要到人生晚期才能有這種領會，不過聖人老早就省了這些麻煩。

批評二：根本不可能實踐斯多葛哲學？

粗野的斯多葛學派愚蠢又矯情地自詡為神——他們用滑輪將自己高高吊起，讓自己對痛苦麻木，同時又對自己的經歷說謊，表示自己沒有受苦，並且很清楚自己的感覺。真正的哲學應該具備更柔軟的本質，而且更適合人類使用……智者永遠不會去嘗試不可能辦到的事，因為不可能辦到的事遠遠超出他天生的能力，只能藉著超越痛苦來成為神，或者假裝感覺不到痛苦而將自己貶低為樹木或石頭。

德萊頓，《唐・塞巴斯蒂安》②（獻辭）（1690）

關於斯多葛主義，德萊頓另一個大家熟知的批評是：斯多葛的教義不可能實現。斯多葛學者在重申這個引起批評的觀點時表示，我們應該試著控制能由我們自己決定的事，不要執著於我們無法決定的事。我們的判斷以及我們對事情的反應都取決於我們，但事情本身不由我們決定。斯多葛學派有時候會透過描繪一位「智者」（或稱為有智之人）來表達這個概念，智者都以這種原則擺脫欲望和恐懼。然而從未有人見過這種智者，因此有人認為斯多葛主義根本是一種行不通的哲學。

正如本章前面的段落一樣，我們可以把批評當成思考更大問題的機會——這裡要思考的問題是：斯多葛主義是否具有價值，即使它的教義我們做不到。不過，和前面一樣，我們應該先談一下斯多葛教義真正的要求。斯多葛學者會受苦，而且不會假裝自己沒受苦，儘管他們認為繼續受苦是沒有意義的。他們會試著理解自己心智在遭受痛苦時所扮演的角色，然後利用這樣的領會來減少痛苦，不過，好的斯多葛學者在本書討論過的任何情況下都會對人類的限制有清楚的認知。如果你欣賞德萊頓的批評，應該也會喜歡以下這段對心愛之人逝去時的回應：

我很清楚有些人是愚蠢而不是勇敢，他們認為智者不會悲傷。但是就我看來，這些人永遠不會遭遇這種不幸，即使他們真的遭遇悲傷，命運也會先擊倒他們引以為傲的哲學，甚至逼迫他們承認真相，即使違反他們的意願。

塞內卡，《對波利比烏斯的安慰》

這段文字看起來像是反對斯多葛學者的言論——現實問題暴露出斯多葛哲學的不可行——但事實上這是塞內卡的話語。在這本書的第九章第六節，塞內卡提出了比德萊頓的批評更實際的願景，他的話語有助於糾正那些把斯多葛理論視為不合理要求的嘲諷，或者那些將斯多葛學者視為假裝對任何事物都沒感覺之人的批判。在閱讀過這本書的其他章節之後，讀到這一頁的讀者應該都已經明白斯多葛學者比那些批評者所說的更為睿智。

起碼其中有一些學者很聰明。公允地說，塞內卡的這段話也表明斯多葛主義並非永遠不變。塞內卡批評的對象可能是其他的斯多葛學者，其他的斯多葛學者也毫無疑問會批評他。如塞內卡所言：「我們斯多葛學派不是暴君的臣民，每個人都擁有發表主張的自由。」（《書信集》）如果我們試著將情感視為包含在希臘斯多葛學派的觀點之內，那麼斯多葛學派對情感的看法可說是非常複雜。這本書（或者德萊頓）的看法都不夠公正。如果我們以特定方式定義斯多葛哲學，塞內卡在前面及第九章提到的觀點確實都可被視為背離斯多葛主義。正如我在自序中指出的，我寧可將這本書中提到的概念視為斯多葛主義的某種版本，而非真實見解與異端見解的混合體。不過我在自序裡也提到我對這些爭論並不感興趣，只想表達以這本書的框架而言，並不太符合德萊頓的批評。

然而我們承認他的批評帶有真實性。毫無疑問的，完美的斯多葛學者不可能存在，即使這個事實不見得與德萊頓的觀點一模一樣。這就像是永遠不要依戀外在事物，並持續遵循美德過生活，最偉大的斯多葛學派教師是第一批承認自己無法做到這一點的人，不過依照他們的風格，他們不會說任何人都無法做到。斯多葛學者確實會敦促自己和他們的學生嘗試達成斯多葛學派的理想，而且有時候在言談中會說得彷彿有人能夠達到這種理想狀態。他們只會接著補充說事實上從未有人做得到，或者幾乎沒有人做得到。

> 我不會建議你只追隨（或試著追隨）智者，而不能追隨其他任何人，畢竟要到哪裡才能找到智者？——幾個世紀以來，我們一直在尋找智者。但就算找不到最好的人可以追隨，至少不要找一個壞的人！
>
> 塞內卡，《心中的寧靜》

> 塞雷努斯③，你沒有理由只依自己的習慣就說我們找不到智者。智者並非我們斯多葛學派虛構出來的人，他不是人性的榮耀幻覺，也不是單純的觀念或虛幻的表象，而是如我們所描述的那樣。我們已經說過了，也願意再說一次——智者可能難得一見，每一位智者都相隔好幾個世代。
>
> 塞內卡，《論智者的恆定性》

塞內卡想到的斯多葛學派範例是斯提爾波。斯提爾波是一位希臘哲學家，亦是芝諾的老師，生活在三百年前，沒有留下任何著作。關於斯提爾波的評論，最知名的是一則軼事：他的國家遭到劫掠時，他失去了妻子和孩子，可是他平靜地說：「我帶著所有的家當。」如果斯提爾波出生在後來的羅馬時代，他可能會是類似愛比克泰德的人物，並且會與愛比克泰德一同否認自己的完美。當然，他是正確的。當我們不太了解別人，對方看起來都很完美，這就是為什麼斯多葛學派列出的極少數典範，都是幾個世代之前的人。

愛比克泰德不認為我們能夠輕易找到一位有成就的斯多葛學者。

讓我看看斯多葛學者，如果你找得到。他在哪裡？要怎麼找？……我們稱一尊雕像為「菲迪亞斯式雕像」，因為它是根據菲迪亞斯的藝術風格塑造出來的。同樣地，請向我展示一個根據你隨口說出的教義所塑造出來的人。向我展示一個生病但快樂的人、一個身處險境但快樂的人、一個垂死但快樂的人、一個被流放但快樂的人、一個被羞辱但快樂的人。將他展示出來——眾神在上，我想看見斯多葛學者！然而你還沒有準備好一個完整的例子能讓我看看——不然就讓我看看進展中的例子，朝那個方向進展的例子。幫我一個忙，不要吝惜讓一個老人看見這種奇觀，因為我從未看見過！

愛比克泰德，《語錄》

所以根本沒有完美的斯多葛學者。倘若有人認為「智者」或聖人是我們必須企及的地位，否則就會被視為完全失敗，這一點就會變得非常重要。早期的希臘斯多葛學派有時候被指為採取了類似的立場（無論這樣的引述是否公平），不過羅馬的斯多葛學派沒有這麼做，而且顯然比較明智，畢竟如果一門哲學只談論無法達成的目標，這種哲學（假如真的有這種哲學的話）還有什麼意義可言？最好只把斯多葛學派的智者當成參考的標準，即使遙不可及，至少會有幫助。這是闡述完美智慧含義的便捷方式：想像擁有這種智慧的人會如何思考與行動，這就是康德④對這種概念的看法。

斯多葛學派的智者是一種理想典型，也就是說，他們是只存在於思想之中而且完全符合智慧概念的人。由於這種概念提供了規範，理想典型便完美且完整地決定了大家仿效的原型。於是智者和聖人成為我們的行為標準，讓我們可以用來比較並判斷自己。這可能有助於我們改進自己，儘管永遠無法達到這種標準要求的完美境界。

康德，《純粹理性批判》⑤（1781）

康德的觀點與已故斯多葛學者的觀點一致，我們可以將這種觀點拿來與塞內卡對斯多葛主義理想典型以及人們通常可達成之目標的差異互相比較。塞內卡明白人們可能無法臻至的理想境界具有什麼樣的價值。

我們必須把至高的美善當成努力奮鬥的終點，我們所有的行為與行動都要看著它——就好比水手必須藉著某個星座來設定前進的路線。

塞內卡，《書信集》

在談到斯多葛主義的實際進展時，塞內卡將研究者分成三種等級。第一種等級和第二種等級的研究者都已經擺脫情緒和外在事物，不同之處在於他們在進展過程中表現多平穩。另外還有第三種等級的研究者，這種等級是大多數人可以達到的程度。

> 第三種等級的研究者已經可以克服許多嚴重的惡習，可是還沒有將惡習完全戒除；他們已不再貪婪，可是仍然會感到憤怒；他們不再被欲望困擾，可是仍然懷抱著野心；他們不再具有渴望，可是仍然心存恐懼。即使在恐懼之中，他們依舊有足夠的堅定可對抗某些事物，但是對另一些事物束手無策。他們鄙視死亡，但是害怕痛苦。讓我們深思一下最後這一點。如果我們能夠達到這種等級，事情對我們來說會變得十分順遂。要達到第二種等級必須幸運地擁有天賦，而且努力地學習。不過第三種等級也不容小覷；你想想自己身旁有多少邪惡、看看什麼地方沒有犯罪事件，以及每天有多少壞事出現、多少不法行為在公開場合與私下發生，你會明白如果我們不是那些最糟糕的人，我們的表現就算很不錯。
>
> 塞內卡，《書信集》

斯多葛學者三不五時會大談彷彿每個人都應該符合斯多葛學派的理想，這麼做毫無疑問會讓他們常常面臨嘲諷，而且他們也確實飽受揶揄。然而我們應該以一種最合理適切的方法來解釋斯多葛主義，這包括在斯多葛教義偶爾不一致時，應該以最符合這門哲學之目標的方式做出選擇。斯多葛主義的目標是幫助研究者更精確地看見真理，並以更睿智的方式思考和生活，而非在走到人生盡頭時被認為虛耗了光陰。「智者」是對這項任務的協助，我們可以將其視為北極星——它們不是目的地，只是指引我們正確的方向。

批評三：斯多葛哲學好虛偽？

從朋友和敵人的證言、從愛比克泰德和塞內卡的告白，以及從琉善⑥的譏諷和尤維納利斯⑦的激烈謾罵，這些道德大師都有著與他們鄰居相同的各種惡習，而且非常虛偽。

麥考利⑧，《培根勳爵》（*Lord Bacon*, 1837）

麥考利和某些批評者主張斯多葛是虛偽的學派，認為斯多葛學者宣稱自己不虛榮、不貪婪、毫無畏懼（這些是批評者說的），並以此敦促其他人加入他們，可是自己又像其他人一樣沉淪在惡習中。他們雖崇尚美德，可是品德並不高尚。

斯多葛主義的虛偽名聲主要來自與塞內卡的連結，一般人只要提到這方面的問題就會想到塞內卡，因為塞內卡在他那個年代的政壇備受爭議。一如我們在白序中指出的，他曾擔任尼祿皇帝的家庭教師和顧問，而尼祿是聲名狼藉的皇帝，塞內卡可能協助他做了許多不道德的事，因此他在道德方面是可受質疑的。批評者也不喜歡塞內卡的財富，雖然塞內卡曾寫道：「沒有人配得上眾神，除了那些蔑視財富的人。」但他本人非常富有——他擁有許多奴隸，而且在義大利、埃及和西班牙等地顯然都擁有別墅。據說他還把錢借給殖民地那些無意借貸的英國人，然後無預警地向債務人索討款項，使那些人蒙受毀滅性的傷害。

我認為馬可．奧理略的例子比較具有建設性。他是斯多葛學派的研究者，無論個人聲譽及身為政治家的名望都非常好。由於塞內卡飽受討論和質疑，關於批評者用塞內卡來貶抑斯多葛主義以及斯多葛學派被指為虛偽一事，請容我發表一些看法：

一、過去兩千年來有許多關於塞內卡的文章，有一些支持他，有一些不支持。由於範圍太大，我沒有辦法在這裡完整詳細地介紹。然而大多數自以為了解塞內卡的人，資訊都來自塔西佗⑨、蘇埃托尼烏斯⑩和卡西烏斯・狄奧⑪所記載的歷史，還有與塞內卡相同年代之人留下的零散評論。那個年代關於塞內卡事蹟最知名的記載來自他的死敵普布利烏斯・蘇利烏斯・魯弗斯⑫，這點在塔西佗的《編年史》（*Annals*）中有詳細的敘述，不過塔西佗對蘇利烏斯的評價不高。

塞內卡本身只留給世人他的哲學著作及戲劇作品，除了這些以外，對於他曾經向尼祿說過什麼話（雖然第九章第十節結尾處提及有趣的內容），或者他如何看待自己道德地位的慘況，我們所知甚少。有時候好人會為壞人效命，塞內卡這麼做可能是為了公眾的利益，或者出於沒那麼偉大的理由；他可能讓尼祿變得更惡劣，或者讓他變得比較好；他可能試圖殺死尼祿，或者可能沒有（但尼祿確實認為他有此意圖）——一切只能憑靠現代或古代的歷史學家猜測。塞內卡過世五十年後，塔西佗寫了《編年史》（蘇埃托尼烏斯與塔西佗是相同年代之人，他也寫過關於塞內卡的文章）。卡西烏斯・狄奧則是在將近一個世紀之後才寫。

由於文字記載稀少，我們不難理解大多數的評論都因此對塞內卡抱持懷疑的態度。為了方便比較，可以想像我們這個時代的某人，在兩千年後被世人記得和批評的依據只有當代敵對者的紀錄，以及兩、三份在這個時代還沒出生的歷史學家的論述。那些歷史學家沒有取得該人留下的任何作品，也沒有見過或遇過他本人。就現代的標準來看，他們手上只有一點點書面資料。雖然歷史學家和心理學家在研究近代公眾人物時沒有這些不利的條件，我們依然很難完全了解那些公眾人物，因此我們在回顧遙遠的過去時，應該要更加小心謹慎。關於塞內卡的行事動機、內心世界和私人作為，我在評論時都應該附上一個星號和標記，表示我們的查證工作可能做得不夠好。

雖然有這些限制因素，長期以來人們對於塞內卡是什麼樣的人仍有諸多猜測，而且其中大部分是直接批評，沒有附註標記。關於塞內卡對尼祿皇帝必然有哪些看法、他寫信時必然有哪些觀點、他自殺時必然有哪些念頭，評論家時常拿出來討論。如果不要太認真看待，這些臆測其實無可非議。然而要批評他虛偽，得先詳知相關的事實和人物，我認為現在沒有人對塞內卡如此熟悉。

二、話說回來，如果我們真能詳知相關的事實和人物，又有什麼不同？就算是不好的人，也可以寫出好書。塞內卡不是以標榜自己來激勵世人的宗教人物，他是哲學家，試圖透過講道理來說服別人。沒錯，他確實說過人們可以根據生活方式（而非根據言論）來評判一位哲學家，因此用他所說的標準來評判他時，他可能就是失敗者（但他可能根本沒說過那些話——請參見前面所述）。然而這種批判本身是不明智的，因為哲學家或心理學家所寫的作品應該基於作品的價值來判斷，塞內卡這種提供有益思維方式的作品尤其如此，應該要以作品是否對我們有幫助來加以評判。

三、儘管如此，請再次想一想塞內卡實際上說了什麼。我們很容易緊抓著他所寫的嚴肅內容，卻忽略後面提到的限制條件。剛才我引用他蔑視財富的那句話，現在思考一下那句話出處的段落，我們在第六章也提到過：

> 沒有人配得上眾神，除了那些蔑視財富的人。我不禁止你擁有財富，可是我希望帶領你到可以無所畏懼地擁有財富的境界。只有一種方法可以做到這點：說服自己就算沒有財富也能開心過日

子，並且將財富視為隨時會離你而去。

塞內卡，《書信集》

這反映出塞內卡對斯多葛主義的態度。斯多葛主義是超脫歡娛與厭惡的哲學，而非消滅歡娛與厭惡。了解這一點是重要的，否則人們可能會覺得斯多葛學派的要求十分荒謬，不許人們有任何偏好，也不許人們享受。當我們因為斯多葛學者之中某些人很富裕卻表示大家不該有錢，而評判他們是偽君子，理解這一點也很重要。無可否認，當一個哲學家主張財富不重要但自己卻家財萬貫，確實會讓人覺得奇怪或心生反感。但如果堅持把塞內卡所說的話和所做的事拿來比較，我們應該要小心牢記他說的話。或許他已經設法做到他主張的，對自己的財富超脫，或許他已經捐了很多錢出去。尤維納利斯的第五部諷刺小說完成於塞內卡死後的年代，裡面提到塞內卡慷慨大方，彷彿這是每個人都清楚的事。相同年代的馬提亞爾⑬在諷刺短詩裡也提過相同的事，然而塞內卡和他的財富到底有什麼樣的關係，我們終究只能自行猜測。

另外，與此相關的是，塞內卡從未主張自己是成就斐然的斯多葛學者，而且他對於傳統行徑的諸多批評，似乎都是針對他自己。

我不會無恥到承諾要治癒別人自己卻生病。我們就好比躺在同一間病房裡，我與你討論的是我們共同的病痛，我分享的是補救的方法。因此，聽我說話時，請把我當成只是在自言自語，我在檢視自己時，邀請你進入我的私人空間，你只是在一旁觀看。

塞內卡，《書信集》

塞內卡有時候也會被我們討論的那些批評激怒，那些批評不只在他死後才出現，他生前就已經聽過很多。

「你總是說一套但是做另一套。」——你們這些人最惡毒，對所有的好人都充滿敵意！你們也用同樣的話語辱罵柏拉圖、伊比鳩魯和芝諾，他們所教導的內容並非關於他們怎麼過生活，而是他們應該如何生活。我說的是美德，而不是我自己有多好。每當我譴責惡行時，最先譴責的是我自己。只要我做得到，我就會依照我應該做到的那種方式過日子。

塞內卡，《論快樂的生活》

最後那句話的態度是斯多葛學者的特色。這本書已經多次表示斯多葛哲學是建立在謙卑之上，然而那些嚷著要成為斯多葛學者的人並非如此。斯多葛主義的進展有一部分可以透過一個人對失敗的意識來加以衡量。馬可．奧理略說過類似的話語：

這個想法也可幫助你免於空洞的自負：如果自負，你就無法像哲學家那樣過完一生，甚至度過你的年輕歲月。而且，相反的，對許多人來說，甚至你自己，你顯然已經遠離了哲學。你會變得困惑，獲得哲學家的聲望對你而言不再容易，你在生活中的定位也對抗著哲學理念。如果你已經看出事物的本質，就不要再想著你在別人眼中是什麼樣子。倘若你能以天生的智慧度過餘生，無論你的餘生還剩下多久時間，都應該要感到滿足。

馬可．奧理略，《沉思錄》

四、將塞內卡放到一旁，虛偽的批評也誤解了斯多葛主義在大多數對該哲學感興趣者的生活中所產生的作用。那些批評認為斯多葛主義是其追隨者試圖皈依的教條或用來批判別人的基礎，這使得斯多葛學派因為鼓吹某件事但做出另一件事而遭到批評。從這本書的內容我們不難理解這種狀況為何發生。為了傳授思想給別人，斯多葛學派不得不將他們的思維當成指示，然而實踐斯多葛主義與告訴別人應該怎麼做、或說出可能與自己行事互相矛盾之事並沒有關聯，至少對於大多數正在研究這門哲學的人來說，斯多葛主義既是一套幫助思考的工具，也是一種使用這套工具的方法，而且有些人認為斯多葛主義確實有益。這門哲學是關於實踐，而非空談。

五、斯多葛主義最常被問到的最後一個問題是：與什麼相比？假設——我認為這種假設很合理——典型的斯多葛主義研究者只朝著目標稍微前進一點點，對他們自身無法控制的事物少了一些焦慮，並且對惱怒、屈辱和不幸多了一些耐性。他們的想法對傳統多了一些反抗，並且對不值得的事物少了一些渴望或恐懼，諸如此類。換句話說，他們的進展有限。有些人從哲學中得到的不止這些，有些人得到的比較少，但請想像一下，這是最普通的結果。與聖人的成就相比，這些當然微不足道，可是與什麼都沒有得到的基礎線相比，這樣的收穫已經相當豐富。與其他的哲學研究結果相比，這樣的收穫也相當可觀（其他的哲學學派能讓它們的研究者得到什麼？）。瞧不起渺小的進步是愚蠢的，尤其在難以獲得其他進展的時候。因此，倘若斯多葛學者胸懷偉大的志向但只做到其中一小部分，我們不該因為這種落差就認定他們是偽君子。他們設定了高標準，雖然未能達標，可是已經表現出色。

注釋

①約翰·德萊頓（John Dryden, 1631 C.E.－1700 C.E.）是英國詩人、文學家、評論家暨翻譯家。

②《唐·塞巴斯蒂安》（*Don Sebastian*）是英國作家約翰·德萊頓西元一六八九年創作的悲劇，內容講述葡萄牙國王塞巴斯蒂安（1554 C.E.－1578 C.E.）的故事。

③塞雷努斯（Quintus Serenus Sammonicus, ?－212 C.E.）是羅馬的學者，同時也是羅馬帝國第二十二任皇帝卡拉卡拉（Caracalla）與第二十三任皇帝塞普提米烏斯·蓋塔（Publius Septimius Geta）的導師。

④伊曼努爾·康德（Immanuel Kant, 1724 C.E.－1804 C.E.）是啟蒙時代著名的哲學家，德國古典哲學的創始人。

⑤《純粹理性批判》（*Critique of Pure Reason*）被公認為是德國哲學家伊曼努爾·康德流傳最為廣泛且最具影響力的著作，同時也是整個西方哲學史上最重要和影響最深遠的著作之一。

⑥琉善（Lucian, 約 120 C.E.－180 C.E.）是羅馬帝國時代以希臘語從事創作的諷刺作家。

⑦尤維納利斯（Juvenal）是西元一至二世紀的古羅馬詩人，其作品經常諷刺羅馬社會的腐敗與人類的愚蠢。

⑧湯瑪斯·巴賓頓·麥考利（Thomas Babington Macaulay, 1800 C.E.－1859 C.E.）是英國詩人、歷史學家暨政治家。

⑨塔西佗（Tacitus, ?55 C.E.－?117 C.E.）為羅馬帝國的執政官、雄辯家、元老院元老，也是著名的歷史學家與文體家。

⑩蘇埃托尼烏斯（Suetonius, 69／75 C.E.－130 C.E. 之後）為羅馬帝國時期的歷史學家，屬騎士階級。

⑪卡西烏斯·狄奧（Cassius Dio, 150 C.E.－235 C.E.）為古羅馬的政治家暨歷史學家。

⑫普布利烏斯·蘇利烏斯·魯弗斯（Publius Suillius Rufus）為西元一世紀羅馬帝國的參議員。

⑬馬提亞爾（Martial, 40 C.E.－?）是古羅馬文學家，早年生活貧困，後來憑著詩歌聞名於世。

ithink
RI7004

給焦慮世代的哲學處方：

跟著塞內卡、西塞羅、叔本華等10位斯多葛哲學家，學習面對不確定年代的生命智慧

The Practicing Stoic: A Philosophical User's Manual

•原著書名：The Practicing Stoic: A Philosophical User's Manual•作者：沃德·法恩斯沃斯（Ward Farnsworth）•翻譯：李斯毅•封面設計：廖勁智、賴維明•校對：呂佳真•主編：徐凡•責任編輯：李培瑜•國際版權：吳玲緯、楊靜•行銷：闕志勳、吳宇軒、余一霞•業務：李再星、李振東、陳美燕•總編輯：巫維珍•編輯總監：劉麗真•事業群總經理：謝至平•發行人：何飛鵬•出版社：麥田出版／城邦文化事業股份有限公司／115台北市南港區昆陽街16號4樓／電話：(02) 25000888／傳真：(02) 25001951 發行：英屬蓋曼群島商家庭傳媒股份有限公司城邦分公司／115台北市南港區昆陽街16號8樓／書虫客戶服務專線：(02) 25007718；25007719／24小時傳真服務：(02) 25001990；25001991／讀者服務信箱：service@readingclub.com.tw／劃撥帳號：19863813／戶名：書虫股份有限公司•香港發行所：城邦（香港）出版集團有限公司／香港九龍土瓜灣土瓜灣道86號順聯工業大廈6樓A室／電話：(852) 25086231／傳真：(852) 25789337•馬新發行所／城邦（馬新）出版集團【Cite (M) Sdn. Bhd.】／41, Jalan Radin Anum, Bandar Baru Seri Petaling, 57000 Kuala Lumpur, Malaysia.／電話：+603-9056-3833／傳真：+603-9057-6622／讀者服務信箱：services@cite.my•印刷：漾格科技股份有限公司•2023年2月初版一刷•2024年3月初版三刷•定價499元

國家圖書館出版品預行編目資料

給焦慮世代的哲學處方：跟著塞內卡、西塞羅、叔本華等10位斯多葛哲學家，學習面對不確定年代的生命智慧／沃德·法恩斯沃斯（Ward Farnsworth）著；李斯毅譯. -- 初版. -- 臺北市：麥田出版，城邦文化事業股份有限公司出版：英屬蓋曼群島商家庭傳媒股份有限公司城邦分公司發行，2023.2
面；　公分. -- (ithink哲學書系；RI7004)

ISBN 978-626-310-345-0（平裝）
EISBN 9786263103634（EPUB）

1. CST: 古希臘哲學　2. CST: 人生哲學

141.61　　111017146

城邦讀書花園
www.cite.com.tw